9급공무원
정보
봉사
개론

www.goseowon.co.kr

Preface

'운도 실력이다.'는 말이 있다. 선택형 문항으로 이루어진 공무원시험에서는 운 역시 합격에 영향을 미치는 것처럼 보이기도 한다. 하지만 운은 저절로 실력이 되지는 않는다. 운이 실력이 되기 위해서는 반드시 단단하게 다져진 바탕이 필수적이다. 따라서 수험생은 무엇보다 단단한 바탕을 다지는 것에 힘써야 한다.

그렇다면 단단한 바탕을 다지기 위해 필요한 것은 무엇일까. 물론 각 과목의 이론을 정리하고 암기하는 것도 어느 정도 필요하다. 하지만 모든 과목이 그러하듯 관련 이론의 양은 매우 방대하며 그것을 다 암기하는 것은 거의 불가능하다.

운을 실력으로 만드는 단단한 바탕은 바로 충분한 문제풀이로 다질 수 있다. 그동안 쌓아온 실력을 실전에서 최대한으로 발휘하기 위해 반드시 요구되는 것은 바로 충분한 문제 풀이이다. 다양한 유형의 문제를 미리 접해보고 출제유형을 파악하는 것은 실제 시험에서 당황하지 않고 자신의 실력을 최대한으로 발휘할 수 있게 만든다.

정보봉사개론은 학습할 양이 매우 많아 만족할 만한 성과를 내기 위해서는 인내와 노력이 필요한 과목이다. 9급 공무원 정보봉사개론 빅데이터는 기출문제와 출제가능성이 높은 다양한 유형의 예상문제를 수록하여 공무원시험 완벽대비를 책임진다.

1%의 행운을 잡기 위한 99%의 노력! 본서가 수험생 여러분의 행운이 되어 합격을 향한 노력에 힘을 보탤 수 있기를 바란다.

Structure

▌ 공무원시험 유형 완벽 분석

다양한 유형의 문제를 체계적으로 분석하여 내용에 대한 흐름을 파악할 수 있도록 구성
하였습니다.

▌ 단원별 기출문제 수록

최신 기출문제를 비롯하여 그동안 시행된 기출문제를 수록하여 출제유형 파악에 도움이
되도록 만전을 기하였습니다.

▌ 해설의 상세화

기출문제 및 출제예상문제에 대한 해설을 이해하기 쉽도록 상세하게 기술하여 실전에
충분히 대비할 수 있도록 하였습니다.

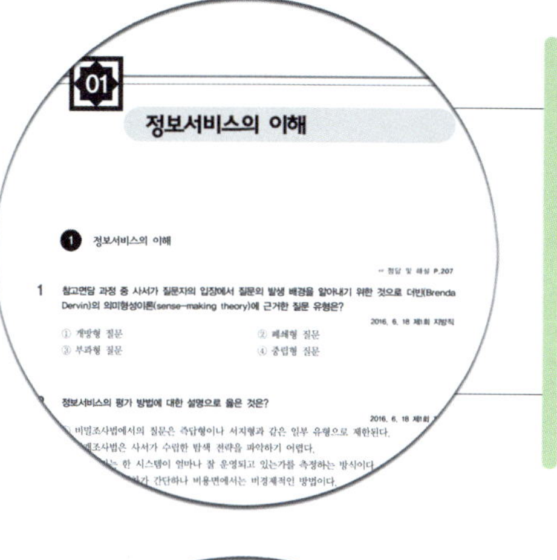

기출문제분석

최신 기출문제를 비롯 그동안 시행된 공무원 기출문제를 단원별로 실어주어 공무원시험 출제유형 파악에 도움을 주고자 노력하였습니다.

핵심예상문제

그동안 실시되어 온 기출문제의 유형을 파악하고 출제가 예상되는 핵심영역에 대하여 다양한 유형의 문제를 엄선 · 수록하였습니다.

해설 및 보충설명

핵심을 콕! 짚는 해설과 참고가 되는 보충설명을 통해 기본이론에 대한 지식이 부족해도 문제풀이가 가능하도록 내용을 심도 있게 정리하였습니다.

Contents

PART 01 9급 공무원 정보봉사개론 예상문제 빅데이터

Chapter 01 정보서비스의 이해 ···································· 10
1. 정보서비스의 이해 / 10
2. 계량정보학 / 29

Chapter 02 정보의 분석 · 가공 ···································· 35
1. 문헌의 특성과 주제분석 / 35
2. 색인언어와 탐색언어 / 41
3. 색인법 · 초록 / 49
4. 자동색인 · 자동분류 / 55

Chapter 03 정보검색과 정보시스템 ···································· 66
1. 정보검색 / 66
2. 정보검색시스템 / 75
3. 검색효율 / 87
4. 정보검색과정 / 98

Chapter 04 정보의 축적 ···································· 102
1. 정보소장장치 및 파일조직 / 102
2. 데이터베이스 / 111

Chapter 05 참고정보원 ···································· 117
1. 참고정보원과 서지 / 117
2. 사전 · 백과사전 / 125
3. 인물 · 지리정보원 / 130
4. 즉답형 정보원 / 137

Chapter 06 네트워크와 인터넷 ···································· 142
1. 네트워크 / 142
2. 통신 프로토콜 / 152
3. 전자도서관 / 157
4. 인터넷 / 163

Chapter 07 이용자교육 ·························· 182

1. 이용자교육의 유형과 방법 / 182
2. 이용자교육의 운영 / 196

PART 02 정답 및 해설

Chapter 01 정보서비스의 이해 ·························· 207

Chapter 02 정보의 분석 · 가공 ·························· 216

Chapter 03 정보검색과 정보시스템 ·························· 226

Chapter 04 정보의 축적 ·························· 238

Chapter 05 참고정보원 ·························· 243

Chapter 06 네트워크와 인터넷 ·························· 252

Chapter 07 이용자교육 ·························· 267

PART 03 최근기출문제분석

Chapter 01 2017. 6. 17 제1회 지방직 시행 ·························· 277

Chapter 02 2017. 6. 24 제2회 서울특별시 시행 ·························· 284

PART

01

9급 공무원

정보봉사개론

1. 정보서비스의 이해 / 2. 정보의 분석·가공 / 3. 정보검색과 정보시스템 /
4. 정보의 축적 / 5. 참고정보원 / 6. 네트워크와 인터넷 / 7. 이용자교육

정보서비스의 이해

1 정보서비스의 이해

☞ 정답 및 해설 P.207

1 참고면담 과정 중 사서가 질문자의 입장에서 질문의 발생 배경을 알아내기 위한 것으로 더빈(Brenda Dervin)의 의미형성이론(sense-making theory)에 근거한 질문 유형은?

2016. 6. 18 제1회 지방직

① 개방형 질문
② 폐쇄형 질문
③ 부과형 질문
④ 중립형 질문

2 정보서비스의 평가 방법에 대한 설명으로 옳은 것은?

2016. 6. 18 제1회 지방직

① 비밀조사법에서의 질문은 즉답형이나 서지형과 같은 일부 유형으로 제한된다.
② 공개조사법은 사서가 수립한 탐색 전략을 파악하기 어렵다.
③ 미시평가는 한 시스템이 얼마나 잘 운영되고 있는가를 측정하는 방식이다.
④ 자기평가는 절차가 간단하나 비용면에서는 비경제적인 방법이다.

3 다음 〈보기〉의 참고면담 기법 중 비언어적 면담기법 유형을 모두 고르면?

2016. 6. 25 서울특별시

〈보기〉	
㉠ 감정이입	㉡ 신체언어
㉢ 의사언어	㉣ 경청

① ㉠, ㉡
② ㉡, ㉢
③ ㉠, ㉡, ㉢
④ ㉠, ㉢, ㉣

4 다음 〈보기〉에서 제시된 참고면담기법에 대한 설명으로 옳은 것은?

2015. 6. 13 서울특별시

> 〈보기〉
>
> 대화 상대방의 퍼스널리티(personality)에 자신의 이미지를 투영하는 것을 말한다. 참고사서가 이용자의 행동이나 말에 대한 자신의 느낌을 일치시켜 공유하는 것, 즉 이용자의 입장이 되는 것을 말한다.

① 참고데스크에서 이용자가 스스로 탐색하다가 실패한 상황에 대해, 이용자가 방어적인 태도 때문에 거북해 할 때 이용자를 안심시키기 위해 응용된다.

② 억양, 음색, 속도, 그리고 웃음이나 울음, 하품, 잠시 멈춤 등과 같은 언어의 보조적 수단을 통해 의사전달을 극대화시키는 기법이다.

③ 참고사서가 이용자의 질문 의도나 내용을 정확하게 파악하지 못했을 때 이용자에게 질문내용을 다시 확인하거나 부연설명을 요구하는 기법이다.

④ 다른 사람의 이야기를 듣고 말 속에 숨은 뜻을 정확히 파악하는 기법이다.

5 참고사서에게 강조되었던 전문성의 역사적 흐름을 과거부터 시간 순으로 맞게 나열한 것은?

2015. 6. 13 서울특별시

> (가) 정보시스템과 서비스의 설계, 정보처리 기술과 도구에 대한 지식과 능력
> (나) 최종 해답 제공 능력
> (다) 이용자 교육활동
> (라) 참고정보원에 대한 이해

① (나), (다), (라), (가)
② (다), (라), (나), (가)
③ (라), (가), (나), (다)
④ (라), (나), (가), (다)

6 다음 두 가지 이유로 인하여 필요한 정보서비스이론은 어느 것인가?

2015. 6. 13 서울특별시

> • 정보화 사회에서 정보활용방법을 습득하는 요구는 과거에 비해 강해진다.
> • 새로운 전자매체 출현으로 정보량과 입수채널이 확대되고 다양화되고 있다.

① 정보관리이론   ② 교육이론
③ 자유이론   ④ 중도이론

7 협력형 디지털 정보서비스(Collaborative Digital Reference Service)에 대한 장점에 속하지 않는 것은?

2015. 6. 13 서울특별시

① 각 도서관 정보전문가의 전문성과 능력을 최대한 활용할 수 있다.
② 참고자료를 최대한 활용할 수 있으며, 국내외 네트워크를 형성할 수 있다.
③ 기술방식이 표준화되어 있기 때문에 참고담당 사서업무가 경감되는 효과가 있다.
④ 디지털 정보서비스를 제공하는 시간을 연장할 수 있다.

8 정보서비스 평가 요소에 해당하지 않는 것은?

2015. 6. 13 서울특별시

① 접근성 요소(예 : 이용자가 가능한 한 직접 볼 수 있도록 하는가 등)
② 관심 요소(예 : 이용자와 눈을 마주치는가 등)
③ 전략적 요소(예 : 협력자로서 품위를 유지하는가 등)
④ 추적 요소(예 : 해답이 만족스러운지 이용자에게 확인하는가 등)

9 참고면담 시 활용되는 중립형 질문의 장점이 아닌 것은?

2015. 6. 13 서울특별시

① 사서가 유용하다고 판단한 자료를 이용자가 적합하다고 판단하지 않을 때 활용하기에는 적절하지 않다.
② 사서로 하여금 정보요구가 발생한 상황을 이해하는 데 도움을 준다.
③ 사서가 자신의 경험을 바탕으로 이용자의 요구에 대해 너무 일찍 부정확한 결론에 도달하는 것을 피하도록 돕는다.
④ 직접적인 질문이 이용자의 기분을 상하게 할 때 사용할 수 있다.

10 레틱(Rettig)의 커뮤니케이션 모델에 대한 설명으로 옳지 않은 것은?

2015. 6. 27 제1회 지방직

① 이용자가 사서에게 질문함으로써 커뮤니케이션이 시작된다.
② 질문과 피드백의 횟수가 늘어날수록 전달의 효용성이 증가한다.
③ 의미적 소음은 피드백을 일으키는 요소로 작용한다.
④ 바브렉(Vavrek)의 커뮤니케이션 모델 개발에 영향을 주었다.

11 디지털 정보서비스에 대한 설명으로 옳지 않은 것은?

2015. 6. 27 제1회 지방직

① 웹 폼(web-form) 방식은 질문내용 뿐만 아니라 이용자 정보도 파악할 수 있다.
② 화상회의시스템은 사서와 이용자가 음성이나 문자를 이용하여 실시간으로 대화가 이루어지며, 일대일 또는 일대 다수를 위한 서비스에 사용될 수 있다.
③ 'Qwidget'은 사서와 이용자가 동일한 웹 페이지를 공유하면서 상담할 수 있는 기술이다.
④ '24/7 Reference' 소프트웨어는 채팅정보서비스와 관련이 있다.

12 참고면담에서 비언어적 기법 중 신체언어의 적용사례로 옳은 것은?

2015. 6. 27 제1회 지방직

① 참고사서는 면담시 이용자에게 친근감을 보이기 위해 일정한 거리를 유지해야 한다.
② 참고사서는 이용자를 반기고, 그에게 관심을 기울이고 있음을 표정으로 나타내어야 한다.
③ 참고사서는 억양이나 음색을 효율적으로 사용하여 이용자의 자유로운 질문표현을 유도해야 한다.
④ 참고사서는 의복, 화장 등이 이용자와 커뮤니케이션에 영향을 미칠 수 있기 때문에 주의해야 한다.

13 정보서비스의 평가기법이 아닌 것은?

2015. 6. 27 제1회 지방직

① 문헌전달력 테스트법 ② 공개적인 관찰법
③ 사용성 평가법 ④ 비용분석법

14 다음에서 설명하는 정보서비스의 직접적 기능은?

2015. 6. 27 제1회 지방직

> 참고사서가 색인지, 목록 등을 이용하여 출판물에 대한 사실정보를 제공하는 서비스로서 이용자가 탐색하고자 하는 출판물에 대한 정보가 완전하지 않은 경우에 유용하다.

① 정보중개서비스　　　　　　　　　② 서지정보 확인
③ 상호대차서비스　　　　　　　　　④ 참고정보원의 개발과 구성

15 이용자에 대한 참고사서의 인적 협조를 반대했던 인물은?

2014. 6. 21 제1회 지방직

① Samuel S. Green　　　　　　　　② Charles A. Cutter
③ William F. Poole　　　　　　　　④ Melvil Dewey

16 정보서비스의 평가 유형 중 공개조사법(obtrusive testing)에 대한 설명으로 옳은 것은?

2014. 6. 21 제1회 지방직

① 사서들이 평가받고 있다는 사실을 인식하고 있어 실제 정보서비스 상황과 큰 차이가 발생할 수도 있다.
② 자연스러운 업무 상황에서 사서를 평가하므로 정보서비스 평가 결과를 신뢰할 수 있다.
③ 사전에 면밀한 계획을 세워야 하므로 시간이 많이 소요되고 대리 이용자의 교육 등에 비용이 많이 든다.
④ 윤리적인 문제로 평가 자체에 대한 부정적 반응을 불러일으킬 가능성이 있다.

17 정보안내서비스(Information & Referral Service)에 대한 설명으로 옳지 않은 것은?

2014. 6. 21 제1회 지방직

① 참고도구로 비책자형 자원파일보다는 책자형 참고자료에 의존하는 서비스이다.
② 지역사회의 주민들과 그들의 요구에 맞는 사회봉사기관과 연결시켜 주기도 한다.
③ 이용자에게 적절한 자료와 정보를 수록한 최신 지역정보파일을 갖고 있어야 한다.
④ 도나휴는 사회적 혜택을 받지 못하는 사람들에게 건강, 주거 등 생존에 필요로 하는 정보를 제공하는 서비스라고 정의했다.

18 정보서비스의 기능 중에서 정보제공에 속하는 직접적인 활동내용이 아닌 것은?

2013. 8. 24 제1회 지방직

① 정보중재
② 질문과 해답
③ 데이터베이스 구축
④ 정보중개

19 전자게시판을 활용한 정보서비스에 대한 설명으로 옳은 것을 모두 고른 것은?

2011. 5. 14 상반기 지방직

㉠ 비언어적 커뮤니케이션을 사용하기 어렵다.
㉡ 해답의 확인을 위해 다시 전자게시판을 방문해야 한다.
㉢ 이용자의 정보요구를 명확하게 파악할 수 있다.
㉣ 24/7 Reference 소프트웨어를 사용할 수 있다.

① ㉠
② ㉠㉡
③ ㉠㉡㉢
④ ㉠㉡㉢㉣

20 용어에 대한 해석이 옳은 것은?

2011. 5. 14 상반기 지방직

① CAI – 상호대차서비스
② ILL – 정보의 선택배포서비스
③ VR/SD – 가상참고서가
④ I & R – 정보중재

21 오픈 액세스(Open Access)에 대한 설명으로 옳지 않은 것은?

2011. 5. 14 상반기 지방직

① 독자에게 무료로 제공된다.
② 학술 연구 자원에 적용된다.
③ 구독기반 출판모델의 대안이다.
④ 전문가에 의한 학술자원 심사가 면제된다.

22 연구자 공동체의 일종인 '보이지 않는 대학(invisible colleges)'에 대한 설명으로 가장 옳은 것은?

2011. 5. 14 상반기 지방직

① 명시적인 리더가 있다.
② 학술정보 전달시스템에 대한 영향력이 약하다.
③ 엘리트로 구성된 소규모 연구 집단이다.
④ 공식적 커뮤니케이션을 통하여 정보를 교환한다.

23 '정보'와 '안내'의 두 개념이 통합된 '정보안내서비스'의 시행과정에서 계획단계가 아닌 것은?

2011. 5. 14 상반기 지방직

① 조직구조의 결정
② 자원파일의 구축
③ 기존 서비스와의 관계 정립
④ 지역사회의 정보요구 분석

24 Lotka의 법칙과 가장 관련이 깊은 것은?

2010. 5. 22 상반기 지방직

① 문헌의 수명감소　　② 단어의 출현빈도
③ 핵심잡지군의 결정　　④ 저자의 학술논문 생산성

25 1, 2, 3차 정보원에 대한 유형을 모두 나열한 것은?

2010. 5. 22 상반기 지방직

① 특허자료, 논문, 서지의 서지　　② 학술잡지, 색인, 서지의 서지
③ 보고서, 초록, 지리정보원　　④ 연감, 목록, 참고도서안내

26 다음의 정보속성 중 내적·내용적 속성만으로 구성된 것은?

2010. 5. 22 상반기 지방직

① 키워드, 디스크립터, 분류기호, 주제명　　② 키워드, 저자명, 디스크립터, 분류기호
③ 저자명, 표제, 출판사명, 발행일　　④ 저자명, 디스크립터, 표제, 출판사명

27 지역사회의 모든 주민들을 대상으로 그들의 일상생활과 관련 있는 경제, 문화, 여가 등의 실용정보를 외부 기관 또는 전문가에게 안내·연결해 주는 서비스는?

2010. 5. 22 상반기 지방직

① Interlibrary Loan
② Information Brokering
③ Information & Referral Service
④ Selective Dissemination of Information

28 정보 리터러시(information literacy)에 대한 설명으로 옳지 않은 것은?

2010. 5. 22 상반기 지방직

① 정보활용 또는 정보활용능력으로 부르기도 한다.
② 정보화 사회에서 개인의 평생교육을 위해 중요한 요소이다.
③ 도서관 이용자 교육과 별개의 개념으로 다루어진다.
④ 정보를 찾아서 평가하고 효과적으로 이용할 수 있는 능력이다.

29 참고자료에 대한 지식이 참고사서의 기본적 자질임을 강조한 사람은?

2010. 6. 12 서울특별시

① Jesse Shera
② Thelma Freides
③ Melvil Dewey
④ William A. Katz

30 참고면담의 비언어적 기법 중에서 의사언어(paralanguage)에 해당하는 것은?

① 웃음이나 울음
② 의상이나 화장
③ 제스처와 자세
④ 공간적 행위

31 다음의 정보 사이클에서 도서관·정보센터의 역할에 해당되는 단계들은?

> ㉠ 연구 지적생산 → ㉡ 정보화 → ㉢ 기록 → ㉣ 복제 인쇄 → ㉤ 배포 → ㉥ 수집 축적
> → ㉦ 조직 관리 → ㉧ 검색 → ㉨ 제공 → ㉩ 소화 → ㉠ 연구 지적생산

① ㉠→㉣
② ㉣→㉦
③ ㉥→㉨
④ ㉦→㉨

32 정보서비스의 평가기법 중 설문조사법의 특징으로 옳지 않은 것은?

① 동일한 설문을 이용자에게 질문함으로써 측정의 오류를 최소화할 수 있다.
② 빠른 시간 내에 핵심적인 정보만을 선별하여 수집할 수 있다.
③ 피조사자 개인의 태도나 인식을 파악하는데 유용하다.
④ 표준화된 설문이 있으므로 시험조사(pretest)의 번거로움이 없다.

33 정보봉사 이론과 그에 대한 설명이 바르게 연결된 것은?

① 진보이론 – 이용자 교육에 근본을 두고 있다.
② 참고과정이론 – 대표적인 주창자 중에는 맥콤스(Charles McCombs)가 있다.
③ 중도이론 – 자유이론이라고도 한다.
④ 보수이론 – 수동적이고 최소한의 제한된 해답이 제공된다.

34 정보서비스에 대한 설명으로 옳지 않은 것은?

① 정보서비스는 정보이용자가 원하는 정보를 검색, 획득, 제공하는 전문적인 봉사영역이다.
② 정보서비스라는 용어는 도서관의 참고서비스에 근간을 두고 있다.
③ 레퍼럴(Referral) 서비스는 도서관의 외부자원과 이용자를 연결해 주는 서비스이다.
④ 선택적 정보제공(SDI)은 도서관에 직접 방문한 사람들을 위한 특화서비스이다.

35 '시민을 대상으로 요구가 있는 사람과 그 요구를 충족시켜 줄 수 있는 도서관 외부의 자원으로 손쉽게 연결시켜 주는 일반화된 서비스'를 무엇이라 하는가?

① 맞춤정보서비스
② 정보중계서비스
③ 독자상담서비스
④ 정보안내서비스

36 참고질문의 4가지 유형에 대한 설명으로 가장 옳은 것은?

① 지시형 질문 – 문제 해결을 위해 한두 가지 이상의 정보를 필요로 한다.
② 즉답형 질문 – 이용자 자신이 원하는 바를 분명히 알고 있는 경우로 이용자는 참고사서에게 단지 해답을 위한 방향만을 제시해 줄 것을 요구한다.
③ 조사형 질문 – 이용자나 참고사서가 한두 가지의 참고자료만을 조사함으로써 간단하게 해답에 이를 수 있는 질문을 말한다.
④ 연구형 질문 – 해답을 위해 많은 특수한 자료를 필요로 한다.

37 면담기법 중 비언어적 기법에 해당하는 것은?

① 재진술
② 감정이입
③ 경청
④ 의사언어

38 비언어적 커뮤니케이션은 언어적 커뮤니케이션과 비교해 볼 때 몇 가지 특징을 갖는다. 다음 중 이 특성에 해당하지 않는 것은?

① 언어가 체계화되어 있는 데 비해 비언어적 커뮤니케이션은 체계화시키기 어렵다.
② 언어와 달리 비언어적 커뮤니케이션은 잘 알아듣지 못했거나 이해하지 못한 내용을 상대방에게 반복해서 확인시킬 수 없다.
③ 비언어적 커뮤니케이션은 언어와 일치하지 않은 경우가 많다.
④ 비언어적 커뮤니케이션은 자신의 목적을 위해 생각하는 내용을 의도적으로 통제하거나 왜곡해서 전달할 수 있다.

39 정보서비스평가는 거시적 평가와 미시적 평가로 나눌 수 있다. 다음 중 미시적 평가에 해당하는 것은?

① 특정 기간 동안 문의된 전체 질문수
② 해답이 제공된 질문 중에서 정확히 해답된 비율
③ 해답하는 데 소요된 평균시간
④ 해답실패에 관한 원인 데이터 수집

40 다음 중 보수적 이론의 근거로 가장 적절한 것은?

① 도서관 및 자료 이용의 주체와 책임은 사서가 가진다.
② 특정 이용자에 대한 확대된 봉사는 다른 이용자들에게 해를 끼친다.
③ 이 이론을 주장한 이유는 도서와 자원 부족을 해결하기 위함이다.
④ 도서관은 이용자의 모든 요구를 만족시켜주기 위해 모든 수단을 제공할 의무가 있는 것을 전제로 한다.

41 정보서비스에서 보고서 작성은 어느 영역에 해당하는가?

① 교육
② 상담
③ 안내
④ 정보제공

42 참고봉사라는 용어는 지금까지 여러 가지로 규정되어 왔다. 다음 중 참고봉사에 해당하지 않는 용어는?

① 참고업무
② 참고제공
③ 참고조사
④ 독서보조

43 다음 중 전통적인 참고봉사와 현대적 의미의 정보서비스와의 차이점에 대한 설명으로 옳지 않은 것은?

① 정보서비스는 정보제공, 참고봉사는 자료제공에 중점을 둔다.
② 정보서비스는 예측정보의 제공, 참고봉사는 요구에 의한 해답제공에 관심을 둔다.
③ 정보서비스는 이용자를 기다리나 참고봉사는 이용자를 찾아 나선다.
④ 정보서비스는 교육의 의미가 상실되나 참고봉사는 이용자의 교육에 관심을 갖는다.

44 정보서비스의 도입배경에 대한 설명으로 옳지 않은 것은?

① 학문의 세분화와 전문화 및 이에 따른 출판물의 대량 증가 현상
② 과학기술자 계층의 대량 출현 현상
③ 학술활동의 정착과 교육방법의 개선에 따른 자연적 결과
④ 이용자의 자각과 반성

45 공공도서관에서 제일 많이 사용되는 질문은?

① 지시형 질문
② 즉답형 질문
③ 조사형 질문
④ 연구형 질문
⑤ 서지형 질문

46 지시형 질문에 대한 설명으로 가장 적절한 것은?

① 이용자 자신이 원하는 바를 알고 있는 경우 찾을 방법을 묻는 경우
② 문제해결을 위하여 한두 가지 이상의 정보를 필요로 하는 경우
③ 한두 가지 참고자료의 조사만으로 해답해 줄 수 있는 질문
④ 문제해결을 위하여 특수한 많은 자료를 필요로 하는 경우
⑤ 원문제공서비스 및 문헌배달서비스가 필요한 경우

47 참고정보원의 종류에는 1차, 2차, 3차가 존재한다. 다음 중 동일한 유형에 해당되지 않는 것을 고르면?

① Who's who
② Agrindex
③ Chemical Abstract
④ Sciences citation index

48 도나휴가 말한 정보안내서비스의 필요성으로 옳지 않은 것은?

① 시민들의 정보 지식 향상
② 도시 생활환경의 급속한 변화로 인한 새로운 형태의 정보 요구
③ 사회적 관심은 진보된 정보접근 요구
④ 공공도서관이 지역사회의 정보교환소가 되기 위해 서비스범위를 확대

49 다음은 참고면담에 관한 설명이다. 옳지 않은 것은?

① 전화면담의 경우 통화과정보다는 정보에 대해 빨리 대답해주길 원하는 이용자가 많다.
② 참고질문의 경우 즉답형 질문을 위한 면담과 연구형 질문을 위한 면담으로 구분할 수 있다.
③ 연구형 질문을 위한 면담의 경우 중복을 피하기 위해 이용자가 이용한 정보원이나 접근방법
  을 미리 파악한다.
④ 최신정보를 위한 면담의 경우 자관에 있는 정보만을 제공해준다.

50 와이어(James I. Wyer), 허친스(Margaret Hutchins), 로스타인(Samuel Rothstein)으로 계승되어진 정보서비스 이론은?

① 보수이론　　　　　　　　　　　② 진보이론

③ 중도이론　　　　　　　　　　　④ 참고과정이론

51 정보안내서비스에 대한 설명 중 옳지 않은 것은?

① 원래 사회서비스기관이 소외계층을 위해 시행하였다.

② 지역사회의 모든 주민들을 대상으로 한다.

③ 정보안내서비스는 대응적 서비스이다.

④ 자원의 형태는 비정형적인 자료이다.

52 정보서비스의 상담지도기능으로 적합하지 않은 것은?

① 정보의뢰서비스　　　　　　　　② 독자상담서비스

③ 독서요법　　　　　　　　　　　④ 연구협조와 자문

53 각 이론의 주장가들이 틀린 것은?

① 진보적 이론 – 와이어

② 보수적 이론 – Lamar. B. John

③ 참고과정이론 – 카츠

④ 중도적 이론 – 맥콤스

54 '보이지 않는 대학'의 순기능에 대한 설명으로 옳지 않은 것은?

① 정보량을 억제한다.

② 정보를 공유화한다.

③ 학술잡지가 발행되기까지의 시간적인 지연을 해소한다.

④ 선별통합 평가된 정보의 입수가 가능하다.

⑤ 개인능력으로 처리가 가능하다.

55 다음 중 1차 정보원으로 옳은 것은?

① 학위논문
② 연감
③ 색인
④ 용어사전
⑤ 초록

56 다음 중 정보의 정의로 옳지 않은 것은?

① 정보는 인간과 인간 사이에서 전달되는 일체의 기호계열이다.
② 정보는 감각기관을 통하여 수신한 자극이다.
③ 정보는 지식을 형성해 가는 요소이다.
④ 정보는 지식과 같은 것으로 정보와 지식은 필요충분조건에 있다.

57 다음 중 Shannon의 정보개념에 대한 설명으로 옳지 않은 것은?

① 커뮤니케이션 이론을 활용하였다.
② 전송채널의 용량과 잡음에 관한 기본정의를 포함한다.
③ 정보는 엔트로피를 증가시키는 도구이다.
④ 신호의 정확한 전달과 수신한 신호의 적절한 해석을 공학적 문제로 다룬다.

58 다음 중 학자와 주장한 정보의 개념이 잘못 짝지어진 것은?

① 헤이즈 – 데이터의 처리결과로 생겨난 데이터
② 베르지히 – 텍스트로 구성되며 수신자의 이미지를 변화시키는 것
③ 세라 – 어떤 특정의 사실, 대상, 사상에 관한 지식
④ 네벨링 – 의미론적 측면에서 6가지 유형으로 분류
⑤ 페리 – 메시지의 의외성 척도

59 다음 중 커뮤니케이션의 요소에 해당하지 않는 것은?

① 메시지 　　　　　　　② 생산자
③ 수신자 　　　　　　　④ 시간

60 정보를 데이터의 처리결과로 생겨난 데이터라고 정의한 사람은?

① 베커 　　　　　　　② 페리
③ 샤논 　　　　　　　④ 브룩스

61 전통적인 관점에서의 정보의 정의로 옳지 않은 것은?

① 정보는 지식을 형성해가는 요소이다.
② 정보는 지식과 구별되는 객관화되기 이전의 인식요소이다.
③ 정보란 어떤 주제나 사실에 관한 것을 전달하는 지식이다.
④ 정보는 인간과 인간 사이에서 전달되는 일체의 기호계열이다.

62 정보를 발생형태에 따라 분류할 경우 종류가 다른 하나는?

① 행동정보 　　　　　　　② 기록정보
③ 기기적 정보 　　　　　　④ 유전정보

63 다음 중 정보는 텍스트로 구성되며 수신자의 이미지를 변화시키는 것이라고 정의한 학자는?

① 벨킨 　　　　　　　② 세라
③ 샤논 　　　　　　　④ 네벨링

64 다음 중 정보이론 측면에서의 정보의 정의로 옳은 것은?

① 정보란 알리는 것을 목적으로 보내거나 받는 자극이다.
② 정보는 감각기관을 통하여 수신한 자극이다.
③ 정보는 지식과는 구별되는 객관화되기 이전의 인식요소이다.
④ 정보는 인간과 인간 사이에서 전달되는 일체의 기호계열이다.
⑤ 지식을 형성해 가는 요소이다.

65 다음 중 행동과학적 측면에서 본 정보의 정의만으로 짝지어진 것은?

> ㉠ 일체의 기호계열
> ㉡ 감각기관을 통하여 수신한 자극
> ㉢ 알리는 것을 목적으로 주고받는 자극
> ㉣ 지식을 형성해 가는 요소

① ㉠㉡　　　　　　　　　　　② ㉠㉡㉣
③ ㉡㉢　　　　　　　　　　　④ ㉡㉢㉣
⑤ ㉢㉣

66 다음 중 베르지히와 네벨링의 정보개념의 유형에 속하지 않는 것은?

① 과정 접근법　　　　　　　　② 구조 접근법
③ 결과 접근법　　　　　　　　④ 의미 접근법
⑤ 효과 접근법

67 다음 중 공식적인 정보원으로 볼 수 없는 것은?

① 리뷰논문　　　　　　　　　② 도서
③ 색인지　　　　　　　　　　④ 대회발표 논문집

68 다음 중 정보의 분류 항목이 바르게 짝지어진 것은?

① 지각정보 – 촉각정보　　　　　② 인공정보 – 구술정보
③ 감각정보 – 시각정보　　　　　④ 외부정보 – 생체정보

69 다음에서 설명하는 학자는?

> • 정보의 개념을 수학적 이론의 일부로 보았다.
> • 정보전달에 있어 신호의 정확한 전달과 수신한 신호의 적절한 해석을 공학적 문제로 다루었다.

① 벨킨　　　　　　　　　　　② 브룩스
③ 샤논　　　　　　　　　　　④ 헤이즈

70 다음 중 1차 자료에 대한 설명으로 옳은 것은?

① 문헌의 존재유무를 탐색할 수 있는 기능을 가지고 있다.
② 원래의 연구 성과를 기록한 정보원이다.
③ 최신정보주지기능을 가지고 있다.
④ 초록지나 리뷰지는 신속성에서 색인지나 서지보다 뛰어나다.

71 수신기관에 의한 정보의 분류방법으로 바르게 짝지어진 것은?

① 지각정보와 감각정보　　　　　② 직접정보와 간접정보
③ 경제정보와 군사정보　　　　　④ 사내정보와 사외정보

72 다음 중 2차 정보원에 대한 설명으로 옳지 않은 것은?

① 1차 정보를 효과적으로 찾아보기 위한 자료이다.
② 원하는 정보를 직접 제공해주는 방법이다.
③ 최신 정보를 이용자에게 주기적으로 알려주는 기능을 가지고 있다.
④ 초록, 리뷰논문 등도 2차 정보원에 포함된다.

73 다음 중 1차 정보원으로 짝지어진 것은?

㉠ 팸플릿	㉡ 서지
㉢ 핸드북	㉣ 보고서
㉤ 학술잡지	㉥ 색인

① ㉠㉡㉢
② ㉠㉢㉥
③ ㉠㉣㉤
④ ㉡㉢㉣
⑤ ㉡㉢㉥

74 브룩스의 정보에 대한 정의로 옳지 않은 것은?

① 정보는 지식구조의 일부이다.
② 객관적인 정보와 주관적인 정보로 분류된다.
③ 정보는 데이터의 처리결과로 생겨난 데이터이다.
④ 정보는 언어정보 뿐만 아니라 음악, 회화, 조각 등도 포함된다.

75 언어나 기호 등을 통하여 의미를 전달하는 과정은?

① 데이터의 유통
② 정보의 공유
③ 자료수집
④ 커뮤니케이션

76 다음 중 비공식적인 정보의 특징으로 옳지 않은 것은?

① 정보의 수신자는 특정의 소수이다.
② 정보의 안정성이 결여되어 있다.
③ 연구자는 정보를 생산하는 생산자이며, 정보를 이용하는 이용자이다.
④ 정보를 선택하여 이용할 수 있다.

77 다음 중 불특정 다수를 대상으로 하여 한쪽 방향으로만 일방적으로 전달되는 방법은?

① 공식적 커뮤니케이션
② 상향적 커뮤니케이션
③ 비공식적 커뮤니케이션
④ 수평적 커뮤니케이션

78 다음 중 광범위한 정보원에 대해 안내 서비스를 행하는 기관은?

① AI서비스 기관
② 중앙도서관
③ 클리어링 하우스
④ 전문정보관

79 다음 지문과 관련 있는 사람은?

> • 정보요구를 명확하게 이해하기 위해서는 먼저 이용과 요구에 관한 데이터를 획득한다.
> • 의도적인 요구와 비의도적인 요구를 구별하여 밝혀내지 못했던 요구를 명확하게 한다.

① 본
② 라인
③ 페이슬리
④ 프라이스

80 다음 중 정보요구의 구분에 속하지 않는 것은?

① 소급적인 정보요구
② 일상업무 수행을 위한 요구
③ 최신정보주지요구
④ 미래예측적인 정보요구

2 계량정보학

1 Lotka의 저자생산성법칙에 따를 때, 특정 학문분야에서 특정 기간 내에 1편의 논문을 발표한 사람이 100명일 경우 2편의 논문을 발표한 저자의 수는?

2016. 6. 25 서울특별시

① 11명
② 25명
③ 33명
④ 50명

2 문헌정보학 분야의 이론과 주창자의 연결이 옳은 것은?

2015. 6. 27 제1회 지방직

① 서지결합법(Citation Coupling) – 무어스(Mooers)
② 최소노력의 법칙(Principle of Least Effort) – 지프(Zipf)
③ 인용집중의 법칙(Law of Concentration) – 브래드포드(Bradford)
④ 동시인용분석기법(Cocitation Analysis) – 케슬러(Kessler)

3 다음 중 주어진 특정분야의 장서구성을 위한 기법으로 옳은 것은?

① 브래드포드의 분산법칙
② 프라이스의 지수곡선적 증가법칙
③ 지프의 법칙
④ 문헌의 수명감소법칙

4 다음 중 계량정보학적 분석을 통해 화학과 물리학 분야의 논문을 분석한 후 학술논문의 빈도분포에 대한 반비례성을 주장한 사람은?

① 지프
② 케블러
③ 브래드포드
④ 로트카
⑤ 버튼

5 Zipf의 법칙에 대한 설명으로 옳지 않은 것은?

① 저출현 빈도단어에 대해서 적합한 방법이다.
② 자동색인기법이 가능하다.
③ 단어의 사용빈도에 따라 배열하면 단어별 순위와 빈도의 곱은 일정하다.
④ 자료의 배가에 응용할 수 있다.

6 새로운 학술잡지는 지수함수적으로 증가하며 지수함수는 약 15년마다 2배로 증가한다는 지수곡선적 증가법칙을 주장한 사람은?

① Lotka
② Price
③ Bradford
④ Burton
⑤ Goffman

7 일정한 기간 내에 1편의 논문을 발표한 사람이 500명일 때, 5편의 논문을 발표한 사람의 수를 로트카의 법칙에 따라 구하면?

① 10명
② 20명
③ 40명
④ 50명
⑤ 100명

8 다음 중 도서관에서 Zipf의 법칙이 유용하게 이용될 수 있는 분야는?

① 자료의 배가
② 자료분류의 자동화
③ 자료목록업무의 자동화
④ 문헌의 구입

9 문헌의 수명감소법칙과 관련이 없는 것은?

① 문헌의 노화현상
② 반감기
③ 일차함수
④ 새로운 문헌의 높은 이용빈도

10 다음 중 계량서지학에 대한 설명으로 옳은 것은?

① 정보의 유통과정을 수학적 방법을 적용하여 설명한다.
② 서지인용현상에 대해 연구한다.
③ 서지적 정보를 분석한다.
④ 문헌정보의 형태를 물리적인 관점에서 연구한다.

11 다음 중 문헌의 수명감소법칙과 관련이 없는 것은?

① 반감기　　　　　　　　　　　② 노화현상
③ 연구전선　　　　　　　　　　④ 이용횟수

12 문헌의 연령이 많아지면 이용빈도가 감소하게 되고 점차 이용횟수가 거의 없는 상태로 되는 현상은?

① 반감기　　　　　　　　　　　② 문헌의 노화현상
③ 지수곡선적 증가법칙　　　　④ 서술법칙

13 다음 중 분산법칙에 대한 설명으로 옳지 않은 것은?

① 브래드포드가 주장한 법칙이다.
② 자료선정의 경우 유용하게 활용할 수 있다.
③ 서술법칙과 그래프법칙의 2가지로 묘사하였다.
④ 특정분야의 장서구성을 위한 기법으로 그 활용성이 적다.

14 다음 중 Bradford의 분산법칙을 도서관에 적용할 때에 대한 설명으로 옳지 않은 것은?

① 특정분야의 장서구성을 위한 기법이다.
② 주어진 예산으로 모든 자료를 이용자에게 제공할 수 있도록 한다.
③ 서가를 효율적으로 활용할 수 있다.
④ 최소한도의 비용으로 최대의 정보봉사를 할 수 있다.

15 분산법칙에 대한 설명으로 옳지 않은 것은?

① 특수주제와 관련된 논문기사들 간의 수량학적 관계를 설명해준다.

② 학술잡지를 유효기사의 생산성에 따라 내림차순으로 배열하여 핵심잡지군과 기타잡지군으로 나눈다.

③ 특수도서관의 장서구성을 위한 기법이다.

④ 자료배가의 효율화가 증대된다.

16 새로운 논문에 집중적으로 인용되는 기존 논문들을 무엇이라 하는가?

① 핵영역 ② 연구전선

③ 인용문헌 ④ 핵심문헌

17 Lotka법칙과 가장 관련이 깊은 것은?

① 학술논문의 생산성 ② 이용횟수

③ 핵심문헌 ④ 자동색인

18 지프의 법칙에서 고출현 빈도단어에서 저출현 빈도단어로 전환하는 전환점을 발견한 사람은?

① 프라이스 ② 로트카

③ 버튼 ④ 고프만

⑤ 케블러

19 다음 중 Zipf의 법칙과 가장 관련이 깊은 것은?

① 문헌의 노화현상 ② 단어의 사용빈도

③ 핵영역 ④ 학술논문의 생산성

20 다음 정보의 행태 중 화학과 물리학 분야의 논문을 계량정보학적 분석을 통하여 분석한 후 학술논문의 빈도분포에 대한 반비례성을 주장한 사람은?

① 로트카

② 케블러

③ 지프

④ 룬

21 다음 중 단어가 사용되고 있는 빈도를 높은 것에서 낮은 것 순으로 배열하면 개개 단어별 순위와 빈도의 곱은 일정하다는 법칙은?

① 지프의 법칙

② 로트카법칙

③ 문헌의 수명감소법칙

④ 브래드포드의 분산법칙

⑤ 프라이스의 법칙

22 다음 중 브래드포드법칙으로 불리며 자료의 선정 시 유용하게 활용할 수 있는 법칙은?

① 분산법칙

② Lotka법칙

③ Zipf법칙

④ 문헌의 수명감소법칙

23 이론과 학자가 잘못 짝지어진 것은?

① 로트카 – 반비례법칙

② 케블러 –수명감소법칙

③ 브래드포드 – 분산법칙

④ 프라이스 –지수곡선적 증가법칙

⑤ 버튼 – 전염성 이론

24 다음 중 방사성 물질의 반감기 이론을 이용하여 문헌의 수명감소법칙을 주장한 학자는?

① 프레슬리

② 버튼과 케블러

③ 알렌

④ 라인

25 다음 중 문헌의 수명감소법칙과 가장 밀접한 관련이 있는 것은?

① 이용횟수　　　　　　　　　　② 논문의 분포현상
③ 출현빈도　　　　　　　　　　④ 문헌의 생산성

26 다음 중 프라이스의 과학잡지 증가추세에 대한 설명으로 옳지 않은 것은?

① 초록지의 수는 논문의 수와 같은 정도로 증가한다.
② 학술문헌은 지수함수적으로 증가한다.
③ 현재 발간 중인 과학잡지에만 적용되는 법칙이다.
④ 50년마다 10배, 150년마다 1,000배로 증가한다.
⑤ 과학잡지는 15년마다 2배로 증가한다.

27 다음 중 수명감소법칙을 도서관 업무에 적용하였을 때 가장 유용한 분야는?

① 자료의 배가　　　　　　　　② 서고의 효율적 활용
③ 도서관 경영　　　　　　　　④ 수서업무

28 다음 중 프라이스와 관계없는 것은?

① 15년마다 2배 증가　　　　　② 지수적 함수관계
③ 문헌의 노화현상　　　　　　④ 과학잡지의 발간량

29 다음 중 계량정보학과 가장 깊은 관련이 있는 것은?

① 정보의 축적　　　　　　　　② 정보의 행태
③ 정보의 검색　　　　　　　　④ 정보의 네트워크

정보의 분석·가공

1 문헌의 특성과 주제분석

☞ 정답 및 해설 P.216

1 멜빌 듀이(Melvil Dewey)의 업적이 아닌 것은?

2015. 6. 13 서울특별시

① 뉴욕도서관협회 창설
② 십진분류법(Dewey Decimal Classification : DDC)의 창안
③ 미국도서관협회(American Library Association : ALA) 창설
④ 목록규칙(Anglo – American Cataloging Rules : AACR)의 고안

2 다음 중 문헌의 속성연결이 잘못 짝지어진 것은?

① 매체요소 – 신문명
② 식별요소 – 문헌번호
③ 장소요소 – 발행지
④ 인명요소 – 기사명
⑤ 표제요소 – 서명

3 다음 중 주제분석에 대한 설명으로 옳지 않은 것은?

① 자연어의 문장으로 나타내면 초록이 된다.
② 주제명표목표, 시소러스 등은 통제어 시스템에 사용된다.
③ 분류표에 따라 코드화하면 주제명이 형성된다.
④ 소정의 기호나 용어로 표시하면 색인이 된다.

4 문헌의 구문에서 관계있는 개념끼리 연결시키는 것은?

① Link
② Symbol
③ Role
④ Keyword

5 다음 중 통제된 용어 가운데 색인의 표목으로 사용가능한 것은?

① 주제명　　　　　　　　　　　② 키워드
③ 디스크립터　　　　　　　　　④ 시소러스

6 자연어에 의한 색인어 표현에 대한 설명으로 옳지 않은 것은?

① 추출한 용어를 그대로 색인어로 사용한다.
② 재현율이 높아진다.
③ 색인의 표목 선정에 드는 노력을 경감시켜 준다.
④ 표현성이 풍부하고 정확성이 있다.

7 주제분석의 언어학적 측면에서 음운론에 대한 설명으로 옳은 것은?

① 단어 형성에 관해 연구하는 것이다.
② 소리에 관해 연구하는 것이다.
③ 형태에 관해 연구하는 것이다.
④ 의미를 가진 문법의 최소단위인 형태소를 결합하여 문법적인 구성을 하는 방법을 연구하는
　 것이다.

8 통제어에 의한 색인어 표현에 대한 설명으로 옳지 않은 것은?

① 정보검색효율의 저하를 방지하고자 고안되었다.
② 자연어 색인보다 재현율이 증가한다.
③ 주제를 한곳에 모으기 위해 도치표목을 사용하고 있다.
④ 모든 유사용어를 디스크립터로 사용할 수 있다.

9 의미론적 측면에서의 분석방법에 대한 설명으로 옳지 않은 것은?

① 정도율을 향상시켜주는 역할을 한다.
② 용어의 동의성, 유연성, 의미의 계층성 등의 형태로 구분한다.
③ 언어와 의미구조를 연구하는 학문이다.
④ 대표적인 것으로 시소러스가 있다.

10 다음 중 색인작성 시 주제분석과정이 아닌 것은?

① 내용분석   ② 색인어의 결정

③ 색인어의 결합   ④ 주제분석

11 다음 중 계약번호, 문헌번호 등이 속하는 요소는?

① 표제요소   ② 매체요소

③ 장소요소   ④ 식별요소

12 통계론적 측면에서의 분석방법에 대한 설명으로 옳지 않은 것은?

① 문헌의 표제, 초록 등의 문헌을 대표할 수 있는 단순한 용어를 분석한다.

② 정도율을 향상시켜주는 역할을 한다.

③ 링크란 용어 간의 역할을 기호로 부여한 것이다.

④ 같은 형태소를 갖는 문장도 다른 표면구조를 가지고 있을 수 있으므로 링크와 롤 부호를 이용한다.

13 다음 중 주제분석에 대한 설명으로 가장 적합한 것은?

① 문헌을 정리한다.   ② 문헌을 분석가공한다.

③ 문헌의 요점을 가려낸다.   ④ 문헌을 개별적으로 분석한다.

14 다음 설명으로 옳지 않은 것은?

① Link는 정확율을 높이는 기법이다.

② Role은 용어 간의 역할을 기호로 부여한다.

③ Link는 문헌의 구문상 관계있는 개념끼리 연결시킨다.

④ Role은 재현율을 높이기 위한 방법이다.

15 다음 중 질문의 주제를 파악하고자 할 때 고려해야 할 사항으로 옳지 않은 것은?

① 주제의 범위　　　　　　　　　② 주제의 흥미성
③ 주제의 시간적 범위　　　　　　④ 용어의 파악

16 다음 중 통제언어색인과 자연언어색인을 비교한 것으로 옳지 않은 것은?

구분		자연언어색인	통제언어색인
①	재현율	낮다.	높일 수 있다.
②	동의어	문제가 생긴다.	통제가 가능하다.
③	특정성	낮다.	높다.
④	신축성	높다.	낮다.
⑤	접근점	다양한 접근점을 제시한다.	소수의 접근점만을 제시한다.

17 정보의 분석 중 문헌의 내용을 개념적으로 분석하고 문헌에 대한 효율적인 접근을 할 수 있도록 조직하는 과정은?

① 분류기호　　　　　　　　　　② 주제분석
③ 초록　　　　　　　　　　　　④ 키워드

18 문헌의 속성 중 문헌의 내용을 나타내는 단어나 단어의 결합은?

① 초록　　　　　　　　　　　　② 키워드
③ 주제명　　　　　　　　　　　④ 분류기호

19 다음 중 자연언어색인에서 재현율을 높이기 위해 주로 사용하는 방법은?

① 절단탐색기법　　　　　　　　② 키워드색인
③ 용어열색인　　　　　　　　　④ 주제명표목표

20 다음 중 롤(Role)에 대한 설명으로 옳지 않은 것은?

① 문헌에 있어서 각 용어의 역할을 표시하는 것이다.
② 정도율을 향상시키기 위한 방법이다.
③ 용어 간의 역할을 기호로 부여한다.
④ 문헌의 구문상 관계있는 것을 연결한다.

21 문헌의 속성 중 외적속성에 속하지 않는 것은?

① 작성일　　　　　　　　　② 서명
③ 초록　　　　　　　　　　④ 표제

22 다음 중 통제언어색인에 대한 설명으로 옳지 않은 것은?

① 색인자의 오류가 있을 수 있다.
② 색인어휘에 숙달되어 있는 검색전문가에게 유리하다.
③ 복잡한 개념의 표현이 쉽다.
④ 특정한 개념이 같은 용어로 색인되므로 재현율이 높다.

23 다음 중 자연언어색인의 단점으로 옳지 않은 것은?

① 개념 간의 관계정립이 불가능하다.
② 새로운 개념표현이 어렵다.
③ 탐색자에게 부담을 준다.
④ 동음이의어의 문제가 발생한다.
⑤ 색인파일의 유지비용이 크다.

24 주제분석의 과정으로 옳은 것은?

> ㉠ 색인어의 표기 ㉡ 주제분석
> ㉢ 내용분석 ㉣ 색인어의 결정을 형성해 가는 요소

① ㉠㉢㉡㉣ ② ㉠㉣㉡㉢
③ ㉡㉢㉠㉣ ④ ㉢㉡㉣㉠
⑤ ㉢㉣㉠㉡

25 문헌의 내적속성 중 원문의 내용을 요약해 놓은 문장의 집합을 의미하는 것은?

① 분류번호 ② 주제명
③ 초록 ④ 키워드

② 색인언어와 탐색언어

☞ 정답 및 해설 P.218

1 시소러스와 온톨로지에 대한 설명으로 옳지 않은 것은?

2015. 6. 13 서울특별시

① 시소러스는 특정 도메인에 한정되어 구축되며, 온톨로지는 모든 도메인을 대상으로 할 수 있다.
② 시소러스는 도메인에 사용되는 용어(어휘)를 통제하고, 용어체계를 구축하며, 용어들 간의 관계를 정의한 것이다.
③ 온톨로지는 도메인에 존재하는 실체의 속성을 파악하여 개념을 표현하며, 개념들 간 다양한 의미관계를 표현하고, 추론이 가능하도록 구성된다.
④ 시소러스는 용어 개념에 대한 속성 파악이 어렵고, 용어 간 의미 관계 표현이 단순하다.

2 시소러스에서 계층관계를 표시하는 기호가 아닌 것은?

2015. 6. 27 제1회 지방직

① NTP
② BTI
③ SN
④ TT

3 통제어 색인에 대한 설명으로 옳은 것은?

2015. 6. 27 제1회 지방직

① 용어에 대한 신뢰성이 높다.
② 정확률을 높이는데 유용하다.
③ 발췌색인(extraction index)이라고도 한다.
④ 새로운 개념에 대한 표현이 용이하다.

4 시소러스에 대한 설명으로 옳지 않은 것은?

2014. 6. 21 제1회 지방직

① 불용어를 포함하여 문헌의 주제와 관련된 용어의 상호관계를 보여 준다.
② 색인 작성 시 적절한 색인어를 선택·통제하거나 검색 시 적절한 검색어의 선택과 확장이나 축소를 위해 사용할 수 있다.
③ 분류표, 주제명표목표와 더불어 색인어휘를 제공하는 통제어휘집의 일종이다.
④ UF는 비우선어를 제시해 주며, BT 및 NT는 상하위 개념의 용어를 제시해 준다.

5 자연어 색인과 통제어휘 색인의 관계에 대한 설명으로 옳은 것은?

2013. 8. 24 제1회 지방직

① 자연어를 색인어로 선택하면 통제어휘 사용에 비해 동형이의어 문제를 제거할 수 있다.
② 자연어를 색인어로 선택하면 통제어휘 사용에 비해 분류시스템의 호환성에 많은 문제가 발생한다.
③ 통제어휘를 색인어로 선택하면 자연어 사용에 비해 동의 문제를 제거할 수 있다.
④ 통제어휘를 색인어로 선택하면 자연어 사용에 비해 정보표현과 검색이 정확성이 증가한다.

6 시소러스에서 우선어(preferred term) 동의어를 우선어로 지시할 때 사용되는 용어는?

2011. 5. 14 상반기 지방직

① UF
② USE
③ NT
④ BT

7 다음 중 ISI에서 제공하는 과학분야 색인지는?

① SSCI
② A & HCI
③ SCI
④ JCR

8 문헌과 정보탐색자 간의 효과적인 커뮤니케이션을 위해 사용하는 매개언어는?

① 색인표목
② 색인언어
③ 자연언어
④ 탐색언어

9 다음 중 색인언어에 속하지 않는 것은?

① 창조언어
② 시소러스
③ 분류표
④ 키워드

10 분류표의 단점으로 옳지 않은 것은?

① 동일한 주제가 다루어진 관점에 따라 분산된다.
② 특정한 주제에 직접 접근하지 못한다.
③ 분류표에 나타나지 않은 새로운 주제의 자료를 찾기 어렵다.
④ 사용된 언어에 따라 한 곳에서 검색하기 힘들다.

11 다음 중 인용색인에 대한 설명으로 옳지 않은 것은?

① 문헌 간 상호관계를 파악할 수 있다.
② 주제색인에 비하여 최신성이 떨어진다.
③ 색인편집이 기계색인 방법에 적합하다.
④ 문헌에 수록되어 있는 인용된 문헌과 인용한 문헌을 체계적으로 편성한 색인이다.
⑤ 색인작성자가 필요없다.

12 다음 중 주제명표목표의 특징으로 옳지 않은 것은?

① 주제를 나타내는 용어로 직접 탐색이 가능하다.
② 전통적인 도서관에서 수작업으로 사용하는 주제명 통제기구이다.
③ 주제명색인은 도서관의 주제명 목록과는 다르다.
④ 문헌의 내용을 분석하여 추출한 키워드에 대하여 용어를 통제하여 색인어로 결정하기 위한
  도구이다.

13 다음 중 전조합색인에 해당하지 않는 것은?

① 분류색인　　　　　　　　　　② 용어열색인
③ 주제명색인　　　　　　　　　　④ 유니텀

14 주제명표목표의 단점으로 옳지 않은 것은?

① 사용언어가 다르면 같은 주제를 나타내는 문헌이라도 분산된다.
② 동일한 국어 내에서도 시대에 따라 용어를 처리해야 한다.
③ 종속관계에 있는 주제도 한 곳에 모아지지 않고 자모순에 의해 분산된다.
④ 다루어진 관점이 달라도 한 주제에 관한 모든 자료가 모아진다.

15 다음 중 색인언어의 종류에 해당하지 않는 것은?

① 시소러스　　　　　　　　　　② 용어열
③ 주제명표목표　　　　　　　　④ 분류기호

16 시소러스에 대한 설명으로 옳지 않은 것은?

① 관련문헌들을 한꺼번에 탐색하기 위한 것이다.
② 도치표목을 사용하고 있다.
③ 로제에 의해 최초로 사용되었다.
④ 자연어로 해당주제를 모두 검색할 수 없다.
⑤ 색인작성자와 이용자가 다같이 이용할 수 있는 도구이다.

17 다음 중 전조합색인의 일종으로 검색효율을 향상시키기 위해 색인언어의 구문관계에 중점을 둔 것은?

① 용어열색인　　　　　　　　　② 디스크립터
③ 저자명색인　　　　　　　　　④ 키워드색인

18 다음 시소러스 용어 중 최상위어를 뜻하는 것은?

① UF　　　　　　　　　　　　② USE
③ TT　　　　　　　　　　　　④ BT

19 키워드에 대한 설명으로 옳지 않은 것은?

① 자동색인의 경우에 색인어는 자유키워드이다.
② 자연어를 색인어로 그대로 사용한다.
③ 키워드에 의한 색인방식은 선조합색인이라고 한다.
④ 문헌의 내용을 여러 개의 단위개념으로 색인하고 탐색할 때 단위개념을 조합하여 적합문헌을 검색한다.

20 시소러스의 작성단계로 옳은 것은?

> ㉠ 시소러스 편성   ㉡ 시소러스의 특성의 결정
> ㉢ 시소러스 테스트   ㉣ 용어의 수집
> ㉤ 용어의 표준화   ㉥ 시소러스 형태의 결정
> ㉦ 주제영역의 정의   ㉧ 디스크립터 선택 및 용어의 상호관계 결정

① ㉠㉣㉦㉧㉡㉢㉥㉤
② ㉡㉦㉠㉢㉧㉣㉥㉤
③ ㉦㉧㉣㉤㉡㉥㉠㉢
④ ㉦㉡㉥㉣㉤㉧㉠㉢

21 다음 설명에 해당하는 것은?

> 해당 주제분야에 필요한 모든 개념을 수집하여 이들에 대한 개념의 대소관계나 동의어, 동형이의어, 관련어를 조절하여 정보시스템과 문헌생산자, 색인작성자, 이용자간의 통일적 사용을 위해 통제한 용어통제표이다.

① 분류표
② 키워드
③ 시소러스
④ 주제명표목표

22 다음 중 의미가 모호하거나 용도를 한정할 필요가 있는 용어에 대해 추가로 표시하여 사용하는 기호
는?

① SN   ② BT
③ NT   ④ USE

23 색인언어와 탐색언어가 모두 통제언어로 쓰인 시스템의 단점으로 옳지 않은 것은?

① 용어의 특정성이 떨어져 구체적인 표현이 어렵다.
② 통제어휘집의 계속적인 갱신이 필요하다.
③ 동일한 용어로 색인되므로 검색효율의 재현율이 낮다.
④ 정보전문가에게 적합하다.

24 다음 중 상위개념을 뜻하는 것은?

① NT   ② UF
③ BT   ④ RT

25 다음 중 용어열색인에 대한 설명으로 옳은 것은?

① 주제의 구체적 표현이 불가능하다.
② 용어열색인에는 순열색인이 있다.
③ 용어열을 구성하는 키워드 모두를 검색하는 것은 불가능하다.
④ 후조합색인에 속한다.

26 다음 중 주제명시스템에 대한 설명으로 옳지 않은 것은?

① 카드목록 및 컴퓨터용 서지파일의 작성이 쉽다.
② 주제명표목수를 증가시키는 것이 용이하다.
③ 동시에 여러 표목을 가지고 문헌을 검색할 수 있다.
④ 새로운 주제명표목을 첨가해도 기존문헌을 재색인할 필요가 없어 첨가가 용이하다.
⑤ 특정언어를 사용해야 하므로 국제적 이용에는 부적합하다.

27 색인언어가 통제언어, 탐색언어가 자연언어인 시스템의 특징으로 옳지 않은 것은?

① 자연언어형식의 시스템 내에서 통제언어로 자동변환 시켜주는 장치가 있어야 한다.
② 동형이의어나 다의어 등으로 인해 정확한 탐색이 어렵다.
③ 탐색자는 어떤 용어든지 사용할 수 있다.
④ 정보전문가가 쓸 수 있다.

28 다음 지문이 설명하는 것은?

> 문헌과 정보탐색 간의 효율적인 커뮤니케이션을 위해 사용하며 정보검색의 효율성을 높이는
> 데 목적이 있다.

① 색인언어
② 조합언어
③ 탐색언어
④ 창조언어

29 다음 중 색인언어와 탐색언어가 모두 자연언어인 시스템에 대한 설명으로 옳은 것으로만 짝지어진 것은?

> ㉠ 단점인 재현율 저하는 용어절단 기법을 사용하여 해결한다.
> ㉡ 현재 정보검색시스템의 전형적인 특징이다.
> ㉢ 본문에 나타난 자연언어로 탐색하는 본문탐색기법이 활용될 수 있다.
> ㉣ 검색효율의 정도율이 높아진다.

① ㉠㉡
② ㉠㉢
③ ㉡㉢
④ ㉡㉣
⑤ ㉢㉣

30 다음 중 분류표의 특징으로 옳지 않은 것은?

① 모든 체계적으로 인접한 주제와 관련된 주제를 한 곳에서 검색가능하다.
② 아무리 다양한 언어를 사용해도 관련 주제를 한 곳에서 검색할 수 있다.
③ 직접 주제를 나타내는 용어로 탐색할 수 있다.
④ 분류기호로 이루어진 색인어가 일정한 순서로 나열된 것이 분류색인이다.

31 색인언어와 탐색언어의 특징으로 옳은 것은?

① 초록이나 전문을 수록하고 있는 DB는 통제언어를 사용해야 한다.
② 정보검색시스템에서 컴퓨터의 활용으로 인한 통제어휘의 사용이 증가하고 있다.
③ 자연언어시스템으로 자동색인된 전문을 탐색할 때에는 정도율이 높아진다.
④ 최종이용자가 단말기에서 스스로 탐색하는 직접탐색으로 변화하는 추세이다.

32 다음 중 색인에 관한 설명으로 옳지 않은 것은?

① 추출색인은 색인어가 정보자료 자체로부터 추출된 경우를 말한다.
② 추출색인은 통제언어색인의 일종이다.
③ 부여색인은 색인자가 적절한 색인어를 부여한 경우를 말한다.
④ 부여색인은 통제언어색인의 일종이다.

33 다음 중 검색어와 관련어를 의미의 관점에서 분류하여 체계화한 것으로 일종의 사전으로 볼 수 있는 것은?

① Hits   ② 레코드
③ 시소러스   ④ 필드 검색

3 색인법 · 초록

☞ 정답 및 해설 P.220

1 주요 인용색인 중 과학기술 분야, 사회과학 분야, 인문학 분야의 인용색인이 순서대로 바르게 나열된 것은?

2016. 6. 18 제1회 지방직

① SCI – SSCI – A&HCI

② KSCI – A&HCI – SSCI

③ KSCI – SCOPUS – SSCI

④ SCI – A&HCI – SCOPUS

2 인용색인에 대한 설명으로 옳지 않은 것은?

2015. 6. 27 제1회 지방직

① 인용색인은 선별된 학술지 문헌에 수록된 인용문헌과 피인용문헌의 서지정보를 수록하고 있다.

② 'Web of Science'를 통해 SCI Expanded와 SSCI의 인용정보를 제공받을 수 있다.

③ 인용색인의 편집은 기계색인방법에 적합한 것으로 알려져 있다.

④ 인용색인의 효시는 1963년에 가필드(Garfield)가 출판한 SCI이다.

3 역문헌빈도(Inverse Document Frequency)에 대한 설명으로 옳은 것은?

2015. 6. 27 제1회 지방직

① 기준치빈도를 정한 후 기준치빈도 이상 출현한 단어들을 색인어로 선정하는 것이다.

② 특정 단어가 각각의 문헌에 출현하는 빈도수이다.

③ 어떤 용어를 포함하고 있는 집합 내의 문헌의 수에 의거하여 가중치를 부여하는 것이다.

④ 단어가 색인어로 부여되기 이전과 부여된 이후의 문헌간의 평균유사도 차이를 측정하는 것이다.

4 현대적 정보검색 방법 개발에 기여한 Mortimer Taube가 창안한 것은?

2014. 6. 21 제1회 지방직

① 조합색인

② SDI 서비스

③ 자동색인 알고리즘

④ 적합성 피드백 기법

5 다음 중 충분한 정보를 수록하여 원문을 읽지 않아도 연구의 개요를 알 수 있는 초록은?

① 비평적 초록   ② 통보적 초록

③ 발췌문   ④ 지시적 초록

6 문헌상에 나타난 주제를 일정한 순서로 배열한 색인은?

① 분류색인   ② 조합색인

③ 주제명색인   ④ 서명색인

7 다음 중 전조합색인에 속하지 않는 것은?

① 분류색인   ② KWIC

③ 펀치카드   ④ KWOC

8 인용색인에 대한 설명으로 옳지 않은 것은?

① 문헌 간의 상호관계를 확인할 수 있다.

② 주제색인에 비해 최신성을 가지고 있다.

③ 문헌에 수록되어 있는 인용된 문헌과 인용한 문헌을 체계적으로 편성한 색인이다.

④ CD-ROM이나 Web으로는 접근할 수 없다.

9 인용색인의 3부분에 속하지 않는 것은?

① 순열주제색인   ② 소스색인

③ 순열표제색인   ④ 인용색인

10 후조합색인에 대한 설명으로만 묶은 것은?

> ㉠ 단위개념의 조합　　　　　　　㉡ 부울논리 사용
> ㉢ 비조작적　　　　　　　　　　㉣ 단일개념

① ㉠㉡　　　　　　　　　　　　② ㉠㉡㉣
③ ㉡㉢　　　　　　　　　　　　④ ㉡㉢㉣
⑤ ㉢㉣

11 문헌의 내용을 복수의 단위개념으로 색인하여 각 단위개념을 조합하여 검색하는 것은?

① 전조합색인　　　　　　　　　② 후조합색인
③ 분류색인　　　　　　　　　　④ 인용색인

12 다음 중 순열색인의 특징으로 옳은 것은?

① 이용자가 논문의 내용을 판단하기 어렵다.
② 처리시간이 매우 느리다.
③ 주제분석, 판단에는 전문가의 개입이 중요하다.
④ 표제가 논문내용을 표현하고 있을 경우에만 가능하다.

13 PRECIS색인법에 대한 설명으로 옳지 않은 것은?

① BNB를 자동화하기 위해 개발되었다.
② 컴퓨터에 의해 모든 용어가 추출된다.
③ 전세계의 많은 색인작성기관에서 사용하고 있다.
④ 색인작성자에 의해 문헌상에 적절한 색인언어로 선택된다.

14 다음 중 분류색인에 대한 설명으로 옳지 않은 것은?

① 다루어진 관점에 따라 동일한 주제가 분산된다.

② 열거식분류법, 분석합성식분류법이 속한다.

③ 동의어 처리나 변경된 용어에 따라 동일한 언어 내에서도 색인이 달라진다.

④ 체계적으로 인접한 주제와 관련된 주제를 한 곳에 모을 수 있다.

15 다음 중 초록에 포함되는 요소로 옳지 않은 것은?

① 내용   ② 결과

③ 방법   ④ 결론

16 다음 중 분류색인의 단점에 속하지 않는 것은?

① 관련주제를 한 곳에서 탐색할 수 없다.

② 색인자료가 대량인 경우 분류하기 어렵다.

③ 분류기호에 의한 탐색 후 이차파일이 필요하므로 두 단계를 거쳐야한다.

④ 색인자료가 대량인 경우 다양한 접근점을 제공하기 힘들다.

17 후조합색인에 대한 설명으로 옳지 않은 것은?

① 컴퓨터 정보검색시스템에서 사용하고 있다.

② 색인작업 시 문헌의 주제를 구성하는 각 개념마다 색인어를 개별적으로 부여한다.

③ 교집합, 합집합, 차집합 등의 논리관계에 의하여 색인어를 조합하여 탐색하는 것이다.

④ 용어열색인, 패싯분류, 주제명색인 등이 포함된다.

18 다음 중 논문의 존재를 알리고 원문을 읽을 것인지의 여부를 판단하는 데 필요한 만큼의 정보를 수록한 초록은?

① 지시적 초록   ② 발췌문

③ 비평적 초록   ④ 통보적 초록

19 다음 중 초록에 대한 설명으로 옳지 않은 것은?

① 초록은 문헌의 내용을 축약적으로 표현해준다.

② 자동초록시스템을 많이 사용한다.

③ 정보량이 급증하면서 자동초록에 대한 요구가 생겼다.

④ 정보검색의 기능을 함께 수행한다.

20 주제명색인에 대한 설명으로 옳은 것은?

① 문헌의 표제가 내용을 잘 묘사하고 있다는 전제하에 있으며 색인작성이 간단하고 신속하다.

② 문헌에 수록되어 있는 인용문헌을 체계적으로 편성한 색인을 말한다.

③ 문헌내용을 분석한 후 주제명을 추출하여 색인항목을 결정한다.

④ 2개 이상의 색인파일을 조합하여 문헌의 주제를 만들어낸다.

21 다음 중 오스틴이 개발한 것으로 전세계의 많은 색인작성기관에서 채택하고 있는 색인법은?

① 순열표제색인법　　　　　　　　　② 인용색인법

③ 분류색인　　　　　　　　　　　　④ PRECIS색인법

22 조합색인에 대한 설명으로 옳지 않은 것은?

① 정도율을 향상시킬 수 있다.

② 전조합색인과 후조합색인으로 분류한다.

③ 2개 이상의 색인파일을 조합하여 문헌의 주제를 만들어 내는 색인기법이다.

④ 문헌의 내용을 여러 개의 단위개념으로 색인하고 탐색 시 각 단위개념을 조합하여 적합한 문헌을 검색하는 것을 전조합색인이라 한다.

23 다음 중 자동초록에서 문장선택기준과 방법의 연결이 옳은 것은?

① 통계적 기준 – 단어가 갖는 의미 이용

② 문장구조적 기준 – 논문의 특별한 위치에 나타난 문장

③ 통계적 기준 – 표제에 나타난 단어

④ 문장구조적 기준 – 단어의 출현빈도

24 다음 중 컴퓨터를 이용하여 문헌표제의 키워드를 여러 개 자동적으로 추출하고 특정 위치에 고정시켜 알파벳순으로 배열하는 색인법은?

① 분류색인법　　　　　　　　② 순열표제색인법
③ 주제명색인법　　　　　　　　④ 조합색인법

25 다음 중 전조합색인의 특징으로 볼 수 없는 것은?

① 단일개념　　　　　　　　　　② 비조작적
③ 분류색인　　　　　　　　　　④ 유니텀

❹ 자동색인·자동분류

☞ 정답 및 해설 P.222

1 다음 특징을 갖는 자동색인기법은?

2016. 6. 18 제1회 지방직

> - 언어학적 처리가 불필요하다.
> - 다중 언어 처리를 필요로 하는 상황에 적합하다.
> - 텍스트에 출현한 단어들의 철자 오류를 수용할 수 있다.
> - 복합명사 띄어쓰기에 관한 문제를 완화시킨다.

① 형태소분석기법 ② N-gram기법
③ 구문분석기법 ④ 문헌구조적 기법

2 자동색인 기법 중 문헌분리가(term discrimination value) 기법에 대한 설명으로 옳지 않은 것은?

2011. 5. 14 상반기 지방직

① 좋은 색인어는 문헌을 분리시켜주고, 좋지 않은 색인어는 문헌을 밀집시킨다는 가정에서 출발했다.
② '문헌분리가'란 특정 단어가 문헌집단에서 상호 관련 없는 문헌을 분리시키는 능력이다.
③ 평균유사도는 문헌들이 공간에서 밀집되는 정도를 나타낸다.
④ 문헌빈도가 낮은 단어에 높은 가중치를 부여하는 기법이다.

3 자동색인기법에 대한 설명으로 옳지 않은 것은?

2010. 5. 22 상반기 지방직

① Luhn이 제안한 통계적 기법은 자동색인의 효시가 되었다.
② 색인어 선정 시 통계적 기법은 단어의 출현빈도를 기준으로 한다.
③ Luhn은 문헌 내 중간빈도로 나타나는 단어가 색인대상에 가장 적합함을 주장하였다.
④ 통계적 기법으로 역문헌빈도는 많은 수의 문헌에 출현한 단어에 높은 중요도를 부여하는 것이다.

4 다음 중 자동색인의 통계적 기법이 아닌 것은?

① 문헌 내 단어빈도 기법   ② 구문 분석 기법
③ 문헌분리값 기법   ④ 역문헌빈도 기법

5 자동색인에 대한 설명으로 옳은 것은?

① 색인해야 할 문헌의 급속한 증가로 인해 출현하였다.
② 고빈도 단어를 색인어로 선정한다.
③ 문헌의 표제가 주제어를 선정하는 기준이 된다.
④ 자동색인에서 가장 중요한 것은 단어의 출현빈도이다.

6 다음 중 박센데일의 색인어 산출방법이 아닌 것은?

① 문헌을 구성하는 전치사구로부터 선택한다.
② 가장 많이 출현한 단어를 선택한다.
③ 기능어를 제외한 모든 단어를 선택한다.
④ 각 문단의 첫 번째와 마지막 문장의 단어를 선택한다.

7 다음 중 색인어를 선정하는 기준이 언어학적 기법일 때, 언어학적 기법의 3단계에 속하지 않는 것은?

① 어의적 단계   ② 구문적 단계
③ 어휘적 단계   ④ 구조적 단계

8 다음 중 언어학적 기법에 속하지 않는 것은?

① 불용어제거기법   ② 구문분석기법
③ 통계적 기법   ④ 단서어기법

9 단순빈도와 상대빈도에 대한 설명으로 옳지 않은 것은?

① 상대빈도는 일반적으로 쓰이는 개념으로 역문헌빈도라고도 한다.

② 단순빈도는 문헌집단의 크기나 분석대상의 텍스트 길이, 단어의 사용빈도를 고려하여 산출한다.

③ 상대빈도는 단어빈도를 문헌빈도, 장서빈도, 문헌길이 등으로 구분한다.

④ 단순빈도는 단어가 어디에 출현했는가에 따라 단어빈도, 문헌빈도, 장서빈도로 구분한다.

10 자동색인에서 색인어를 선정하는 방법으로 단어의 출현빈도를 이용하는 것은?

① 구문분석기법
② 문헌구조적 기법
③ 언어학적 기법
④ 통계적 기법

11 다음 중 한 단어로 처리되는 전치사구나 명사구 등과 같은 단어군을 찾아내어 출현빈도가 높은 단일어나 복합어를 색인어로 선택하는 방법은?

① 불용어제거기법
② 문헌구조적 기법
③ 구문분석기법
④ 단서어기법

12 불용어제거기법에 대한 설명으로 옳지 않은 것은?

① 전치사, 접속사, 조사, 관사와 같은 기능어나 공통적으로 사용되는 고빈도단어를 제외한 나머지를 색인어로 선정한다.

② 대표적인 것으로 KWIC를 들 수 있다.

③ 불용어를 제거하면 문헌화일의 크기가 줄어들므로 색인어 선정을 위한 텍스트 처리가 쉬워진다.

④ DIALOG에서는 모두 10개의 불용어를 제외하고 색인어를 채택한다.

13 다음 중 클러스터링과 가장 밀접한 관련이 있는 것은?

① 문헌의 집단화   ② 시소러스
③ 디스크립터   ④ 정보센터

14 주제어로서의 중요도를 단어의 출현빈도에 근거하여 측정한 후 색인어를 선정하는 방법을 총 망라한 것은?

① 구문분석기법   ② 단서어기법
③ 언어학적 기법   ④ 통계적 기법

15 다음 설명 중 옳지 않은 것은?

① 좋은 색인언어는 서로 주제가 다른 문헌들을 가능한 분리시킨다.
② 문헌분리가는 특정한 단어가 한 문헌집단 속에서 상호관련없는 문헌들을 분리시키는 능력을 말한다.
③ 평균유사도가 작을수록 문헌들이 밀집해 있음을 의미한다.
④ 나쁜 색인언어는 문헌들을 밀집시킨다.

16 다음 중 문헌 내의 단어빈도를 곱한 값을 가중치로 줌으로써 문헌빈도가 낮고 단어빈도가 높을수록 역문헌빈도도 높아지도록 한 사람은?

① Salton   ② Damerau
③ Taube   ④ Shannon

17 통계적 기법에서 정보이론을 이용한 기준에 대한 설명 중 옳지 않은 것은?

① 정보의 개념을 선택의 자유로 본다.
② 선택의 자유가 클수록 확실성이 커진다.
③ Shannon의 정보이론을 이용하여 색인어 중요도를 측정하는 방법이 있다.
④ 평균정보량은 선택에 대한 불확실성의 크기를 엔트로피로 측정한 것이다.

18 자동색인기법 중 문헌의 주제를 요약하여 나타낸 문장 속에서 색인어를 선정하는 방법은?

① 구문분석기법
② 단서어기법
③ 문헌구조기법
④ 불용어제거기법

19 통계적 기법에서 검색문헌의 적합성을 이용한 기준에 대한 설명으로 옳지 않은 것은?

① 단어의 출현빈도가 아니라 단어가 출현한 문헌의 유형을 고려한 것이다.
② 탐색 시 질문을 구성하는 탐색어에 부여할 목적으로 연구되었다.
③ 적합성가중치공식에는 단어정확도를 측정하는 것이 있다.
④ 가중치공식은 단어의 탐색실용성 이론을 이용한 공식이다.

20 특정한 문헌의 주변에 충분한 수의 문헌들이 인접해 있을 경우 이 문헌을 클러스터의 센트로이드로 판정하는 방법은?

① 다톨라식 기법
② 로치오식 기법
③ 싱글패스식 기법
④ 더블패스식 기법

21 용어의 자동분류방법에 대한 설명으로 옳지 않은 것은?

① 클럼프이론방법은 효과적인 클러스터링 기법이라고 볼 수 없다.
② 클럼프이론방법은 어떠한 응집함수를 사용하든지 클럼프 형성과정이 너무 복잡하다는 단점이 있다.
③ 그래프이론방법은 Needham에 의해 소개되었다.
④ 그래프이론방법은 용어간의 연관성을 유사계수공식을 이용하여 측정한다.

22 다음 중 자동색인연구에서 가장 중요한 것은?

① 단어의 이용횟수
② 불용어의 제거
③ 색인어의 선정
④ 형태소의 분석

23 구문분석기법에 대한 설명으로 옳지 않은 것은?

① 기본가설은 특정한 구문적 기능을 수행하는 단어나 단어구가 문헌의 내용을 나타낸다는 것이다.
② LEADERMART와 같은 시스템은 문장을 거의 완전하게 분석하지만 어의적인 처리를 하지 않
는 분석방법에 속한다.
③ 가장 높은 수준인 완전한 문장분석방법은 자동색인에서 큰 효과가 있다.
④ 분절주제색인시스템 방법으로 MAI가 있다.

24 문헌클러스터링에 대한 설명 중 옳지 않은 것은?

① 클러스터 파일은 탐색시간을 줄일 수 있다.
② 클러스터링은 대상 문헌의 크기가 클수록 효과적이다.
③ 문헌 간의 유사도를 측정하여 클러스터를 작성하는 기법은 클러스터링기법에 속한다.
④ 문헌의 주제를 표현하는 색인어리스트를 이용하여 클러스터를 형성하는 기법이 있다.

25 구문분석기법에는 특정한 단서를 이용하여 주제적 구문단위를 선택하는 방법이 있다. 이에 대한 설
명으로 옳지 않은 것은?

① PHRASE는 자동색인과 자동초록을 위해 개발한 문장분석시스템이다.
② MAI는 입력된 표제와 초록의 문장을 분석하여 특정한 패턴의 단어구를 색인어로 선택하는
방법을 이용한 시스템이다.
③ 병리진단보고서 색인시스템도 구문분석기법을 사용한 시스템이다.
④ 가장 높은 수준의 구문분석기법이다.
⑤ 분절주제색인시스템으로 MAI, FASIT 등이 있다.

26 구문분석기법 중 KAIS에 대한 설명으로 옳지 않은 것은?

① 형태소해석기와 불용어제거기로 구성되어 있다.
② 한국어 용언이 가질 수 있는 형식을 이용하여 명사나 명사구들만 색인어로 선정한다.
③ 우리말 신문기사를 대상으로 개발되었다.
④ 각 문장을 형태소 단위로 분리하고 간단한 구문분석을 통해 색인어를 추출한다.

27 다음 중 룬이 자동색인의 주제어로 적합하다고 주장한 것은?

① 저빈도 단어 　　　　　　　② 중간빈도 단어

③ 고빈도 단어 　　　　　　　④ 특수단어

28 다음 중 사전 분류체계에 의한 문헌자동분류에 대한 설명으로 옳지 않은 것은?

① 마론은 컴퓨터 관련문헌의 초록을 대상으로 자동분류를 실험하였다.

② 기존 분류체계를 그대로 수정하여 이용하는 방법이다.

③ 보코는 미국의회 도서관 분류표로부터 추출한 주제클래스로 문헌들을 분류하였다.

④ 실험문헌집단을 이용하여 작성한 분류체계를 구성하는 각 카테고리로 문헌들을 자동적으로 분류하는 방법이다.

29 사전 분류체계에 의한 문헌자동분류법에서 보코에 대한 설명으로 옳은 것은?

① 3만개 이상의 MARC 레코드를 실험문헌집단으로 이용하였다.

② 자동분류를 위한 단서로 문헌의 표제와 주제명 표목을 사용하였다.

③ 컴퓨터 관련문헌의 초록 405개를 대상으로 자동분류실험을 하였다.

④ 요소분석기법을 사용하여 경험적인 분류체계를 작성하였다.

30 다음 중 평가기준으로 최적화시킬 기능이 아닌 것은?

① 클러스터링 속도 　　　　　② 클러스터의 안정성

③ 클러스터의 수 　　　　　　④ 소장장소의 크기

31 다음 중 유사한 문헌들을 모아 집단화하는 작업은?

① 요소분석 　　　　　　　　　② 구문분석

③ 문헌분류 　　　　　　　　　④ 구문작성

32 다음 중 자동색인에 대한 설명으로 옳지 않은 것은?

① 너무 빈도가 높은 단어는 일방적인 단어이므로 주제어로서의 의미가 없다.
② 자동색인의 효시는 룬에 의해서 이루어졌다.
③ 저빈도의 단어가 주제어로서는 가장 적합하다.
④ 룬은 단어의 출현빈도가 단어의 주제어로서의 중요성을 측정하는 기준이 된다고 하였다.

33 자동분류방법에 대한 설명으로 옳지 않은 것은?

① 문헌에 부여된 색인어가 속성으로 선택된다.
② 사전 분류체계가 있는 경우의 분류방법은 문헌분류, 용어분류, 잡지의 분류, 검색질문의 분류 등에 적용된다.
③ 분류대상물의 선택과 대상물의 유사도 측정을 위해 필요한 속성의 선택에 따라 다양하게 적용된다.
④ 사전 분류체계를 이용하여 각 문헌을 가장 적합한 클래스에 배정하여 문헌들을 집단화한다.

34 색인어를 선정하는 기준에 따라 자동색인을 구분할 때 바르게 짝지어진 것은?

① 단서어기법, 문헌구조적 기법
② 통계적 기법, 불용어제거기법
③ 통계적 기법, 불용어제거기법
④ 통계적 기법, 언어학적 기법

35 문헌클러스터링에 대한 설명으로 옳지 않은 것은?

① 연속된 파일로 조직된 문헌들은 클러스터링파일로 재조직된다.
② 파일전체를 탐색한다.
③ 검색효율을 향상시킨다.
④ 일종의 파일조직기법으로 컴퓨터에 의한 파일탐색을 효율적으로 하는 것이 목적이다.

36 클러스터링의 단점으로 옳은 것은?

① 밀접하게 상호관련된 문헌들이 동일한 정보요구에 대해 모두 적합한 것은 아니다.
② 검색시간을 길게하여 효율을 떨어뜨린다.
③ 많은 양의 문헌에 적용하기 힘들다.
④ 크기가 작은 파일에서도 많은 계산작업을 요한다.

37 다음 중 클러스터의 입력 파라미터가 아닌 것은?

① 클러스터의 크기　　　　　② 클러스터의 중복도
③ 클러스터의 이름　　　　　④ 클러스터의 수

38 클러스터가 형성되는 기준으로 옳은 것은?

① 문헌과 문헌 간의 유사도가 기준치 이하일 때
② 클러스터와 클러스터 간의 유사도가 기준치 이하일 때
③ 클러스터와 클러스터 간의 유사도가 기준치 이상일 때
④ 클러스터와 문헌 간의 유사도가 기준치 이상일 때

39 문헌 간의 유사도를 측정하여 유사도행렬을 작성하고 계층적 클러스터를 형성하는 기법은?

① 재배치 클러스터링　　　　② 유사도행렬 클러스터링
③ 대립행렬 클러스터링　　　④ 배치 클러스터링

40 다음 중 유사도 측정을 위한 유사계수공식이 아닌 것은?

① 중복도계수　　　　　　　② 코사인계수
③ 다이스계수　　　　　　　④ 탄젠트계수

41 SMART시스템에서 주로 사용하는 공식은?

① 코사인계수 ② 자카드계수

③ 다이스계수 ④ 타니모토계수

42 다음 중 타니모토계수공식을 용어의 연관성 측정에 이용하는 용어의 분류방법은?

① 클럼프이론방법 ② 그래프이론방법

③ 로치오이론방법 ④ 다톨라이론방법

43 문헌을 클러스터에 재배치하여 초기의 클러스터를 점차 정렬해가면서 최종의 클러스터들을 형성하는
방법은?

① 싱글링크식 클러스터링 ② 더블링크식 클러스터링

③ 자기발견적 클러스터링 ④ 보너식 클러스터링

44 다음 중 싱글패스 기법에 대한 설명으로 옳지 않은 것은?

① 클러스터링 과정에서 각 문헌이 한번씩만 처리된다.

② 고도의 순서의존적 기법이다.

③ 임의로 선택된 문헌은 이미 형성된 클러스터에 포함되거나 새로운 클러스터의 중심문헌이 된다.

④ 클러스터의 수, 중복도, 크기 등이 너무 작거나 큰 경우가 생긴다.

⑤ 컴퓨터 시간면에서 상당히 효율적이다.

45 부분연결그래프나 완전연결그래프 등의 그래프 형태로 클러스터를 형성하는 기법은?

① 싱글링크식 클러스터링 ② 보너식 클러스터링

③ 자기발견적 클러스터링 ④ 더블링크식 클러스터링

46 다음 중 싱글링크식 클러스터링 기법에 대한 설명으로 옳지 않은 것은?

① 계층적 클러스터를 형성하는 기법이다.
② 일단의 클러스터를 유사계수행렬로부터 형성하고, 이 클러스터를 다시 합쳐서 더 큰 클러스터를 형성하는 방법이다.
③ 완전연결그래프 형태로 클러스터가 형성된다.
④ 다른 클러스터링기법에 비해 쉬우며, 문헌클러스터링 실험을 위해 많이 사용되고 있다.

47 다음 중 자기발견적 클러스터링 기법이 아닌 것은?

① 로치오식 기법
② 더블패스식 기법
③ 다톨라식 기법
④ 싱글패스식 기법

48 자기발견적 클러스터링 기법에 대한 설명으로 옳지 않은 것은?

① 가능한 공통의 속성이 없는 문헌들을 선택하도록 한다.
② 클러스터 센트로이드와 문헌과의 유사도 측정작업을 처리라고 한다.
③ 클러스터 센트로이드는 벡터형태로 표현된다.
④ 초기의 문헌클러스터를 어떻게 선택할 것인가가 문제가 된다.

49 용어의 자동분류에 대한 설명으로 옳지 않은 것은?

① 시소러스 자동작성 작업과 같은 것이다.
② 용어의 자동분류에 의해 작성되는 시소러스는 탐색확장을 목적으로 한다.
③ 문헌의 자동분류에서와 같이 클러스터링 기법을 사용할 수 있다.
④ 용어의 의미와 용어의 통계적인 특성을 고려하여 이용한다.

정보검색과 정보시스템

1 정보검색

☞ 정답 및 해설 P.226

1 정보검색 방법 중 브라우징 검색에 대한 설명으로 옳지 않은 것은?

2016. 6. 18 제1회 지방직

① 브라우징 검색은 특정한 용어로 검색하지 않으며, 검색시스템에서 제공하는 방식대로 따라가면서 정보를 검색한다.

② 검색시스템은 브라우징 검색을 위하여 문헌들을 디렉토리나 카테고리 등 특정한 분류체계로 분류한다.

③ 브라우징 검색은 정보검색의 환경이나 상황에 많이 의존하는 비공식적이고 발견적인 검색전략이다.

④ 브라우징 검색은 이용자가 무엇을 찾을지 명확하게 알고 있을 때 효과적인 방법이다.

2 〈보기〉에서 설명하고 있는 탐색전략은?

2016. 6. 25 서울특별시

〈보기〉
- 이용자가 탐색확장을 위해 관련어를 식별코자할 때 특히 유용한 방법
- 고급검색 기법인 질의확장과 유사
- 탐색결과가 양적으로 증가
- 이용자가 탐색에 만족할 때까지 반복 가능

① 특정 패싯 우선탐색(the most specific facet first) 방법

② 블록만들기(building block) 방법

③ 눈덩이굴리기(snowballing) 방법

④ 신속/편의 지향법

3 다음 그림이 의미하는 정보탐색 전략은? (단, 음영부분이 탐색결과이다)

2015. 6. 27 제1회 지방직

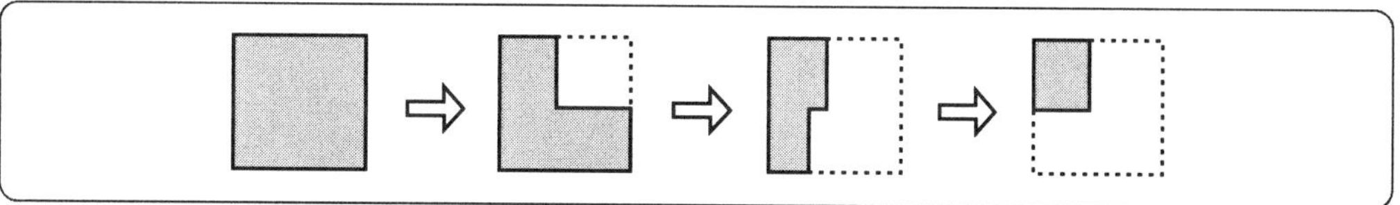

① 최소 자료 패싯 우선 전략(lowest posting facet first)
② 인용문헌 확대 탐색 전략(citation pearl growing)
③ 점진 분할 전략(successive fraction)
④ 특정 패싯 우선 전략(most specific facet first)

4 다음에 제시된 정보검색 모델에서 '용어가중치'를 사용하는 모델로만 구성된 것은?

2014. 6. 21 제1회 지방직

ㄱ 벡터공간 모델   ㄴ 불리언논리 모델
ㄷ 확률 모델   ㄹ 확장불리언논리 모델

① ㄱㄴ   ② ㄱㄹ
③ ㄴㄷ   ④ ㄴㄹ

5 아래와 같은 탐색문을 사용하였을 때 탐색되지 않는 어구는?

2011. 5. 14 상반기 지방직

정보 2NEAR 산업

① 정보 기반 산업
② 정보 사회 중점 산업
③ 산업 기술 유통 정보
④ 정보 사회 국가 기밀 산업

6 불리언(Boolean) 논리 모델의 장점은?

2010. 5. 22 상반기 지방직

① 인접연산자를 이용하여 더욱 정확한 검색이 가능하다.
② 질의를 분해하여 얻어진 여러 가지 패싯의 조작을 지원한다.
③ 여러 개념에 대하여 상대적 중요성을 나타낼 수 있는 가중치 메커니즘이 있다.
④ 자연어 사용 시 적용되는 논리와 불리언 연산자 사용 시 적용되는 논리가 일치한다.

7 검색기법에 관한 설명 중 옳은 것은?

① 불리언 연산자 AND는 검색의 범위를 개념적으로 넓히고자 할 때 사용한다.
② NEAR 연산자로 연결된 용어들은 반드시 단어가 순서대로 나타나게 된다.
③ N-gram방식에서 N은 서로 연결된 단어의 수를 의미한다.
④ 절단기법은 일정부분을 공통 문자열로 갖고 있는 여러 형태의 용어들을 검색할 수 있다.

8 이용자의 관심영역에 따른 정보봉사의 대표적인 형태는?

① SDI 서비스　　　　　　　② 독서요법
③ 독자상담서비스　　　　　④ RLG서비스

9 온라인 탐색방법으로 적절하지 않은 것은?

① 확실한 기간의 자료를 요구할 때
② 주제명표목이 없어 접근하기 어려울 때
③ 철저한 문헌조사가 필요할 때
④ 조합탐색과 자연어 탐색 등 다양한 접근방법이 필요할 때
⑤ 세련된 탐색패턴이 요구될 때

10 다음에서 설명하고 있는 서비스에 해당하는 것은?

> FREE BOARD
> (특별강의) 도서관과 미래 사회에 대한 초청 강연
>
> 주제 : 도서관과 미래 사회
> 일시 : 2008년 12월 30일 오후 2시
> 강사 : ○○대학교 문헌정보학 ○○○교수
> 장소 : 도서관 시청각실

① BBS   ② ILL
③ UESNET   ④ SDI

11 다음 중 SDI에 대한 설명으로 옳지 않은 것은?

① Alert, Push라고도 한다.
② 관심주제를 등록하여 이용자에게 제공한다.
③ 새로운 최신의 정보를 제공한다.
④ 이용자 스스로가 검색하게 한다.

12 메뉴얼탐색과 온라인탐색 중에서 온라인탐색이 가지는 장점이 아닌 것은?

① 최신성   ② 편리
③ 비용   ④ 신속성

13 다음 중 최신정보서비스를 목적으로 이용되는 시스템은?

① TDI   ② LSI
③ SDI   ④ USI

14 다음 중 불리언 연산자에 해당하지 않는 것은?

① AND
② NOT
③ NEAR
④ OR

15 다음 설명 중 옳지 않은 것은?

① 정보검색은 정보를 축적하고 검색하는 것을 의미한다.
② 유럽에서의 정보검색은 기계적이고 물리적인 면을 다루었다.
③ 정보검색이란 용어는 무어에 의해 처음 사용되었다.
④ 도큐멘테이션은 모든 형태의 정보자료에 수록된 정보를 수집하고 분류하여 이용시키는 과정을 말한다.

16 다음 중 퍼지집합검색에 대한 설명으로 옳지 않은 것은?

① 문헌 내의 어떤 개념이 다른 개념에 비해 중요한지 개념의 중요도를 표현할 수 있다.
② 불리언검색에 비해 융통성이 떨어진다.
③ 집합성원과 비구성원의 경계가 불분명한 퍼지집합을 이용한 기법이다.
④ 문헌들에 대하여 순위를 부여할 수 있다.

17 전문을 축적해 놓은 데이터베이스에서 서지적 데이터뿐만 아니라 필요한 전문을 검색하는 방법은?

① 사실검색
② 최신정보주지
③ 본문검색
④ 온라인방식

18 다음 중 유니텀시스템을 고안한 사람은?

① 무어
② 배튼
③ 오틀렛
④ 토브

19 다음 중 정보검색의 형태를 구분하는 방법이 아닌 것은?

① 축적정보 내용에 의한 구분
② 컴퓨터 처리방법에 의한 구분
③ 정보처리장소에 의한 구분
④ 탐색시간에 따른 구분

20 다음 중 소급탐색에 대한 설명으로 옳지 않은 것은?

① 특정한 주제와 관련된 정보자료를 소급하여 탐색한다.
② 데이터베이스에 수록되어 있는 관련 레코드를 모두 검색할 수 있다.
③ 탐색시점에서 과거로 소급하여 탐색한다.
④ 여러 번 탐색해야 하므로 시간이 오래 걸린다.
⑤ 과거의 선행연구내용을 조사하는 것이다.

21 다음 지문이 말하는 것은?

> • 특정개인이나 단체가 필요한 주제를 선정, 등록하여 놓는다.
> • 신착정보가 입수될 때마다 탐색하여 해당 정보를 자동적 · 정기적으로 제공한다.

① NEXIS ② SDI
③ RS ④ NTIS

22 SDI의 가장 중요한 목적으로 옳은 것은?

① 정보수집서비스 ② 최신정보 주지서비스
③ 이용자파일 관리서비스 ④ 탐색정보 저장서비스

23 다음 중 유니텀시스템에 대한 설명으로 옳지 않은 것은?

① 유니텀 수만큼의 카드가 만들어진다.
② 유니텀 카드는 문헌 수와 관계없다.
③ 복합명사의 표현이 가능하다.
④ 유니텀 간에 상·하의 개념을 가진다.
⑤ 유니텀은 통제되지 않은 자연어를 사용한다.

24 탐색식에서 일정한 기준치를 정해두고 각 문헌마다 해당 탐색어의 가중치를 합산하여 기준치 이상이 되는 문헌만을 적합 문헌으로 검색하는 방법은?

① 유사계수에 의한 검색
② 가중치에 의한 검색
③ 매칭함수에 의한 검색
④ 퍼지집합검색

25 다음 중 가중치에 의한 검색에 대한 설명으로 옳지 않은 것은?

① 탐색자가 중요하다고 생각하는 순으로 정렬할 수 있다.
② 불리언검색보다 융통성이 떨어진다.
③ 문헌 내의 다른 개념과 비교하여 얼마나 주제에 가까운가에 대한 상대적인 평가치이다.
④ 해당 탐색어의 가중치를 합산하여 기준치 이상이 되는 문헌을 적합 문헌으로 검색한다.

26 최신정보주지(Current Awareness)에 대한 설명으로 옳지 않은 것은?

① 미래의 신착정보를 대상으로 정보를 조사하는 것이다.
② 특정분야나 특정인을 대상으로 하지 않는다.
③ 신착잡지 목차, 색인지, 초록지의 배포 등 새로 입수된 자료를 이용자에게 알리는 서비스이다.
④ 출판년을 과거 한 시점으로 한정하여 그 시점 이후 출판된 자료를 검색하는 것이다.

27 다음 중 불리언논리에 의한 검색에서 불리언연산자에 대한 설명으로 옳지 않은 것은?

① A AND B − A, B 양쪽에 속하는 요소의 집합
② A OR B − 어느 한쪽 혹은 양쪽에 속하는 요소의 집합
③ A NOT B − A에는 속하나 B에는 속하지 않는 요소의 집합
④ A XOR B − A에는 속하지 않고 B에는 속하는 요소의 집합

28 다음 중 정보검색이란 용어를 최초로 사용한 학자는?

① Taylor
② Mooers
③ Borko
④ Otlet

29 검색어의 입력수고를 덜기 위해 긴 단어나 구의 일부분을 생략하고 나머지 부분만을 탐색어로 사용하는 검색법은?

① 퍼지집합검색
② 절단검색
③ 본문검색
④ 제한검색

30 절단검색에 대한 설명으로 옳지 않은 것은?

① 절단되지 않은 부분이 일치되는 색인어파일의 모든 색인어를 OR논리로 검색한 결과와 같다.
② 제한절단은 절단되는 글자 수를 제한하는 것이다.
③ 긴 단어나 구의 일부분을 생략하고 나머지 부분만을 탐색어로 한다.
④ 비절단은 절단되는 문자의 수에 관계없이 절단하는 것이다.

31 검색엔진에서 지정한 2개의 검색어 중 어느 하나라도 포함되어 있는 자료는 모두 검색할 수 있는 기능을 가진 연산자는?

① AND
② ADJ
③ NOT
④ OR

32 무제한절단에 대한 설명으로 옳지 않은 것은?

① 우측절단은 절단기호 앞에 오는 문자열과 일치되는 부분을 갖는 색인어를 검색한다.

② 절단되는 문자의 수에 관계없이 절단하는 방법이다.

③ 좌측절단은 다양한 문자열이 용어의 뒷부분에 결합되는 색인어의 검색에 적합하다.

④ 양측절단은 중간부분의 문자열과 일치되는 부분을 갖는 색인어를 검색한다.

33 다음 정보검색방법 중 축적정보 내용에 따라 구분하는 방법이 아닌 것은?

① 참조검색   ② 소급탐색

③ 사실검색   ④ 본문검색

34 불리언 연산자 중 검색어들을 모두 포함한 자료만을 검색할 때 사용하는 것은?

① OR   ② NEAR

③ AND   ④ NOT

35 다음 중 논리 연산자가 아닌 것은?

① ADJ   ② AND

③ NOT   ④ OR

36 다음 중 무제한절단에 속하지 않는 것은?

① 중간절단   ② 좌측절단

③ 우측절단   ④ 양측절단

☞ 정답 및 해설 **P.228**

1 시각장애인과 독서장애인을 위한 매체로 국제적인 디지털 음성 표준 포맷은?

2013. 8. 24 제1회 지방직

① RDF

② JPEG

③ DAISY

④ MPEG 7

2 정보검색시스템에 대한 설명으로 옳지 않은 것은?

① 정보파일은 원정보파일, 이차정보파일로 구성된다.

② 정보처리절차는 정보검색시스템과 상관없이 똑같다.

③ 정보를 수집하고 분석하여 찾기 쉬운 형태로 조직하고, 적합한 정보를 검색하여 정보를 제공한다.

④ 정보의 유형에 따라 여러 가지 유형으로 구분한다.

3 다음 중 정보검색시스템을 구성하는 요소가 아닌 것은?

① 정보처리용 소프트웨어

② 정보파일

③ 정보처리시간

④ 정보처리절차

4 다음 중 데이터검색시스템에 속하지 않는 것은?

① 경영정보시스템

② 데이터뱅크

③ 게이트웨이시스템

④ 비즈니스 데이터처리시스템

5 다음 중 원정보파일을 기계가독형으로 소장해야 하는 것이 아닌 것은?

① 참조정보검색시스템

② 본문검색시스템

③ 문장형태 그대로의 텍스트를 소장하는 질문응답시스템

④ 데이터검색시스템

6 DBMS에서 수행하는 작업이 아닌 것은?

① 데이터의 축적 ② 데이터의 유지
③ 데이터의 갱신 ④ 데이터의 분류

7 지능형시스템에 속하지 않는 것은?

① 전문가시스템 ② 데이터검색시스템
③ 지능형문헌정보시스템 ④ 하이퍼텍스트시스템

8 다음 중 DBMS에 대한 설명으로 옳지 않은 것은?

① 데이터베이스를 효율적으로 처리하기 위해 사용된다.
② 계층형 모델은 나무형태의 구조를 가지고 있다.
③ 데이터베이스를 관리하는 프로그램의 집합이다.
④ 네트워크 모델은 테이블형태의 구조를 가지고 있다.

9 다음 중 네트워크 모델로만 짝지어진 것은?

㉠ TOTAL	㉡ ORACLE
㉢ IMS	㉣ IDMS

① ㉠㉡ ② ㉠㉣
③ ㉡㉢ ④ ㉡㉣
⑤ ㉢㉣

10 한 명의 저자는 여러 편의 논문을 쓸 수 있고, 한 편의 논문은 여러 명의 저자를 가질 수 있는 것을 의미하는 모델은?

① 독립형 모델 ② 네트워크형 모델
③ 계층형 모델 ④ 관계형 모델

11 다음 중 참조정보검색시스템에 대한 설명으로 옳지 않은 것은?

① 서지정보데이터베이스를 탐색대상으로 한다.
② 소급탐색과 선별제공이 있다.
③ 거의 과학기술분야의 서지정보만이 수록되어 있다.
④ 2차적인 정보를 수록한 데이터베이스이다.

12 연구 프로젝트나 전문분야 기관 및 활동, 전문가 등 비도서 정보원에 대한 안내정보를 수록한 것은?

① RS
② SDI
③ 서지정보데이터베이스
④ 안내정보데이터베이스

13 다음 중 정보검색시스템의 구성요소로 옳지 않은 것은?

① 정보처리절차
② 정보처리용 소프트웨어
③ 정보파일
④ 정보축적

14 다음 지문에 대한 설명으로 옳지 않은 것은?

> 문헌의 전문을 소장한 데이터베이스로 전문이나 전문의 일부를 검색한다.

① 신문기사는 NEXIS를 이용한다.
② 법률정보데이터베이스가 전문데이터베이스의 주종을 이룬다.
③ 지능형시스템에 속한다.
④ 법률정보는 LEXIS를 이용한다.

15 자연언어를 컴퓨터에 의해 처리할 경우의 3단계에 속하지 않는 것은?

① 질문분석
② 문장형 해답생성
③ 텍스트분석
④ 구문탐색

16 데이터베이스시스템이 수용할 수 있는 질의어로 변환하는 과정은?

① 문법분석 ② 어휘분석
③ 질문분석 ④ 형태소분석

17 질문분석의 단계로 옳은 것은?

① 의미분석 – 구문분석 – 데이터베이스 술어로 변환 – 정형질의어
② 구문분석 – 의미분석 – 데이터베이스 술어로 변환 – 정형질의어
③ 정형질의어 – 구문분석 – 의미분석 – 데이터베이스 술어로 변환
④ 의미분석 – 구문분석 – 정형질의어 – 데이터베이스 술어로 변환
⑤ 구문분석 – 데이터베이스 술어로 변환 – 의미분석 – 정형질의어

18 텍스트 구조화에 사용되는 방법 중 표현방법이 다른 하나는?

① 술어논리적 표현 ② 생성규칙으로 구조화
③ 테이블형식에 맞춰 구조화 ④ 개념틀로 구조화

19 구문분석 과정에서 영어의 구문분석에 쓰이는 문법이 아닌 것은?

① ATN ② 형식문법
③ 변형생성문법 ④ 구절구조문법

20 의미네트워크 기법 중 Arc의 종류와 설명이 잘못 짝지어진 것은?

① N-링크 : 계층관계 ② G-링크 : 복합어 생성관계
③ S-링크 : 동등관계 ④ M-링크 : 용어의미를 강화하는 모델관계

21 다음 중 징보김색시스템의 성능평가에 해당하는 것은?

① 경제성 평가 ② 신속성 평가
③ 적합성 평가 ④ 효율성 평가

22 비디오텍스의 구성요소가 아닌 것은?

① 시스템전문가　　　　　　　　② 정보제공자
③ 이용자　　　　　　　　　　　④ 서비스업자

23 다음 중 의미네트워크에 대한 설명으로 옳지 않은 것은?

① 정보형식화기법의 하나이다.
② 노드와 노드를 연결하는 링크로 구성된 그래프이다.
③ 쇼발은 시소러스를 의미네트워크로 표현하여 지식베이스를 구성하였다.
④ 시소러스와 같은 주제지식을 표현하는데 적합하다.

24 다음 중 텍스트구조화기법과 설명이 잘못 짝지어진 것은?

① 개념틀 – 사물이나 사전과 같은 개념을 나타낸다.
② 스크립트 – 전문가시스템에서 가장 많이 이용되는 지식표현기법이다.
③ 술어논리적 표현 – 개념간의 관계나 문장간의 관계를 나타내는 기호논리학의 일종이다.
④ 생성규칙 – if – then형식으로 표현되는 기법이다.

25 비디오텍스에 대한 설명으로 옳지 않은 것은?

① 영국의 Prestel이 1970년대 후반 시험적으로 가동하며 시작되었다.
② 텍스트형태로 직접접근이 가능하다.
③ 1970년대 말~1980년대 초에 개발되기 시작한 온라인 정보서비스이다.
④ 유럽을 중심으로 상용서비스가 제공되고 있다.

26 비디오텍스의 Viewdata와 Teletext에 대한 설명으로 옳지 않은 것은?

① Viewdata는 상호대화형 비디오텍스이다.
② Viewdata는 이용자와 서비스본부컴퓨터 간에 대화가 가능하다.
③ Teletext는 방송형 비디오텍스이다.
④ Teletext는 쌍방적 시스템으로 TV방송국의 전파를 통해 정보가 전달된다.

27 다음 중 데이터베이스로부터 문헌의 전문 혹은 전문의 일부를 검색하는 시스템은?

① 전문가시스템　　　　　　　　　　② 본문검색시스템
③ 질문응답시스템　　　　　　　　　④ 참조정보검색시스템

28 비디오텍스에 대한 설명으로 옳지 않은 것은?

① 최근에는 거의가 Viewdata를 사용한다.
② 일기예보나 구인구직정보 등 생활과 밀접한 관련이 있는 정보를 제공해준다.
③ 비디오텍스는 정보검색 기능만을 제공한다.
④ 우리나라에서는 1985년부터 서비스가 시작되었다.

29 한번 스크린에 디스플레이 되는 정보의 단위는?

① BYTE　　　　　　　　　　　　　② FRAME
③ RECORD　　　　　　　　　　　　④ DATA

30 다음 중 이용자가 희망하는 정보를 정보센터의 컴퓨터에 터미널이나 PC를 접속하여 제공받는 양방향정보시스템은?

① ISDN　　　　　　　　　　　　　② Videotex
③ MAN　　　　　　　　　　　　　　④ DBMS

31 전문가시스템을 구성하는 요소로 옳지 않은 것은?

① 이용자인터페이스　　　　　　　　② 지식베이스
③ 설명하부시스템　　　　　　　　　④ 탐색확장모듈
⑤ 추론기제

32 다음 중 질문응답시스템에서의 컴퓨터에 의한 자연언어 처리과정 순서로 옳은 것은?

① 질문분석 – 텍스트분석 – 문장형 해답생성
② 질문분석 – 문장형 해답생성 – 텍스트분석
③ 문장형 해답생성 – 텍스트분석 – 질문분석
④ 문장형 해답생성 – 질문분석 – 텍스트분석
⑤ 텍스트분석 – 질문분석 – 문장형 해답생성

33 전문가시스템의 특징으로 옳지 않은 것은?

① 부호정보의 처리
② 경험적 분석을 위한 지원
③ 새로운 지식 창출능력
④ 특정한 영역의 완벽한 지식이용
⑤ 탐색기법의 응용

34 다음 중 가장 기본적이고 간단한 형태의 검색시스템은?

① 데이터검색시스템
② 전문가시스템
③ 질문응답시스템
④ 참조정보검색시스템

35 전문가시스템의 구성요소 중 이용자로부터 초기 데이터를 입력받아 적합한 규칙을 탐색하여 문제해결에 필요한 지식을 찾아내는 것은?

① 데이터베이스
② 지식베이스
③ 추론기제
④ 설명하부시스템

36 다음 중 전문가시스템의 종류와 사용분야가 잘못 짝지어진 것은?

① DENDRAL – 유기화학 물질의 구조 측정
② XCON – 혈액감염증진단
③ PROSPECTOR – 광물자원 탐사
④ MASSYMA – 수학문제분석

37 **지능형시스템에 대한 설명으로 옳지 않은 것은?**

① 지식을 이용한 논리적인 추론이 가능하다.
② 문제해결을 위해 복잡한 과정과 프로그램 기능들을 연속적으로 접근하게 된다.
③ 이용자의 요구를 예측하여 적용할 수 있다.
④ 복잡한 문제를 해결할 수 있다.

38 **특정영역의 지식을 수집하여 적절한 표기법에 의해 지식베이스에 소장하는 과정은?**

① 탐색공학　　　　　　　　　　　② 자료공학
③ 지식공학　　　　　　　　　　　④ 정보공학

39 **전문가시스템에서 가장 중요한 구성요소는?**

① 경험적 지식　　　　　　　　　　② 정보파일
③ 하부시스템　　　　　　　　　　④ 데이터베이스

40 **다음 중 비디오텍스시스템의 이용자와 관련이 없는 것은?**

① TV수상기　　　　　　　　　　　② 디코더
③ 데이터베이스　　　　　　　　　④ 개인용 컴퓨터

41 **전문가시스템의 응용분야가 아닌 것은?**

① 설계　　　　　　　　　　　　　② 모니터링
③ 교습　　　　　　　　　　　　　④ 수집

42 기존의 문헌정보검색시스템이 가지고 있는 문제점을 해결할 대안으로 연구되고 있는 지능형정보검색
시스템의 요건으로 옳지 않은 것은?

① 추론기능을 갖추어야 한다.
② 멀티미디어 정보처리기능을 갖추어야 한다.
③ 자연언어형태의 질문을 이해할 수 있어야 한다.
④ 직선적이고 연속적인 정보처리에 주안점을 두어야 한다.

43 다음 중 단행본, 논문, 보고서 등 1차 문헌에 대한 서지정보를 수록한 데이터베이스는?

① 본문검색시스템 ② 데이터검색시스템
③ 질문응답시스템 ④ 참조정보검색시스템

44 다음 지문에서 설명하는 것은?

- 온라인 정보서비스에 대한 이용자편의 인터페이스를 제공한다.
- 오프라인으로 작성된 탐색문을 업로딩한다.
- 탐색결과를 자동적으로 다운로딩한다.
- 발전된 통신소프트웨어로 본다.

① 비즈니스데이터시스템 ② 전단시스템
③ I^3R시스템 ④ 게이트웨이시스템

45 여러 개의 다른 정보서비스에 대한 접근 기능을 제공하는 시스템은?

① 전단시스템 ② 게이트웨이시스템
③ 경영정보시스템 ④ 데이터뱅크시스템

46 게이트웨이시스템 중 단일이용자 게이트웨이시스템이 아닌 것은?

① SearchWorks

② Sci-Mate Searcher

③ Pro-Search

④ EasyNet

47 다음 중 하이퍼텍스트시스템의 구성요소로만 짝지어진 것은?

① 노드, 아크

② 링크, 아크

③ 노드, 링크

④ 링크, 로딩

48 텍스트 이외의 다양한 정보매체를 포함하는 것은?

① 하이퍼링크

② 하이퍼미디어

③ 멀티미디어

④ 하이퍼텍스트

49 다음 중 검색시스템을 평가할 때의 기준으로 가장 중요한 것은?

① 검색효율

② 경제성

③ 확장성

④ 정확성

50 다음 중 데이터베이스를 구성하는 데이터 간의 관계가 계층적인 나무형태의 구조로 표현되는 DBMS 모델은?

① 관계형 모델

② 계층형 모델

③ 네트워크형 모델

④ 독립형 모델

51 다음 중 하이퍼텍스트시스템에 대한 설명으로 옳지 않은 것은?

① 연상적인 기억구조를 모방한 정보의 소장형태를 구현할 때 신속하고 융통성 있는 정보검색이 이루어진다고 보았다.
② 복잡하게 상호연결된 텍스트나 그림자료의 집합으로 하이퍼텍스트를 정의하였다.
③ 브라우징지향적 시스템으로 Hyperities가 있다.
④ 직선적이고 연속적으로 문헌을 조직하고 이용할 수 있는 정보시스템이다.

52 하이퍼텍스트시스템 중에서 브라우징지향적 시스템에 대한 설명으로 옳지 않은 것은?

① Hyperties는 대화형 백과사전시스템이다.
② Hyperties는 서지적 데이터베이스와 유사한 지식베이스를 브라우징한다.
③ I^3R시스템은 하이퍼텍스트가 제공하는 브라우징 기능을 갖도록 설계되었다.
④ I^3R시스템은 비공식적인 검색방법을 제공한다.

53 다음 중 복잡한 업무를 보조하거나 대신 수행하도록 하기 위해 만들어진 시스템은?

① 하이퍼텍스트시스템
② 전문가시스템
③ 비디오텍스트시스템
④ 본문검색시스템

54 지능형 문헌정보검색시스템에 대한 설명으로 옳지 않은 것은?

① 지능형 정보검색시스템의 하나이다.
② I^3R시스템은 정보검색의 여러 단계에서 이용자를 보조하는 기능을 가지고 있다.
③ 스파크 존스는 이용자에 대한 지식의 활용을 강조하였다.
④ 지식베이스를 활용하는 지식기반시스템이며, 적절한 추론을 할 수 있는 시스템이어야 한다.

55 다음 중 정보검색시스템의 평가기준이 될 수 있는 것으로 바르게 짝지어진 것은?

① 검색효율, 확장성 　　　　　② 경제성, 포괄성

③ 검색효율, 신속성 　　　　　④ 신속성, 책임성

56 다음 중 각 가정에 수상기를 단말기로 하여 문자 및 그림정보를 배포하는 정보시스템은?

① 하이퍼텍스트시스템 　　　　② 본문검색시스템

③ 비디오텍스시스템 　　　　　④ 참조정보검색시스템

57 다음 중 비디오텍스의 구성요소에 대한 설명이 잘못 짝지어진 것은?

① 서비스업자 – 컴퓨터를 소장

② 정보제공자 – 디코더를 소장

③ 이용자 – TV수상기를 소장

④ 서비스업자 – 데이터베이스를 소장

⑤ 정보제공자 – 데이터베이스에 정보제공

☞ 정답 및 해설 **P.232**

1 어느 시스템에서 문헌을 검색한 결과가 〈보기〉와 같을 때, 해당 시스템의 정확률과 재현율은? (단, 소수점 첫째 자리에서 반올림한다.)

2016. 6. 25 서울특별시

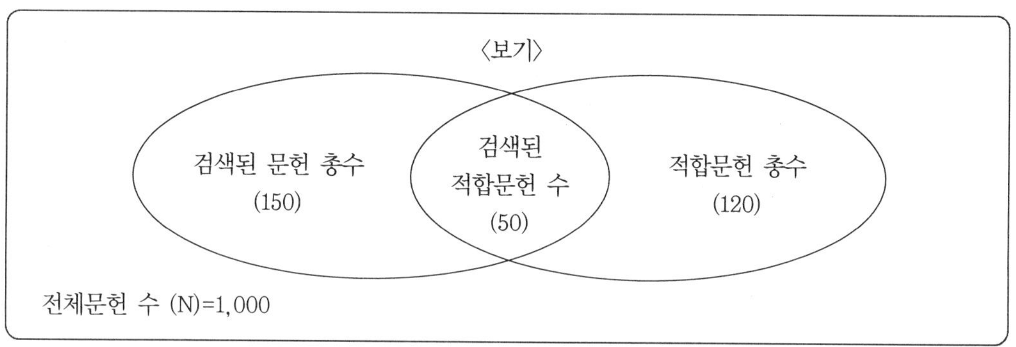

	정확률	재현율		정확률	재현율
①	5%	42%	②	33%	5%
③	33%	42%	④	42%	33%

2 정보검색시스템의 검색 성능을 평가하는 척도의 값을 구하였을 때, 이들의 합이 1이 될 가능성이 가장 낮은 조합은?

2016. 6. 25 서울특별시

① 잡음률 + 정확률　　　　　　② 부적합률 + 배제율
③ 재현율 + 잡음률　　　　　　④ 누락률 + 재현율

3 다음 검색 기법 중 재현율 향상 기법에 해당하는 것은?

2016. 6. 25 서울특별시

① 인접연산자 WITH　　　　　② 필드탐색
③ 퍼지탐색　　　　　　　　　④ 대소문자가 구별된 탐색

4 다음은 문헌집단 분할표이다. 아래 표를 참고하여 '배제율'을 구하시오.

2015. 6. 13 서울특별시

	검색된 문헌	검색되지 않은 문헌
적합 문헌	30	10
부적합 문헌	30	20

① 25% ② 40%
③ 50% ④ 75%

5 참고사서가 조사과정을 통해 얻어진 해답을 제공할 때 그 정보의 유용성에 관한 최종적인 평가가 이루어지는 것을 무엇이라 하는가?

2015. 6. 13 서울특별시

① 재현율의 평가(recall evaluation)
② 선호도 평가(preference evaluation)
③ 적합성의 평가(pertinence evaluation)
④ 정도율 평가(precision evaluation)

6 단어 A를 이용한 정보탐색 결과가 만족스럽지 않을 때, 재현율 향상을 위한 재탐색 방법으로 옳지 않은 것은?

2015. 6. 27 제1회 지방직

① 단어 A를 절단하여 재탐색하였다.
② A OR B로 재탐색하였다. (단, 단어 B는 단어 A와 동의어이다)
③ 다른 데이터베이스를 이용하여 재탐색하였다.
④ WITH 연산자를 이용하여 재탐색하였다.

7 다음 표와 같이 전체 문헌을 네 개의 집단으로 구분하였을 때 검색효율의 값[%]은? (단, 검색효율은 "재현율 + 배제율 − 1"이다)

2014. 6. 21 제1회 지방직

	적합 문헌	부적합 문헌
검색 문헌	15	10
비검색 문헌	5	70

① −27.5 ② 35
③ 47.5 ④ 62.5

8 정보검색에서 재현율을 높이기 위한 방법으로 옳지 않은 것은?

2014. 6. 21 제1회 지방직

① 색인어보다 자연어를 사용한다.
② 가능한 한 많은 유의어를 포함시킨다.
③ AND 연산자를 가능한 한 적게 사용한다.
④ 서명필드에서 탐색용어를 사용한다.

9 정보검색의 정확률과 재현율을 높이는 방법으로 바르게 묶인 것은?

2011. 5. 14 상반기 지방직

㉠ 정확률 높이는 방법	㉡ 재현율 높이는 방법
① 절단기법 사용	특정 필드로 한정한 탐색 사용
② 퍼지탐색 사용	불리언 연산자 OR 사용
③ 불리언 연산자 AND 사용	다수의 데이터베이스 사용
④ 대소문자 구별탐색 사용	인접연산자 WITH 사용

10 다음은 검색효율에 대한 측정공식이다. 괄호 안에 들어갈 용어로 옳은 것으로만 묶은 것은?

2011. 5. 14 상반기 지방직

- (㉠) = 검색되지 않은 적합 문헌수/적합 문헌 총수
- (㉡) = 검색된 부적합 문헌수/검색된 문헌 총수
- (㉢) = 검색된 부적합 문헌수/부적합 문헌 총수

	㉠	㉡	㉢
①	잡음률	부적합률	배제율
②	누락률	잡음률	부적합률
③	부적합률	배제율	잡음률
④	배제율	잡음률	누락률

11 정보검색의 효율성 평가에 대한 설명으로 옳지 않은 것은?

① 검색시스템의 성능을 평가하는 가장 보편적인 척도는 재현율과 정확률이다.
② 가장 이상적인 검색시스템의 효율성은 재현율과 정확률이 각각 50 %가 되는 것이다.
③ 정확률은 검색된 문헌들 중 적합 문헌의 비율이다.
④ 재현율은 검색의 완전성을 측정하는 척도이다.

12 검색된 문헌의 수가 증가할 때, 정확률과 재현율의 관계는?

① 재현율과 정확률이 모두 증가한다.
② 재현율은 증가하고 정확률은 감소한다.
③ 재현율과 정확률이 모두 감소한다.
④ 재현율은 감소하고 정확률은 증가한다.

13 다음 적합 문헌들 중 검색된 적합 문헌의 비율을 나타내는 것은?

① 정확률　　　　　　　　　② 재현율
③ 보편율　　　　　　　　　④ 누락률

14 서비스질의 척도로서 이용자가 요구하는 수준의 정보서비스를 제공하는 시스템의 능력을 측정하는 것은?

① 신속성　　　　　　　　　② 경제성
③ 검색효율　　　　　　　　④ 적합성

15 정보검색시스템의 평가기준에 대한 설명으로 옳지 않은 것은?

① 신속성, 경제성은 이용자의 입장에서 정보요구 만족도를 측정하는 평가기준이다.
② 신속성은 일련의 정보검색작업에 소요되는 시간을 측정한 것이다.
③ 시간에는 탐색시간, 원문헌배달시간, 전체응답시간 등이 있다.
④ 경제성은 일련의 정보검색작업에 소요되는 경비를 측정한 것이다.

16 검색효율에 대한 설명으로 옳지 않은 것은?

① 가능한 적합 문헌을 모두 검색해내는 동시에 부적합 문헌은 검색해내지 않는 능력을 평가하는 것이다.
② 가장 중요한 평가기준이다.
③ 재현율과 정확률이 많이 사용된다.
④ 검색효율은 시스템운영자의 입장에서 평가하는 기준이다.

17 다음 중 정보검색시스템의 평가요소가 아닌 것은?

① 검색효율
② 정확성
③ 신속성
④ 경제성

18 다음 중 경제성을 측정할 경우 경비에 포함되는 것이 아닌 것은?

① 인건비
② 문헌복사비
③ 수리비
④ 시스템경상비

19 적합성에 대한 설명으로 옳지 않은 것은?

① 적합성의 평가는 시스템의 객관적인 형식에 의해서 평가된다.
② 질문과 정보자료 간의 내용상의 일치를 말한다.
③ 적합성 판정결과에 따라 시스템의 검색효율이 결정된다.
④ 정보전달자와 정보입수자 사이의 효과적인 커뮤니케이션 정도를 말한다.

20 다음 중 정확률을 향상시키기 위한 방법으로 옳은 것은?

① 용어절단
② 관계기호
③ 탐색어 확장
④ 어형통제

21 데이터베이스 내에 포함되어 있는 적합 문헌의 레코드 수는?

① 검색된 부적합 문헌의 수 ② 검색된 적합 문헌의 수
③ 부적합 문헌의 총수 ④ 적합 문헌의 총수

22 적합 문헌의 총수를 추정하는 방법으로 옳지 않은 것은?

① 다양한 탐색전략을 이용하여 가능한 적합 문헌은 모두 검색되도록 한다.
② 데이터베이스에서 순서대로 문헌표본을 선택한다.
③ 미리 적합하다고 판단된 문헌들을 데이터베이스에 포함시킨다.
④ 문헌표본 내의 모든 문헌들의 적합성을 판정한다.

23 다음 중 옳지 않은 것은?

① 객관적 적합성은 탐색 전이나 도중의 이용자의 지식상태를 고려하지 않는 객관적 정의이다.
② 객관적 적합성은 이용자가 필요로 하는 문헌만을 의미하여 필요성이라고도 한다.
③ 객관적 적합성은 시스템에 제시된 질문과 검색된 정보자료 간의 관련도이다.
④ 주관적 적합성은 이용자의 지식상태와 지식상태의 변화를 고려한 것이다.
⑤ 주관적 적합성은 질문으로 표현되기 이전단계의 잠재적인 정보요구와 검색된 정보자료의 관
   련도를 말한다.

24 시스템이 적합 문헌을 검색해 내는 능력을 말하는 것은?

① 재현율 ② 정확률
③ 배제율 ④ 보편율

25 정보검색시스템의 평가기준 중 이용자의 요구를 만족시킬 수 있는 적합 문헌을 검색해 내는 능력을
뜻하는 것은?

① 검색효율 ② 신속성
③ 포괄성 ④ 경제성

26 다음 중 정확률을 향상시키기 위한 수단이 아닌 것은?

① 가중치부여　　　　　　　　　② 개념의 연결

③ 계층관계표시　　　　　　　　④ 연결기호

27 정보요구와 밀접한 관련이 있는 문헌만을 검색하려고 할 경우에는 시스템의 어떤 것을 조절해야 하는가?

① 재현율을 높여준다.　　　　　② 재현율을 낮춘다.

③ 정확률을 높여준다.　　　　　④ 정확률을 낮춘다.

28 전체 문헌 중에서 적합 문헌의 비율을 말하는 것으로 장서 내 적합 문헌의 밀도를 나타내는 것은?

① 누락률　　　　　　　　　　　② 배제율

③ 보편율　　　　　　　　　　　④ 정확률

29 다음 중 검색효율에 대한 설명이 잘못 연결된 것은?

① 배제율 – 전체 부적합 문헌 중에서 검색되지 않은 부적합 문헌의 비율을 나타낸다.

② 정확률 – 검색된 문헌들 중 적합 문헌의 비율을 말한다.

③ 누락률 – 전체 적합 문헌 중에서 검색되지 않은 적합 문헌의 비율을 말한다.

④ 부적합률 – 전체 문헌 중에서 검색된 부적합 문헌의 비율을 말한다.

30 다음 중 검색효율에 대한 설명으로 옳지 않은 것은?

① 재현율은 낮을수록 좋다.　　　② 부적합률은 낮을수록 좋다.

③ 배제율은 높을수록 좋다.　　　④ 정확률은 높을수록 좋다.

31 다음 중에서 시스템의 성능을 측정할 때 낮을수록 좋은 것으로만 짝지어진 것은?

① 부적합률, 재현율　　　　　　② 정확률, 재현율

③ 누락률, 배제율　　　　　　　④ 잡음률, 누락률

32 다음 중 검색효율에 관한 설명으로 옳은 것은?

① 검색효율척도로 재현율과 정확률이 많이 사용된다.
② 재현율과 정확률의 측정은 실제시스템에서도 가능하다.
③ 재현율과 정확률은 비례관계에 있다.
④ 검색된 문헌의 수가 증가할수록 정확률은 증가하고 재현율은 떨어진다.

33 검색된 문헌 중의 적합 문헌이 a, 부적합 문헌이 b이고, 검색되지 않은 문헌 중의 적합 문헌이 c, 부적합 문헌이 d일 때, 다음 평가방법이 옳지 않은 것은?

① 보편율 $= \dfrac{a+c}{a+b+c+d}$ ② 정확률 $= \dfrac{a}{a+b}$

③ 배제율 $= \dfrac{b}{b+d}$ ④ 누락률 $= \dfrac{c}{a+c}$

34 다음 설명 중 옳지 않은 것은?

① 부적합률과 배제율의 합은 1이다.
② 잡음률은 검색된 부적합 문헌 수/검색된 문헌의 총수이다.
③ 누락률과 정확률의 합은 1이다.
④ 재현율은 검색된 적합 문헌 수/적합 문헌의 총수이다.

35 다음 중 정확률을 향상시킬 수 있는 방법으로만 짝지어진 것은?

① 역할기호, 관계기호   ② 어형통제, 탐색어확장
③ 개념의 연결, 연관관계표시   ④ 동등관계표시, 가중치부여

36 질문에 대한 재현율과 정확률을 각각 더하여 평균을 내어 검색효율을 측정하는 방법은?

① 문헌지향적 방법   ② 질문지향적 방법
③ 결과지향적 방법   ④ 해설지향적 방법
⑤ 시스템지향적 방법

37 다음 중 재현율과 정확률의 평균치 산출기법에 대한 설명으로 옳지 않은 것은?

① 질문지향적 방법은 질문에 대한 재현율과 정확률을 각각 더하여 평균을 낸다.
② 질문지향적 방법은 시스템 입장에서 본 평균이 된다.
③ 문헌지향적 방법의 기본가설은 시스템의 성능은 하나의 적합 문헌과 부적합 문헌 간의 관계를 근거로 결정된다는 것이다.
④ 문헌지향적 방법은 평균을 n개의 질문에 대하여 검색된 전체 적합 문헌과 검색되지 않은 전체 부적합 문헌의 수를 이용하여 산출한다.

38 다음 중 성능곡선의 위치를 결정하는 특성에 대한 설명으로 옳지 않은 것은?

① 일반적인 질문에 대한 탐색에서는 재현율이 낮아진다.
② 추상적이고 포괄적인 용어가 많은 인문분야는 재현율이 높다.
③ 재현율은 색인작성의 망라성에 좌우된다.
④ 적합성 판단기준이 높은 이용자일수록 재현율과 정확률이 높아진다.

39 검색효율과 가장 관계가 깊은 항목은?
① 신속성
② 포괄성
③ 적합성
④ 재현율

40 다음 중 한 문헌이 다루고 있는 주제개념을 얼마나 많은 색인어로 표현해주느냐 하는 정도를 나타낸 것은?
① 주제의 특정성
② 주제의 일반성
③ 주제의 망라성
④ 주제의 적합성

41 문헌이 다루고 있는 핵심적 주제개념을 포함하여 주변적 개념까지 모두 색인어로 변환하는 경우의 재현율, 정확률에 대한 설명으로 옳은 것은?
① 재현율과 정확률이 모두 높아진다.
② 재현율과 정확률이 모두 낮아진다.
③ 재현율은 낮아지고 정확률은 높아진다.
④ 재현율이 높아지고 정확률이 낮아진다.

42 다음 중 정확률 향상수단으로 옳지 않은 것은?

① 역할기호   ② 개념의 연결
③ 개념의 조합   ④ 탐색어확장

43 색인어의 특정성에 대한 설명으로 옳지 않은 것은?

① 특정성이 높은 색인어일수록 개념의 구체적 표현이 가능하다.
② 특정성이 높을수록 정확률과 재현율이 높아진다.
③ 특정한 주제개념을 정확히 표현할 수 있는 색인어의 능력을 말한다.
④ 정확률은 색인어의 특정성에 의해 좌우된다.

44 불리언검색에 대한 설명으로 옳지 않은 것은?

① 질문과 문헌이 공통으로 갖는 키워드의 수를 말한다.
② 일치하는 키워드 수가 검색기준치가 된다.
③ 질문과 문헌에 부여된 키워드가 일치되는 경우에 문헌을 검색한다.
④ 전통적인 불리언검색에서는 각 개념의 상대적인 중요도를 나타낼 수 있다.

45 다음 중 재현율의 향상수단으로 옳지 않은 것은?

① 개념의 연결   ② 계층관계표시
③ 용어절단   ④ 동등관계표시

46 유사도 측정에 의한 검색에 대한 설명으로 옳지 않은 것은?

① 검색기준치는 유사계수에 의해 결정되는 문헌의 순위이다.
② 유사계수의 값이 작은 문헌부터 차례대로 출력한다.
③ 질문과 문헌과의 유사도를 나타내는 유사계수를 산출해야 한다.
④ 질문식에 포함된 탐색어를 완전히 포함하는 문헌을 검색한다.

47 검색기준에 사용되는 재현율, 정확률, 부적합률 등에 대한 설명으로 옳지 않은 것은?

① 시스템이 갖고 있는 적합 문헌의 밀도에 의해 영향을 받는다.
② 재현율, 정확률과 같은 척도는 두 개의 값이 한 번에 사용되어야 한다.
③ 재현율과 정확률은 모두 적합 문헌의 형태를 기준으로 한 효율척도이므로 이 두 가지 값만으로 완벽하게 검색효율을 측정할 수 있다.
④ 검색기준치의 변화에 따라 여러 개의 다른 값들을 갖게 된다.

48 E척도에 대한 설명으로 옳지 않은 것은?

① 검색된 문헌 수에 영향을 받지 않는다.
② 스웨츠에 의해 제시된 효율척도이다.
③ 통계적 결정이론을 기초로 한 척도이다.
④ 탐색질문의 일반성에 의해 좌우된다.

49 질문과의 유사도에 따라 출력문헌의 순위가 주어지는 검색시스템에 적합한 효율척도는?

① 예상탐색길이척도　　　　　　　　② E척도
③ 정보이론적 척도　　　　　　　　　④ 표준재현율척도

50 쿠퍼의 효율척도에 대한 설명으로 옳지 않은 것은?

① 질문과의 유사성 순위대로 검색문헌을 출력시킨다.
② 예상탐색길이 감소인자는 부적합 문헌을 검색해 내지 않은 능력을 나타내는 것으로 재현율을 대신한다.
③ 출력되는 각 문헌이 고유한 순위를 갖지 않고 같은 순위를 갖는 문헌들이 있는 경우 확률적으로 산출해 낸 평균탐색길이를 예상탐색길이라고 한다.
④ 출력되는 각 문헌에 고유한 순위가 주어진 시스템에서 이용자가 원하는 수만큼의 적합 문헌을 검색하기 위해 훑어보아야 할 부적합 문헌의 수를 탐색길이라고 한다.

☞ 정답 및 해설 P.236

1 다음은 레틱의 참고과정모델에서 소음발생원인과 제거과정을 그린 것이다. 설명이 옳지 않은 것은?

2015. 6. 13 서울특별시

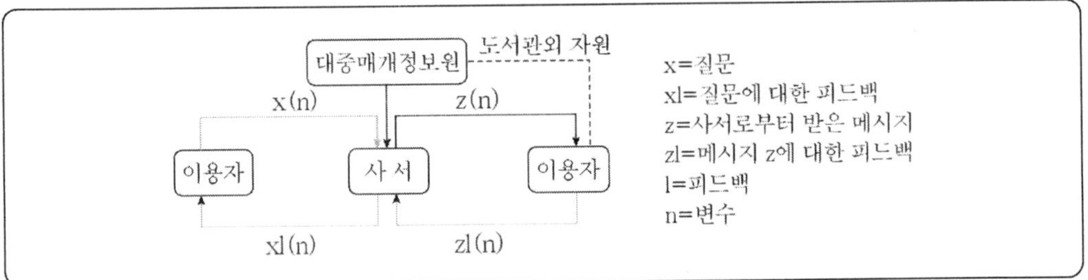

① 소음은 피드백을 일으키는 필수요소로 작용한다.
② 소음은 대중매개정보원의 검증되지 않은 정보원의 입수로 야기된다.
③ 피드백이 계속되면 소음은 소멸된다.
④ zl이 이용자 요구를 만족시켜 주었을 경우 참고과정은 종료하고, 그렇지 못했을 경우 피드백은 계속된다.

2 이용자가 한 편의 논문을 가지고 사서에게 찾아와 관련 논문을 더 찾고 싶다고 한다. 이용자가 가져온 특정 논문을 활용하여 바로 취할 수 있는 효과적인 검색방법이 아닌 것은?

2015. 6. 13 서울특별시

① 그 논문의 참고문헌을 Chaining한다.
② 그 논문의 해당 주제 데이터베이스를 이용하여 Citation Pearl Growing 기법을 활용한 탐색을 한다.
③ A & HCI, SSCI와 같은 인용색인데이터베이스에서 그 논문을 찾으면, 인용하거나 인용된 논문들이 제시되어 관련 논문을 찾기 용이하다.
④ 그 논문이 실린 학술잡지의 목차를 Browsing하면서 찾는다.

3 정보이용행태 모형 중 Brenda Dervin이 제시한 의미형성이론의 핵심 개념을 가장 잘 보여주는 것은?

2014. 6. 21 제1회 지방직

① 의도 – 상황 – 선택
② 탐색 – 선택 – 이용
③ 형성 – 탐색 – 선택
④ 상황 – 격차 – 이용

4 Eisenberg와 Berkowitz의 Big6 모형에서 핵심 전략과 하위 절차의 연결로 옳은 것은?

2014. 6. 21 제1회 지방직

① 탐색전략 수립 – 정보원의 활용 정도를 평가해 최선의 정보원 선정
② 정보의 식별과 접근 – 최종 과제물 작성
③ 정보이용 – 문제 해결에 필요한 정보 확인
④ 통합 – 적합한 정보원으로부터 필요한 정보 추출

5 쿨다우(C.C. Kuhlthau)는 정보탐색과정을 6단계로 구분하고 각 단계별로 정서적, 인지적, 행동적 변화에 초점을 맞추어 이용자의 정보행위를 설명하였다. 쿨다우가 제시한 6단계 정보탐색과정은 '시작 → (㉠) → (㉡) → (㉢) → 수집 → 제시'이다. ㉠, ㉡, ㉢에 들어갈 단계가 바르게 연결된 것은?

2009. 5. 23 상반기 지방직

	㉠	㉡	㉢
①	탐험(Exploration)	선택(Selection)	형성(Formulation)
②	탐험(Exploration)	형성(Formulation)	선택(Selection)
③	선택(Selection)	탐험(Exploration)	형성(Formulation)
④	형성(Formulation)	탐험(Exploration)	선택(Selection)

6 다음의 ( ) 안에 들어갈 말로 가장 적합한 것은?

2009. 7. 5 서울특별시교육청

> 참고면담과정이 끝나면 참고사서는 해답을 찾아내기 위한 탐색의 과정을 머릿속에서 구상한다. 이 과정을 탐색전략이라 한다. 이 과정은 ( )와 ( )이라는 단계를 포함한다.

① 질문의 전환, 전략의 설정
② 질문의 분석, 주제의 결정
③ 질문의 목적, 전략의 설정
④ 질문의 명료화, 질문의 수

7 사서들이 일반적으로 하는 탐색방법에는 포괄적인 자료에서 특정자료로, 또는 특정자료에서 포괄적 범위로 넓혀서 탐색하게 된다. 이 방법 외에 카츠(Kats)가 제시한 탐색 보완방법인 '게임의 규칙 (Rules of game)'에 대한 설명으로 옳은 것은?

2009. 7. 5 서울특별시교육청

① 해답이 어느 자료에 포함되어 있는지 알고 있다면, 일반적으로 그것은 옳지 않다.

② 동료직원들이 선행 조사한 결과의 정확성이나 완전성을 신뢰하라.

③ 사서 자신이 탐색한 리스트를 가지고 있어라.

④ 다양한 검색들을 불필요하게 시도하지 마라.

8 다음 중 정보탐색의 순서로 옳은 것은?

① 데이터베이스 선택 – 이용자 상담 – 검색기법 – 탐색전략 수립

② 데이터베이스 선택 – 탐색전략 수립 – 이용자 상담 – 검색기법

③ 이용자 상담 – 데이터베이스 선택 – 탐색전략 수립 – 검색기법

④ 이용자 상담 – 탐색전략 수립 – 데이터베이스 선택 – 검색기법

⑤ 이용자 상담 – 탐색전략 수립 – 검색기법 – 데이터베이스 선택

9 다음 중 특정패싯우선전략에 대한 설명으로 옳지 않은 것은?

① 검색된 문헌 수가 너무 많으면 특정성이 높은 개념을 탐색한 후 두 개념을 AND 조합시킨다.

② 특정성이 높은 개념과 일반적인 개념을 동시에 다루는 경우 특정성이 가장 높은 개념을 가장 먼저 탐색한다.

③ 검색된 문헌 수가 적당하게 적으면 계속 탐색할 필요가 없다.

④ 재현율을 높이고자 할 때 사용한다.

10 탐색결과 검색된 다수의 문헌에 특정조건을 부여하여 그 수를 줄여 가는 방식으로 최종결과에 이르게 하는 방법은?

① 블록설정전략　　　　　　　　② 점진적 분할전략

③ 특정패싯우선전략　　　　　　④ 인용문헌탐색전략

11 다음 설명 중 옳지 않은 것은?

① 점진적 분할전략은 미리 이용자의 동의가 있어야 한다.
② 블록설정방법은 시소러스나 용어사전을 참고하는 것이 좋다.
③ 특정패싯우선전략은 이용자들이 이용하기 쉽고 비용이 저렴하다.
④ 간략탐색은 신속하게 일괄하여 처리하는 방법이다.

12 다음 중 탐색전략 수립과정으로 옳은 것은?

> ㉠ 탐색식 작성   ㉡ 주제개념분석
> ㉢ 탐색전략수립   ㉣ 용어선정

① ㉠㉡㉢㉣   ② ㉠㉣㉡㉢
③ ㉠㉢㉣㉡   ④ ㉡㉠㉣㉢
⑤ ㉡㉣㉠㉢

13 정보검색을 일괄하여 신속하게 처리하는 기법은?

① 블록설정전략   ② 인용문헌탐색전략
③ 간략탐색전략   ④ 특정패싯우선전략

14 다음 지문이 설명하는 탐색전략은?

> 탐색주제를 몇 개의 블록으로 나눈 다음, 블록 내 개념에 해당하는 관련용어를 OR로 조합하
> 고, 블록의 탐색결과를 AND로 조합하여 탐색한다.

① 점진적 분할전략   ② 블록설정전략
③ 인용문헌탐색전략   ④ 특정패싯우선전략

정보의 축적

1 정보소장장치 및 파일조직

☞ 정답 및 해설 P.238

1 데이터베이스에서 검색될 수 있는 모든 단어가 일련의 문헌번호(postings) 순으로 수록되어 있는 것은?

2010. 5. 22 상반기 지방직

① 도치파일　　　　　　　　　　② 시소러스
③ 주제명 표목표　　　　　　　　④ 디스크립터 파일

2 자기테이프에 대한 설명으로 옳지 않은 것은?

① 갱신을 할 경우 전체 파일복사가 필요하다.
② 직접접근이 가능하다.
③ 여러 개의 레코드가 모여 하나의 블록을 형성한다.
④ 가격이 저렴하다.

3 서지 및 텍스트 형태의 정보파일의 특성으로 옳지 않은 것은?

① 탐색키의 종류가 다양하다.
② 거의 온라인실시간방식으로 정보검색이 이루어진다.
③ 새로운 정보의 증가량이 크다.
④ 주로 문자로 구성되며 레코드의 길이가 고정장이다.

4 소장장치에 대한 설명으로 옳지 않은 것은?

① 자기드럼은 직접접근이 가능하다.
② 자기디스크는 순차파일이 선택되어야 한다.
③ 소장장치의 물리적인 특성이 파일조직에 큰 영향을 끼친다.
④ 자기테이프는 정보의 처리가 연속적으로 수행된다.

5 다음 중 자기디스크에 대한 설명으로 옳지 않은 것은?

① 모든 형태의 파일조직이 가능하다.
② 가장 널리 사용되고 있다.
③ 파일을 갱신할 경우에는 전체 파일복사가 필요하다.
④ 직접접근이 가능하다.

6 다음 중 자기테이프의 장점으로 옳지 않은 것은?

① 가격이 저렴하며 경제적이다.　　　　② 파일저장과 보관이 용이하다.
③ 새로운 정보의 갱신이 용이하다.　　　④ 일괄처리시간이 빠르다.

7 정보를 기록할 수 있으나 한번 기록된 정보는 지우거나 수정할 수 없는 소장장치는?

① WORM　　　　　　　　　　② ROM
③ Mask-ROM　　　　　　　　④ EPROM

8 소장장치 중 광디스크에 대한 설명으로 옳지 않은 것은?

① 대용량의 정보소장장치이다.
② 재생전용형 광디스크는 이용자가 정보를 기록할 수 있으나, 한번 기록한 정보는 지우거나 수정할 수 없고 단지 읽기만 할 수 있다.
③ 재기록형 광디스크는 이용자가 정보를 자유롭게 기록하거나 수정할 수 있다.
④ CD-ROM 형태로 많이 제작되고 있다.
⑤ 레이저 광학을 이용하여 정보를 기록한다.

9 다음 지문이 설명하는 것은?

> • 특정 레코드의 위치가 다른 어느 레코드와의 위치와 무관한 파일조직이다.
> • 소장위치를 나타내는 랜덤파일과 소장번호를 지시하는 색인파일로 만들 수 있다.

① 도치파일　　　　　　　　　② 색인순차파일
③ 순차파일　　　　　　　　　④ 직접파일

10 다음 중 서로 관련된 레코드들의 집합을 의미하는 것은?

① 데이터　　　　　　　　　② 파일
③ 항목　　　　　　　　　　④ 데이터베이스

11 다음 중 논리적 파일조직의 목적에 속하지 않는 것은?

① 소장장소의 효율적인 이용　　　② 파일갱신의 효율화
③ 데이터의 이용　　　　　　　　④ 데이터의 검색

12 다음 중 클러스터파일의 단점으로 옳지 않은 것은?

① 센트로이드파일을 위해 별도의 소장장소가 있어야 한다.
② 규모가 큰 파일은 전체 문헌의 클러스터링이 어렵다.
③ 주 문헌파일의 갱신 시 센트로이드의 변경이 필요하다.
④ 탐색 건당 탐색이 느리다.

13 다음 중 파일조직에 대한 설명으로 옳지 않은 것은?

① 물리적 파일조직은 소장장치의 이용을 극대화하기 위한 것이다.
② 물리적 파일조직은 컴퓨터가 실제로 어떻게 실행되는 것과는 무관하다.
③ 논리적 파일조직은 레코드간의 논리적 관계에 따라 파일을 조직한다.
④ 일반적으로 파일조직은 논리적 파일조직을 의미한다.

14 다음 중 순차파일에 대한 설명으로 옳지 않은 것은?

① 소장장소를 적게 차지한다.
② 가장 간단하고 초보적인 파일기법으로 융통성이 좋다.
③ 파일갱신이 어렵다.
④ 랜덤접근이 매우 느리다.

15 다음 중 순차파일의 단점에 대한 설명으로 옳지 않은 것은?

① 원하는 레코드를 검색하기 위해서는 처음부터 연속적으로 파일을 읽어야 한다.
② 갱신할 경우 전체파일의 재복사가 필요하므로 파일갱신이 어렵다.
③ 랜덤접근이 매우 느리다.
④ 레코드접근이 매우 느리다.

16 다음 중 파일조직에 대한 설명으로 옳은 것은?

① 일반적으로 말하는 직접파일은 색인파일이다.
② 직접파일에서 특정 레코드의 위치는 다른 레코드의 위치와 관련이 있다.
③ 색인순차파일에서 색인은 특정 레코드의 논리적 위치다.
④ 직접파일은 특정 레코드에 접근하기 위해서 차례대로 파일을 탐색할 필요가 없다.

17 순차파일로 조직된 데이터파일과 색인이 결합된 파일조직은?

① 도치파일　　　　　　　　② 순차파일

③ 색인순차파일　　　　　　④ 클러스터파일

18 다음 중 색인순차파일에 대한 설명으로 옳지 않은 것은?

① 색인, 데이터영역, 오버플로우 영역으로 나뉜다.

② 새로운 레코드의 추가가 용이하다.

③ 레코드의 순차적인 처리와 랜덤처리가 가능하다.

④ 레코드가 연속적으로 소장된다.

19 다음 중 자기디스크의 장점으로 옳지 않은 것은?

① 모든 형태의 파일조직이 가능하다.

② 파일을 갱신할 경우 파일 재복사가 필요없어 갱신이 용이하다.

③ 일괄처리로 처리시간이 빠르고 경제적이다.

④ 특정한 레코드의 직접접근이 가능하여 신속하게 검색할 수 있다.

20 다음 중 디스크파일의 색인에 속하지 않는 것은?

① 섹터색인　　　　　　　　② 마스터색인

③ 트랙색인　　　　　　　　④ 실린더색인

21 다음 중 색인순차파일에 대한 설명으로 옳지 않은 것은?

① 오버플로우영역은 새로운 레코드의 삽입이 필요할 때 사용되는 영역이다.
② 색인은 데이터영역이나 오버플로우영역에 소장된 레코드의 위치를 알아내기 위해 사용된다.
③ ISAM색인은 실린더색인, 트랙색인, 섹터색인으로 이루어진다.
④ 데이터영역은 레코드를 키의 값 순으로 조직한다.

22 직접파일에 대한 설명으로 옳지 않은 것은?

① 색인테이블에 의해 접근하는 방법을 랜덤파일이라고 한다.
② 레코드를 일정한 순서 없이 조직한 것이다.
③ 파일 내의 특정한 레코드의 위치가 다른 레코드와 무관하다.
④ 특정한 레코드에 접근하기 위해 파일을 탐색할 필요가 없다.

23 다음 중 도치파일의 단점으로 옳지 않은 것은?

① 파일의 갱신이 어렵다.
② 검색시간이 느리다.
③ 검색된 문헌번호리스트의 논리관계 처리를 위한 별도의 작업장소가 필요하다.
④ 장소를 많이 차지한다.

24 해싱방법에 대한 설명으로 옳지 않은 것은?

① 해싱공식의 선택과 번지충돌의 처리가 용이하다.
② 소장장소가 절약된다.
③ 속도가 빨라 온라인검색이 요구되는 시스템에 적합하다.
④ 같은 번지로 변환되는 키를 등가키라고 한다.

25 다음 중 해싱의 기본요소로 옳지 않은 것은?

① 소장장소의 크기   ② 소장장소의 시작번지

③ 소장장소의 이름   ④ 소장번지의 수

26 다음 중 간단하고 초보적이며 주로 자기테이프에서 많이 사용하는 융통성이 적은 파일조직 방법으로 옳은 것은?

① 순차파일   ② 도치파일

③ 직접파일   ④ 다중리스트파일

27 다음 중 클러스터파일의 특징으로 옳지 않은 것은?

① 질문의 수정이 용이하다.

② 탐색이 신속하다.

③ 탐색 건당 탐색할 문헌집단의 수가 적다.

④ 파일이 큰 경우에도 전체 문헌의 클러스터링이 쉽다.

28 다음 중 해싱에 대한 설명으로 옳지 않은 것은?

① 해싱방법에는 숫자분석방법, 나눗셈방법 등이 있다.

② 넓은 범위의 분산된 키의 값을 정해진 크기의 소장번지영역으로 변환시키는 작업을 말한다.

③ 등가키가 발생하는 것을 충돌이라고 한다.

④ 해싱과정은 레코드의 소장 시에만 적용된다.

29 논리적으로 관련된 레코드들을 물리적인 위치에 관계없이 연결시켜주는 파일조직은?

① 도치파일   ② 순차파일

③ 리스트형태파일   ④ 클러스터파일

30 다음 중 다중리스트파일에 대한 설명으로 옳지 않은 것은?

① 도치파일이 갖는 파일갱신의 어려움을 해결할 수 있다.
② 프로그래밍이 용이하다.
③ 접근점이 다양한 온라인검색시스템의 탐색용 파일에 적합하다.
④ 검색시간이 도치파일에 비해 빠르다.

31 다음 중 리스트파일과 도치파일에 대한 설명으로 옳지 않은 것은?

① 도치파일은 문헌파일과 도치색인으로 구성된다.
② 다중리스트는 프로그래밍이 용이하며 갱신이 가능하다.
③ 리스트파일은 단일링크리스트와 다중링크리스트로 분류할 수 있다.
④ 정보검색에서는 논리적으로 계층관계를 갖는 구조를 단일링크리스트 형태로 소장한다.

32 다음 중 리스트형태파일을 구분하는 기준은?

① 파일의 크기　　　　　　　　　② 포인터의 수
③ 리스트의 장소　　　　　　　　④ 파일의 수

33 다음 중 도치파일에 대한 설명으로 옳지 않은 것은?

① 순차적으로 조직된 문헌파일로부터 데이터필드를 키로 선택하여 레코드를 재조직하여 색인파일을 구성한다.
② 대규모 정보검색시스템에서 채택하고 있다.
③ 새로운 디스크립터의 추가가 빈번한 대규모 온라인시스템에서는 색인순차파일이 적당하다.
④ 순차파일, 색인순차파일, 랜덤파일로 조직할 수 있다.

34 다음 중 색인순차파일에 대한 설명으로 옳지 않은 것은?

① 순차파일로 된 데이터파일과 색인이 결합된 파일조직기법이다.
② 규모가 큰 색인의 경우에는 색인에 관한 색인이 만들어진다.
③ 색인의 키는 순차파일의 키와 동일하다.
④ 자기테이프를 이용한 파일에서는 트랙색인, 실린더색인, 마스터색인 단계의 색인이 만들어진다.

35 다음 중 도치파일조직방법을 이용하는 검색시스템이 아닌 것은?

① BRS시스템　　　　　　　　　② DIALOG시스템
③ SMART시스템　　　　　　　　④ LEXIS시스템

36 다음 중 도치파일의 구성요소로 바르게 짝지어진 것은?

① 문헌파일, 도치색인파일　　　　② 문헌파일, 데이터영역
③ 도치색인파일, 마스터색인파일　④ 트랙색인, 오버플로우영역

☞ 정답 및 해설 P.240

1 메타데이터의 유형과 그 예를 옳게 짝지은 항목을 모두 고른 것은?

2015. 6. 13 서울특별시

> (가) 기술적 메타데이터 – 고유식별자, 물리적 속성, 서지적 속성 등
> (나) 관리적 메타데이터 – 해상도, 컬러, 압축정보 등
> (다) 구조적 메타데이터 – 목차, 페이지, 색인 등
> (라) 보존 메타데이터 – 소유권자, 저작 및 배포 권한, 라이선스 정보 등

① (가), (나)
③ (가), (나), (라)

② (가), (나), (다)
④ (나), (다), (라)

2 대학이나 연구기관에서 생산한 학술정보를 공개적으로 수집저장하여 학내외 이용자들에게 무료로 제공하는 디지털 아카이브는?

2015. 6. 27 제1회 지방직

① 기관 리포지토리(Institutional Repository)
② 가상참고서가(Virtual Reference Shelves)
③ 자원 파일(Resources File)
④ 패스파인더(Pathfinder)

3 OCLC에서 제공하는 서비스가 아닌 것은?

2015. 6. 27 제1회 지방직

① Gold Rush
③ QuestionPoint

② Dewey Services
④ WorldCat

4 다음 중 참고정보원에 대한 설명으로 옳지 않은 것은?

① PQDT – 북미 석박사 학위 논문
② AGRICOLA – 생명과학, 농학
③ ERIC – 교육학
④ GPO Monthly Catalog – 미국 통계 분야

5 다음 중 DB에 관한 설명으로 옳지 않은 것은?

① 컴퓨터에 의한 정보처리시스템의 기본요소가 된다.
② 색인용어의 갱신이 가능하다.
③ 데이터의 무결성을 유지한다.
④ 포맷을 표준화하여 모든 시스템에서 사용할 수 있다.

6 다음 중 네덜란드 국제적 출판기관인 Elsevier에서 제공하는 인용정보 데이터베이스는?

① unicat
② scopus
③ columbus
④ index internet

7 다음 중 전 세계의 박사학위 논문을 수집하여 색인, 초록, 원문검색 등을 제공하는 데이터베이스는?

① DDOD
② JCR
③ PQDD
④ EDRS

8 다음 중 데이터베이스에 대한 설명으로 옳지 않은 것은?

① 조직체의 응용시스템에서 사용하기 위해 구조화되어 보관된 자료의 집합이다.
② 모든 시스템에서 자유롭게 이용할 수 있다.
③ 논리적으로 연관된 하나 이상의 자료를 모아둔 것으로 검색과 갱신의 효율화를 꾀한다.
④ 컴퓨터에 의한 정보처리시스템의 기본요소이다.

9 다음 중 데이터베이스의 특징으로 옳지 않은 것은?

① 자료의 중복성이 감소된다.
② 검색의 처리속도가 빨라진다.
③ 정보의 갱신이 어렵다.
④ 정보의 무결성을 유지할 수 있다.
⑤ 정보의 공유가 가능하다.

10 다음 중 정보제공자가 가장 많이 정보를 배포할 수 있는 데이터베이스는?

① 이미지 데이터베이스   ② 온라인 데이터베이스

③ CD-ROM 데이터베이스   ④ 디렉터리 데이터베이스

11 데이터베이스의 궁극적인 목적은?

① 갱신의 효율화   ② 자원의 공유

③ 검색의 신속성   ④ 정보의 무결성 유지

12 다음 중 데이터베이스의 특징이 바르게 짝지어진 것은?

㉠ 포맷의 표준화	㉡ 자료 형식의 표준화
㉢ 정보의 최신성 유지	㉣ 처리속도 감소
㉤ 정보의 독립성 유지	

① ㉠㉡㉢   ② ㉠㉢㉣

③ ㉡㉢㉣   ④ ㉡㉢㉤

13 몇 개의 자료파일을 조직적으로 통합하여 자료항목의 중복을 없애고 자료를 구조화하여 기억시켜 놓은 자료의 집합체는?

① 데이터링크   ② 파일

③ 데이터베이스   ④ 데이터필드

14 다음 중 적합한 정보를 검색할 수 있도록 논리적으로 결합하여 만든 데이터의 집합은?

① 논리적 레코드   ② 데이터베이스

③ 필드   ④ 레코드

15 다음 중 데이터베이스의 장점으로 옳지 않은 것은?

① 중복성이 감소한다.　　　　　　　② 데이터의 공유가 가능하다.

③ 데이터의 처리속도가 향상된다.　　④ 데이터 형식을 비표준화한다.

16 데이터베이스를 소장된 정보의 유형에 따라 분류할 때 종류가 다른 하나는?

① Numerical database　　　　　　② Multimedia database

③ Referral database　　　　　　　④ Properties database

⑤ Full-text database

17 데이터베이스를 데이터의 표현형태에 따라 분류한 것이 아닌 것은?

① 문자 데이터베이스　　　　　　　② 온라인 데이터베이스

③ 이미지 데이터베이스　　　　　　④ 소리 데이터베이스

18 다음 중 데이터베이스에 대한 설명이 잘못 짝지어진 것은?

① LISA – 문헌정보학과 관련된 저널 등의 서지와 초록을 수록하고 있는 문헌정보학분야의 대표적인 데이터베이스

② ABI/Inform – 경제, 경영분야의 초록과 서지를 수록하고 있는 데이터베이스

③ DAO – 현대의 정치, 경제, 사회현안 등의 문제를 주제로 한 비즈니스, 사회과학분야 문헌의 서지와 초록을 수록한 데이터베이스

④ SSCI – 사회과학분야 저널의 인용색인과 초록을 수록한 데이터베이스

⑤ ERIC – 교육과 관련된 기술보고서, 저널, 학위논문, 교과과정, 회의발표문, 연구사업계획 등에 대한 서지와 초록을 수록한 데이터베이스

19 다음 중 문자데이터베이스에 속하지 않는 것은?

① 전문 데이터베이스　　　　　　　② 수치 데이터베이스

③ 서지 데이터베이스　　　　　　　④ 디렉터리 데이터베이스

20 이용자가 원하는 정보로 안내해 주는 데이터베이스는?

① 참조 데이터베이스　　　　　　② 소스 데이터베이스
③ 온라인 데이터베이스　　　　　　④ 인터넷 데이터베이스

21 다음 중 CD-ROM에 대한 설명으로 옳지 않은 것은?

① 내구성이 약하다.　　　　　　　② 이동이 자유롭다.
③ 대량 복제가 가능하다.　　　　　④ 접근시간이 약 0.7초로 속도가 빠르다.
⑤ 경제성이 우수하다.

22 수치정보나 전문정보 등과 같은 원정보를 수록하고 있는 데이터베이스는?

① CD – ROM 데이터베이스　　　　② 디렉터리 데이터베이스
③ 참조 데이터베이스　　　　　　　④ 소스 데이터베이스

23 CD – ROM 데이터베이스에 대한 설명으로 옳지 않은 것은?

① 검색속도가 빠르다.
② 용이한 메뉴방식에 의해 탐색성능이 우수하다.
③ 대량의 정보축적이 가능하다.
④ 소요경비 예산을 짜기 힘들다.

24 다음 중 인터넷/WWW데이터베이스에 대한 설명으로 옳지 않은 것은?

① WWW는 네트워크로 연결된 정보검색도구이다.
② Netscape, Navigator, Microsoft Internet Explore 등의 Web browser가 있다.
③ WWW는 1980년대에 시작되었다.
④ 인터넷은 전세계 규모의 상호관련된 컴퓨터 네트워크의 결합이다.
⑤ WWW는 하이퍼텍스트 링크 사용이 가능하다.

25 다음 중 데이터베이스의 제작자로 볼 수 없는 것은?

① 소프트웨어 판매자　　　　　② 데이터파일 생성자

③ 데이터출판사　　　　　　　④ 탐색소프트웨어 생성자

26 다음 중 크기가 작은 것에서 큰 순으로 알맞게 배열한 것은?

> ㉠ 필드　　　　　　　　㉡ 파일
> ㉢ 레코드　　　　　　　㉣ 데이터베이스

① ㉠ – ㉡ – ㉢ – ㉣　　　　② ㉠ – ㉢ – ㉡ – ㉣

③ ㉡ – ㉢ – ㉠ – ㉣　　　　④ ㉢ – ㉠ – ㉣ – ㉡

27 다음 중 여러 개의 데이터베이스의 집합은?

① 데이터베이스　　　　　　② 데이터필드

③ 데이터뱅크　　　　　　　④ 데이터파일

참고정보원

1 참고정보원과 서지

☞ 정답 및 해설 **P.243**

1 **참고정보원의 평가 기준에 대한 설명으로 옳지 않은 것은?**

2016. 6. 18 제1회 지방직

① 목적 및 수록 범위는 참고정보원의 서문에서 대부분 확인할 수 있다.
② 배열은 기술의 정확성, 객관성, 표현 형식을 말한다.
③ 최신성은 타임 래그(time-lag), 개정 빈도와 관계 있다.
④ 권위는 출판사의 명성과 참고문헌 및 서명(署名)의 유무 관점에서 평가된다.

2 **이용자가 제시한 질문의 유형과 참고정보원의 연결이 옳지 않은 것은?**

2016. 6. 18 제1회 지방직

① 언어에 관한 질문 – 「Merriam-Webster's Collegiate Dictionary」, 「Roget's International Thesaurus」
② 최신의 정보에 관한 질문 – 「Familiar Quotations」, 「World Book of Encyclopedia」
③ 지리에 관한 질문 – 「Hammond Medallion World Atlas」, 「Columbia Gazetteer of the World」
④ 인물에 관한 질문 – 「Current Biography」, 「Biography Index」

3 **다음 중 전세계에서 출판되는 정기, 비정기 간행물에 대해 주제별로 구분하고 서명색인 및 출판사 정보를 제공하고 있는 참고정보원은?**

2016. 6. 25 서울특별시

① JCR
② DIALOG
③ SCOPUS
④ Ulrich's Directory

4 다음 자료 유형 중 이차자료(Secondary Sources)에 속하지 않는 것은?

2015. 6. 13 서울특별시

① 초록지　　　　　　　　　　② 학술지
③ 서지　　　　　　　　　　　④ 목록

5 비공식 정보원에 대한 설명 중 옳지 않은 것은?

2015. 6. 13 서울특별시

① 이용자가 바로 사용할 수 있도록 미리 정제된 정보를 제공받을 수 있다.
② 공식적인 채널로 유통시키기에 민감하거나 사적인 정보들을 교환할 수 있어서 세부적이고 구체적인 정보를 얻을 수 있다.
③ 비공식 정보원은 신뢰성과 객관성을 입증할 수 있다.
④ 연구자들 간의 대화를 통해 연구주제와 방법 및 연구 단계에 대한 정보들 중 필요한 정보들만을 직접 선택할 수 있다.

6 정보원 중에서 1차정보로 옳지 않은 것은?

2015. 6. 27 제1회 지방직

① 투고 전에 연구자에게 비공식적으로 배포된 출판전 배포기사
② 학습용으로 제작된 CD – ROM판 백과사전
③ 레터(letter)를 전문으로 발행하는 레터지
④ 편집 위원의 심사를 거쳐 수정 게재된 학술잡지 기사

7 다음 ㉠～㉣의 설명과 참고정보원의 연결이 옳지 않은 것은?

2015. 6. 27 제1회 지방직

> ㉠ 영어판 참고자료의 평가와 선택을 위한 서평지이다.
> ㉡ 현존하는 주요 인물에 대한 정보를 탐색할 수 있다.
> ㉢ 회의나 세미나의 개최 정보와 회의록의 서명, 출판사, 가격정보 등을 탐색할 수 있다.
> ㉣ 미국의 특정 지역 및 도시에 대한 정보를 탐색할 수 있다.

① ㉠ – Book Review Digest　　　② ㉡ – World Who's Who
③ ㉢ – InterDok　　　　　　　　④ ㉣ – U.S. Gazetteer

8 일반적으로 포함되는 정보의 내용에 따라 참고정보원의 유형을 분류할 때, 이차 참고정보원(서지정보원)에 해당하는 것만을 모두 고른 것은?

2013. 8. 24 제1회 지방직

> ㉠ 초록 ㉡ 색인
> ㉢ 연감 ㉣ 백과사전

① ㉠, ㉡ ② ㉠, ㉣
③ ㉡, ㉢ ④ ㉢, ㉣

9 특수사전 중 동의어나 반의어를 찾을 때 가장 적합한 자료는?

2011. 5. 14 상반기 지방직

① Roget's International Thesaurus
② Merriam-Webster's Dictionary of English Usage
③ Languages of the World
④ Online Etymology Dictionary

10 참고정보원의 여러 가지 평가 요소 중 '권위'의 평가 요소로 적합하지 않은 것은?

2010. 5. 22 상반기 지방직

① 참고문헌의 가격
② 출판사의 출판 경험과 업적
③ 편저자의 참고자료 편찬 경험
④ 참고문헌 목록의 유무와 적절성

11 참고정보원의 선택도구에는 소급 선택도구와 현행 선택도구가 있다. 현행 선택도구에 해당되지 않는 것은?

2009. 5. 23 상반기 지방직

① The Booklist ② Guide to Reference Books
③ Choice Review ④ Book Review Digest

12 다음에 제시한 각각의 설명과 참고정보원의 연결이 옳지 않은 것은?

2009. 5. 23 상반기 지방직

> ㉠ 낱말의 어원과 역사를 연구하는데 탁월하다.
> ㉡ 전 세계적인 모든 형태의 명감을 수록하고 있다.
> ㉢ 참고정보원의 선택을 위한 안내 자료이다.
> ㉣ 대표적인 어린이 및 청소년용 백과사전이다.

① ㉠ – The Oxford English Dictionary
② ㉡ – Biography Index
③ ㉢ – Balay
④ ㉣ – World Book Encyclopedia

13 다음 중 웹사이트의 참고정보원으로서의 적합성 평가기준이 아닌 것은?

① 저자
② 사이트의 운영자
③ 자료 갱신 일자
④ 기술의 최신성

14 다음 중 문헌의 정보를 알 수 있는 서비스는?

① Omission
② Bibliography
③ Clustering
④ Info Trac

15 다음 중 SCI의 제작사인 ISI에서 인용분석을 통해 구성한 학술잡지의 평가도구는?

① Web of Science
② SCIE
③ JCR
④ Arts & Humanities Citation Index

16 다음 중 학술지에 대한 평가정보를 제공하는 기관으로 옳은 것은?

① 국립중앙도서관
② 한국학술진흥재단
③ 한국교육학술정보원
④ 대한민국학술원

17 다음 중 참고정보원의 평가요소로 볼 수 없는 것은?

① 권위   ② 형식

③ 색인   ④ 취급

⑤ 배열

18 특정의 주제를 설정하고 그 주제의 관점으로부터 자료를 수록하고 있는 서지는?

① 저자서지   ② 주제서지

③ 특수서지   ④ 서지의 서지

19 참고서비스 수행의 3대 요소에 해당하지 않는 것은?

① 참고사서   ② 시설 및 설비

③ 참고질문   ④ 참고정보원

20 참고정보원의 기본요소에 대한 설명으로 옳지 않은 것은?

① 수록된 내용이 한 부분에 치우치지 않고 포괄적이어야 한다.

② 많은 정보의 집약적 수록을 위하여 내용은 요약되고 간단 명료해야 한다.

③ 내용이 신속, 정확하게 검색될 수 있도록 배열과 취급이 편리해야 한다.

④ 이용자의 편의를 위해 장기간 대출을 실시하여야 한다.

21 문헌의 서지적 요소에 해당하지 않는 것은?

① 저자   ② 출판사항

③ 페이지수   ④ ISBN

⑤ 분류번호

22 참고정보원의 유형 중 2차 참고자료에 해당하지 않는 것은?

① 서지
② 목록
③ 초록
④ 도감

23 인쇄본 참고정보원에 대한 설명으로 옳지 않은 것은?

① 제본, 지질, 활자 등 물리적 특성이 평가의 척도가 된다.
② 구입 비용을 예상할 수 있으며 구입 즉시 이용이 가능하다.
③ 보존 공간이 필요하며 최신성 유지가 어렵다.
④ 대량의 정보저장과 복잡한 탐색을 자유롭게 할 수 있다.

24 다음 중 최신성에 대한 설명으로 옳지 않은 것은?

① 타임래그와 개정빈도는 짧을수록 좋다.
② 온라인과 인쇄본이 함께 출판되더라도 갱신주기가 다르므로 갱신빈도로 평가해야 한다.
③ 온라인이 인쇄본이나 CD-ROM보다 갱신주기가 짧다.
④ 인쇄본은 CD-ROM보다 갱신주기가 짧다.

25 다음 중 인터넷상 각종 참고정보원에서 참고질문에 대한 해답자원으로 활용할 수 있는 웹사이트의 참고정보원을 수집하여 자관의 홈페이지에 재조직·배열하여 하이퍼링크서비스를 제공하는 것은?

① 전자게시판
② 주문형 영화
③ 가상참고데스크
④ 자원공유

26 가상참고데스크의 장점으로 볼 수 없는 것은?

① 즉답형 질문에 대한 참고사서의 부담을 줄일 수 있다.
② 이용자는 시간, 노력을 절감하면서 양질의 정보를 얻을 수 있다.
③ 이용자는 참고사서에게 질문을 하지 않아도 된다.
④ 도서관에 대한 지지도가 떨어진다.

27 참고자료의 선택과 구입 시 고려해야 할 요소로 옳지 않은 것은?

① 도서관 이용자의 요구, 비이용자의 기피이유에 대해 알아야 한다.
② 교수, 인사, 주제전문가 등 전문가의 조언을 청해야 한다.
③ 이용자들의 질문은 기록하여 보관하여야 한다.
④ 타도서관 소장자료는 반드시 구입해야 한다.

28 서지의 변화에 대한 설명으로 옳지 않은 것은?

① 인쇄본의 형태에서 온라인, CD-ROM, 인터넷 등 다양한 형태로 변화하였다.
② 인쇄본 형태의 단행본 중심에서 정부간행물, 정기간행물, 신문, 논문, 보고서 등 서지의 대
　상자료가 확대되고 있다.
③ 전문분야별 서지가 많이 출판되고 있다.
④ 서지, 색인·초록서비스의 경계가 없어지고 있다.
⑤ 서지, 색인·초록서비스의 분류는 외적·내적으로 그 경계가 확실하다.

29 다음 중 1차 서지에 해당하지 않는 것은?

① 국가서지　　　　　　　　　　② 상업서지
③ 선택서지　　　　　　　　　　④ 세계서지

30 특정 집서나 특정 도서관의 소장자료를 중심으로 하여 필요한 자료를 검색하기 위한 도구로서 카드
식과 책자형으로 분류하는 것은?

① 장서목록　　　　　　　　　　② 종합목록
③ 주제서지　　　　　　　　　　④ 서지의 서지

31 서지의 평가기준에 해당하지 않는 것은?

① 목적　　　　　　　　　　　　② 범위
③ 최신성　　　　　　　　　　　④ 크기

32 다음 중 특수서지에 해당하지 않는 것은?

① 정부간행물
② 정기간행물
③ 서지의 서지
④ 학위논문

33 다음 중 우리나라 대표적인 국가서지는?

① 대한민국출판물총목록
② 한국출판연감
③ 한국잡지총람
④ 한국고서종합목록

34 다음 질문에 따른 유형별 정보원 중 질문의 유형이 다른 것은?

① 백과사전
② 뉴스레터
③ 연보
④ 주제전문사전

35 상업서지에 대한 설명으로 옳지 않은 것은?

① 시간적 관점에서 이미 출판되었거나 출판되고 있는 자료 또는 출판예정자료를 대상으로 한다.
② 양장본, 단행본, 전집의 형태로 된 것을 대상으로 한다.
③ 개인이나 도서관의 서지적 사항을 보완하는 데 활용한다.
④ 도서판매를 목적으로 만들기 때문에 도서 구입을 위한 필수정보가 포함되어 있다.
⑤ 최신 출판자료를 선택하고 구입하는 데 필요한 정보를 제공할 목적으로 발행된다.

2 사전·백과사전

☞ 정답 및 해설 **P.245**

1 참고정보원 중 어린이 및 청소년을 위한 백과사전은?

2013. 8. 24 제1회 지방직

① Compton's Encyclopedia
② The Oxford English Dictionary
③ The Columbia Gazetteer of the World
④ Biography and Genealogy Master Index

2 다음 중 OED에 대한 설명으로 옳지 않은 것은?

2007. 4. 28 경기도

① 단어의 역사적 변천과 사용된 연대 등을 표시한다.
② 과거 700년 동안 사용된 단어와 현재 사용되고 있는 단어를 대상으로 한다.
③ 인용문은 용례주의의 원칙에 의해 설명하고 있다.
④ 규정성을 최우선으로 하여 백과사전식 정보를 전달한다.

3 다음 중 우리나라 최초의 백과사전으로 옳은 것은?

2004. 5. 2 경기도

① 고사촬요   ② 동국문헌비고
③ 성호사설   ④ 지봉유설
⑤ 방언유석

4 전문분야의 용어를 수록하여 해설함으로써 전문가, 연구가들이 상호 이해하고 참고하도록 만든 사전은?

① 신어사전   ② 약어사전
③ 용법사전   ④ 술어사전
⑤ 번역사전

5 사전이 만들어지는 목적에 해당하지 않는 것은?

① 규범성　　　　　　　　　　② 기록성
③ 교육성　　　　　　　　　　④ 역사성
⑤ 규정성

6 다음 중 우리나라 최초의 한자사전은?

① 동국정운　　　　　　　　　② 홍무정운
③ 방언유석　　　　　　　　　④ 동문유석

7 다음 중 사전의 평가요소에 해당하지 않는 것은?

① 권위　　　　　　　　　　　② 속어
③ 최신성　　　　　　　　　　④ 형태
⑤ 규모

8 우리나라의 완전판사전의 종류에 속하지 않는 것은?

① 국어대사전　　　　　　　　② 조선말대사전
③ 한국어대사전　　　　　　　④ 우리말 분류대사전
⑤ 우리말 큰사전

9 사전 선택 시 고려해야 할 사항으로 옳지 않은 것은?

① 완전판사전은 대규모 공공도서관, 학술도서관에 꼭 필요하다.
② 소규모 공공도서관에는 데스크형 사전으로 충분하다.
③ 소사전은 한정된 어휘와 취급방법 때문에 소규모 도서관에 적합하다.
④ 사서는 도서관의 구입목적과 사전의 일치여부를 확인 후 구입해야 한다.

10 인터넷 사전에 대한 설명으로 옳지 않은 것은?

① 사전페이지링크서비스가 있다.　　② 수십 개의 무료사전이 있다.
③ 번역서비스가 가능하다.　　④ 말하는 사전이다.

11 표준국어대사전에 대한 설명으로 옳지 않은 것은?

① 국립국어연구원에서 편찬한 사전이다.
② 한글맞춤법, 표준어규정, 외래어 표기법 등이 표기되어 있다.
③ 7만여개 이상의 북한어를 수록하고 있다.
④ 문학작품에서 용례를 채택하고 남북방언, 북한의 문화어를 수록하고 있다.
⑤ 1만여점의 컬러 삽화가 수록되어 있다.

12 우리나라의 특수사전에 해당하지 않는 것은?

① 분류사전　　② 맞춤법사전
③ 속담사전　　④ 고어사전
⑤ 숙어사전

13 백과사전의 분류형식이 다른 것은?

① 일반백과사전　　② 주제백과사전
③ 정보중심사전　　④ 전문사전

14 참고정보원 중 과학, 자연, 인간 활동에 관련된 모든 주제분야의 정보나 지식을 체계적으로 배열하여 풀이한 것은?

① 사전　　② 백과사전
③ 인물정보원　　④ 지리정보원
⑤ 즉답형 정보원

15 백과사전에 대한 설명으로 옳지 않은 것은?

① 모든 시대에 공통되는 모든 사항을 담고 있어야 한다.
② 본질적으로 그 시대의 문화적, 학문적 성격을 분명하게 반영하여야 한다.
③ 시대가 지향해야 할 방향을 지시해주어야 한다.
④ 사전의 형식과 전기의 요소가 혼합된 상태로 기술되어야 한다.

16 주제백과사전에 대한 설명으로 옳은 것은?

① 백과사전의 유형 가운데 가장 전통적인 것이다.
② 한 주제에 대해 상이한 양상과 관점에 대한 개요를 기술하고 있다.
③ 관련된 여러 분야의 견해를 함께 보고자 하는 연구자들에게 유용하다.
④ 가나다순 배열과 분과식 배열의 방법이 있다.

17 전자백과사전의 장점에 대한 설명으로 옳지 않은 것은?

① 정보의 검색이 빠르고 정확하다.
② 대용량이고 융통성이 있다.
③ 갱신기간이 짧다.
④ 제작비용, 판매가격이 저렴하다.
⑤ 파손 및 분실의 염려가 있다.

18 백과사전의 평가요소 중 형태적 특징에 대한 설명으로 옳지 않은 것은?

① 제본, 레이아웃, 용지, 활자체가 적절해야 한다.
② 정교함, 정확성, 최신성의 비율이 적절해야 한다.
③ 삽도, 지도는 본문 내용과 일치해야 한다.
④ 선명도, 흑백, 천연색의 비율이 적절해야 한다.
⑤ 적절성, 항목형식, 배열방법, 색인 등의 상관성이 있어야 한다.

19 온라인 백과사전과 CD-ROM 백과사전을 비교 설명한 것으로 옳지 않은 것은?

① 온라인 백과사전은 이용빈도에 따라 이용료가 부과되나 CD-ROM은 그렇지 않다.
② 온라인, CD-ROM 백과사전은 모두 멀티미디어 정보를 제공한다.
③ 온라인 백과사전은 CD-ROM 백과사전에 비하여 최신성이 떨어진다.
④ 우리나라 최초의 CD-ROM 백과사전은 계몽사의 CD-ROM 백과이다.

20 개인이 편찬한 백과사전으로 우리나라와 중국 기타 외국의 천문, 지리, 풍속, 관직, 궁실, 기용, 음식, 금수 등 고금의 사물에 대해 고증, 해설한 유서는?

① 성호사설　　　　　　　　　　② 오주연문장전산고
③ 지봉유설　　　　　　　　　　④ 고사촬요

21 백과사전의 평가요소에 해당하지 않는 것은?

① 편찬목적　　　　　　　　　　② 최신성
③ 기술형식　　　　　　　　　　④ 특징
⑤ 어휘

22 백과사전의 기능에 대한 설명으로 옳지 않은 것은?

① 사실을 확인하고자 할 경우 조사의 도구로 사용된다.
② 즉답형 질문뿐만 아니라 설명을 위한 자료, 정의를 조사하는 자료를 제공한다.
③ 사전적 정보를 제공한다.
④ 흥미로운 읽을거리를 제공한다.

23 서술방식과 내용을 학생들의 기준에 맞추어 찾기 쉽고 읽기 쉬운 백과사전을 목적으로 하고 있는 것은?

① 인터넷 백과사전　　　　　　　② 학습용 백과사전
③ 정보중심 백과사전　　　　　　④ 일반 백과사전

☞ 정답 및 해설 **P.247**

1 지명 및 그 지방의 특성이나 역사, 지리, 도시 등과 관련된 정보를 제공해 주는 것은?

① 지명사전   ② 지도
③ 지도책   ④ 여행가이드
⑤ 백과사전

2 특정한 개인의 전기적 정보를 수록하고 있는 참고정보원은?

① 인물정보원   ② 지리정보원
③ 즉답형정보원   ④ 사전

3 다음 중 인물정보원에 수록된 사항이 아닌 것은?

① 일반인의 전기적 정보
② 역사적으로 훌륭한 업적을 남긴 위인
③ 사회발전에 공헌한 사람
④ 한 분야의 전문가로 성공한 사람
⑤ 일반인과 구별되는 특수한 신분의 사람

4 인물정보원에 수록된 인물의 정보가 아닌 것은?

① 생년월일   ② 관계단체
③ 저서   ④ 재산
⑤ 경력

5   인명사전에 대한 설명으로 옳지 않은 것은?

① 19세기 유럽에서 참고문헌의 한 형태로 나타나기 시작하였다.
② 사전의 형식과 전기적 요소가 결합된 상태로 기술되었다.
③ 인명을 표출어로 하여 알파벳순으로 배열하였다.
④ 한 개인의 일생에 관한 모든 면을 완벽하게 나타내고 있다.
⑤ 개인의 역사를 간략하고 객관적으로 나타내고 있다.

6   Katz가 발표한 참고정보원으로서 인물정보의 효용성에 대한 설명으로 옳지 않은 것은?

① 특정한 직업, 전문분야의 유명인사에 대한 정보를 제공한다.
② 논문참고, 연구의 결과확인 등 다양한 이유에서의 특정 개인에 대한 자료를 제공한다.
③ 아기에게 지어줄 이름의 정보를 제공한다.
④ 즉답형 질문의 해답을 위한 자료를 제공한다.

7   인물정보원의 기능으로 옳지 않은 것은?

① 특정 인물의 생애를 기술한다.
② 특정 인물이 살았던 시대의 배경정보를 제공한다.
③ 흥미로운 읽을거리를 제공한다.
④ 작명의 참고자료를 제공한다.
⑤ 정보의 집합체에 체계적으로 접근할 수 있는 탐색기술을 제공한다.

8   전기에 대한 설명으로 옳지 않은 것은?

① 한 인물에 대한 체계적이고 완전한 정보를 제공한다.
② 인물의 출생에서 사망까지 모든 사실을 시간적 순서에 의거하여 서술한 가장 상세한 인물정
　　보원이다.
③ 자서전, 일기, 고백록, 참회록, 명상록, 여행기 등은 주관적 전기에 해당한다.
④ 다른 자료에 수록된 인물정보에 대해 안내하는 2차 자료이다.

9 다음 중 두 사람 이상의 전기를 모아 편성한 것은?

① 자서전　　　　　　　　　② 개인전
③ 총전　　　　　　　　　　④ 평전

10 전기의 분류에서 객관적 전기에 해당하지 않는 것은?

① 개인전　　　　　　　　　② 총전
③ 자서전　　　　　　　　　④ 평전

11 인물정보원의 평가기준에 해당하지 않는 것은?

① 인물 선정기준　　　　　　② 정확성
③ 데이터베이스 규모와 질　　④ 검색효율성
⑤ 발행자

12 인명사전에 접근하는 방법으로 볼 수 없는 것은?

① 인물의 국적을 알고 있을 경우 그 나라의 인명사전을 조사한다.
② 작고한 인물일 경우 작고인 대상 인명사전을 조사한다.
③ 인물의 전문분야를 알고 있을 경우 백과사전을 조사한다.
④ 인물의 국적을 모를 경우 국제적 인명사전을 조사한다.

13 다음 중 부차적 인물정보원에 해당하지 않는 것은?

① 사전 인물정보　　　　　　② 백과사전 인물정보
③ 신문기사 인물정보　　　　④ 온라인 인물정보
⑤ 잡지 인물정보

14 지리정보원의 정보서비스 측면에서의 특성으로 옳지 않은 것은?

① 일반 참고정보원과 크기, 형태가 다르다.
② 지리정보의 정보원은 매우 다양하다.
③ 별도의 보존장치를 필요로 하지 않는다.
④ 일반 참고정보원의 자료, 주제별 참고정보원에 포함되어 제시되는 경우가 많으므로 구별이 용이하지 않다.

15 CD-ROM 인물정보원에 대한 설명으로 옳지 않은 것은?

① 이용자의 요금부담이 없다.
② 찾고자 하는 정보를 신속, 정확하게 탐색할 수 있다.
③ 탐색한 정보를 다운로드하여 재편집할 수 있다.
④ 멀티미디어정보와 최신성이 뛰어나다.

16 지리정보원의 특징으로 옳지 않은 것은?

① 특정 지명의 위치와 인문·자연지리 정보를 제공한다.
② 특정 지역이나 국가의 역사적 흐름을 파악할 수 있는 기록정보의 성격을 띠고 있다.
③ 주제별로 내용을 기술하는 주제정보원의 성격을 띠고 있다.
④ 주제에 대한 예비지식을 얻을 수 있고 관련 문헌을 안내한다.

17 지구의 표면에 존재하는 여러 가지 상황을 일정한 규정에 의해 지면 위에 그림의 형태로 표시한 것을 뜻하는 용어는?

① 지명 ② 여행안내서
③ 지도 ④ 지도책

18 현대지도와 옛지도의 설명으로 옳지 않은 것은?

① 현대지도는 과학적 측량법을 사용하여 거리와 높이를 정확하게 표현하였다.

② 옛지도는 평면지도로 입체성을 표현하는 데 한계가 있다.

③ 옛지도는 땅의 음양오행 이치에 따라 땅을 생명체로 보고 생명체적 요소를 강조하여 표현하였다.

④ 현대지도는 특정 지명의 위치확인이나 식별을 목적으로 제작하였다.

19 우리나라의 지도제작 시대와 그 명칭의 연결이 잘못 짝지어진 것은?

① 고려시대 – 고려지도 　　② 조선시대 초기 – 혼일강지역대국도지도

③ 조선시대 후기 – 대동여지도 　　④ 대한제국시대 – 동국지도

20 우리나라의 전도 중 가장 오래된 것은?

① 곤여만국전도 　　② 역대지도

③ 동국대전도 　　④ 대한전도

21 지도의 종류 중 다양한 지리적 현상을 공간적 관계로 나타내는 것을 목적으로 제작한 것은?

① 일반지도 　　② 주제지도

③ 특수지도 　　④ 현대지도

22 지명에 대한 설명으로 옳지 않은 것은?

① 지명은 어형, 어의, 표기의 요소를 갖춘 장소표시 언어기호이다.

② 시대에 따른 문물의 발전상을 반영하여 나타낸다.

③ 각종 지형, 지물을 상징적으로 나타낸다.

④ 한 나라, 한 지역의 전래 지명에는 민족의 이동경로, 언어의 역사가 내재되어 있다.

⑤ 지방의 자연환경과 생활사를 이해하는 중요한 단서가 된다.

23 다음 중 경·위선으로 구성된 지구상의 가상적인 망 또는 좌표를 평면에 옮기는 것을 나타내는 말은?

① 축척
② 도법
③ 기호
④ 범위

24 다음 중 지도의 평가기준요소에 해당하지 않는 것은?

① 발행자
② 도법
③ 기호
④ 색인
⑤ 삽화

25 지도의 축척에 대한 설명으로 옳지 않은 것은?

① 축척의 수치가 적을수록 지도의 내용은 정밀하다.
② 축척이 1/50,000보다 큰 지도를 대축척지도, 1/50,000~1/500,000인 지도를 중축척지도, 그 이하를 소축척지도라 한다.
③ 대축척지도는 도시계획, 군사작전, 학술연구의 목적으로 제작된다.
④ 소축척지도는 게시용, 산업, 교통망도, 행정용으로 제작된다.
⑤ 축척이란 공간의 상황을 실제보다 축소한 정도를 의미한다.

26 천하사상을 극복하고 한반도의 자연과 주민의 생활을 연구한 한국 최초의 인문지리서는?

① 택리지
② 동국지리지
③ 경상도지리지
④ 팔도지리지

27 지명사전에 대한 설명으로 옳은 것은?

① 사람이 살고 있는 지리적 공간을 축소한 그림으로 표현한 것이다.
② 지명의 위치를 확인하거나 식별의 목적으로 지도를 합하여 엮은 책이다.
③ 지명, 지역명, 도시명 등 고유명사를 표출어로 사용하여 해설하고 있는 것이다.
④ 잘 알려지지 않은 지명에 대해 상세한 정보를 제공하는 것이다.

28 여행안내서에 대한 설명으로 옳지 않은 것은?

① 특정 지명, 교통, 숙박, 관광지, 문화재 등의 정보를 통합하여 제공하는 것이다.
② 직접 그 지역에 가지 않더라도 그 나라, 도시, 지역에 관한 정보를 얻을 수 있다.
③ 유명한 지명에 대한 공식적인 정보들만 기술되어 있다.
④ 정보가 풍부하고 상세한 여행기는 여행안내서의 한 분류에 해당한다.

29 인명록의 유형으로 볼 수 없는 것은?

① 일반인명록　　　　　　　　② 전문인명록
③ 특정지역인명록　　　　　　④ 기관명감
⑤ 통계연감

30 다음 중 인물정보원 탐색하기 위한 도구로 사용되는 것은?

① 전기　　　　　　　　　　　② 인명사전
③ 인명록　　　　　　　　　　④ 부차적 인물정보원
⑤ 전기색인

4 즉답형 정보원

☞ 정답 및 해설 P.250

1 가상참고서가에 대한 설명으로 옳지 않은 것은?

2014. 6. 21 제1회 지방직

① 모바일 기술과 인터넷 접근이 가능한 곳이면 언제 어디서나 필요한 정보에 접근할 수 있다.
② 일반참고정보원에서부터 주제분야의 참고정보원에 이르기까지 망라적으로 수록하고 있다.
③ 웹 정보의 특성상 정보의 신뢰성과 객관성이 결여될 수 있다.
④ 이용자가 참고사서에게 질문하지 않고도 스스로 접근하여 필요한 정보를 획득할 수 있다.

2 IPL(Internet Public Library)에 대한 설명으로 옳지 않은 것은?

2014. 6. 21 제1회 지방직

① 1995년 미시간 대학 문헌정보학 대학원의 프로젝트로 출발하였다.
② MeL(Michigan eLibrary)과 Online Reference Collection 등과 함께 대표적인 온라인 가상 참고서가이다.
③ 대학생들 이상의 이용자들을 대상으로 하여 전문적인 내용의 정보원을 제공한다.
④ 현재는 IPL2의 이름으로 주제별 정보원, 뉴스·잡지 정보원 등 몇 개의 카테고리로 나누어 서비스하고 있다.

3 다음 중 전자우편의 장점이 아닌 것은?

① 전화 및 우편에 비해 비용이 저렴하고 신속한 전달이 가능하다.
② 이용자와 사서의 실시간 상호작용이 가능하다.
③ 이용자와 사서 간의 질문과 해답을 기록으로 보존할 수 있다.
④ 시공간의 제약 없이 커뮤니케이션이 가능하다.
⑤ 이용자와 사서 간이 상호작용의 내용과 과정을 로그파일 분석을 통해 기록으로 보존할 수 있다.

4 다음 중 인물이나 기관 또는 단체에 대한 내용을 자모순, 분류순으로 배열한 것은?

① 편람   ② 백과사전
③ 연감   ④ 명감

5 즉답형 정보원의 일반적인 평가요소가 아닌 것은?

① 상세한 설명 　　　　　　② 정확성
③ 최신성 　　　　　　　　　④ 삽화

6 다음 중 전자적 즉답형 정보원에 해당하지 않는 것은?

① CD-ROM 　　　　　　　② DVD
③ 온라인 　　　　　　　　　④ 인쇄본
⑤ 인터넷

7 인터넷에서 발견되는 상업적, 비상업적 정보 가운데 참고정보원으로 활용가능한 정보원을 선택 · 수집하여 링크서비스로 제공하는 것은?

① 전자우편 　　　　　　　　② 주문형 영화, 음악
③ 가상참고데스크 　　　　　④ 웹기반 이용자교육

8 즉답형 참고질문에서 관련되는 상위의 질문으로 발전할 수 있는 경우가 아닌 것은?

① 즉각적으로 해답정보원의 위치를 알지 못하여 시간과 노력이 많이 필요한 경우
② 이용자가 질문내용보다 더 많은 데이터를 요구하기 때문에 그 질문이 연구주제테마로 한층 더 발전된 경우
③ 참고면담을 시작하려는 사람이 실제로 요구하는 내용의 실마리를 풀기 위해 질문이 발전된 경우
④ 이용자의 질문내용이 한 가지에 국한된 경우

9 즉답형 정보원의 평가요소에 속하지 않는 것은?

① 배열 및 접근성 　　　　　② 최신성
③ 삽화 　　　　　　　　　　④ 권위
⑤ 비용

10 연감을 통해 확인할 수 있는 사항이 아닌 것은?

① 2005년 중반이나 후반의 연감에서 2005년의 자료를 확인할 수 있다.
② 지난 해의 진보, 사건, 사람, 지역에 관한 정보를 확인할 수 있다.
③ 정보의 출처를 밝히기 때문에 비공식적 색인으로 이용할 수 있다.
④ 연감은 인명록을 별책으로 발행하여 인물정보를 확인할 수 있다.

11 백과사전연감에 대한 설명으로 옳지 않은 것은?

① 백과사전 간행 후 내용을 보완하기 위하여 연감형식으로 발행하는 것이다.
② 백과사전연감은 독립출판물에 해당한다.
③ 백과사전은 최신판을 매년 간행하는 대신 1년 단위로 새로운 지식과 정보를 수록한 연간보유
　판을 만들어 본판의 최신성을 유지하는 데 사용한다.
④ 당해 연도의 정보에 중점을 두어 요약 기술하였으므로 보도성에 중점을 두고 있다.

12 다음 중 주제연감의 발행자로 볼 수 없는 곳은?

① 국제연합　　　　　　　　　　　② 연구소
③ 출판사　　　　　　　　　　　　④ 학교

13 연감의 평가요소에 대한 설명으로 옳지 않은 것은?

① 특정사항, 데이터 등을 참고, 조사해야 하기 때문에 내용이 정확하고 신빙성이 있어야 한다.
② 수록된 정보의 양이 방대하므로 상세한 색인이 필요하다.
③ 철자법의 명확한 표기를 확인해야 한다.
④ 연감을 발행하는 기관이나 출판사의 신뢰성과 권위의 검토가 필요하다.
⑤ 수록 범위가 주제의 관점에서 얼마나 다양한 분야를 표현하고 있는지 확인해야 한다.

14 명감의 용도로 옳지 않은 것은?

① 개인이나 기관의 주소나 전화번호 검색
② 개인, 회사, 기관의 완전한 명칭 검색
③ 특정 회사의 주력 생산품 검색
④ 특정단체의 주요 인물의 전기적 정보 검색
⑤ 1년 전에 발생한 사건 검색

15 명감의 종류에 대한 설명으로 옳지 않은 것은?

① 지역명감 – 특정 지역에 소재하는 기관이나 인물에 대한 안내서
② 정부명감 – 정부기관 및 지방자치단체의 안내서
③ 전문명감 – 각 주제분야와 관련된 전문단체 및 소속인물에 대한 안내서
④ 상업명감 – 모든 제조업체를 포함한 기업체, 산업체, 서비스업체에 대한 안내서
⑤ 기관명감 – 공 · 사립 기업과 회사에 대한 안내서

16 명감의 평가요소에 대한 설명으로 옳지 않은 것은?

① 기관이나 개인에 대한 최신정보를 검색해야 하므로 최신성이 중요하다.
② 서문에 수록범위, 최신성, 정확성 등이 제시되어야 한다.
③ 주로 명감을 발행해 온 출판사가 권위있는 곳이다.
④ 목차가 상세한지 포괄적인 색인이 있는지를 살펴야 한다.

17 다음 중 사실적 정보원으로 볼 수 없는 것은?

① 기네스북
② 리더스다이제스트 잡학사전
③ 상식의 오류사전
④ 지식 속의 지식
⑤ 정보원총람

18 다음 중 인용서에 해당하지 않는 것은?

① 문장백과대사전
② 세계명언대사전
③ 대세계백과사전
④ 한문명언명구대사전

19 다음 중 전세계 모든 사람들의 신기록 및 독특한 것에 대한 내용을 연대순으로 기록한 것은?

① 리더스다이제스트 잡학사전
② 상식의 오류사전
③ 기네스북
④ 지식 속의 지식

20 인용서에 대한 설명으로 옳지 않은 것은?

① 즉답형 참고정보원의 한 부류에 해당한다.
② 강연, 연설문, 원고작성에 자주 이용된다.
③ "누가 무엇을 말했다"의 형식으로 나타낸다.
④ 인용서에 나타난 인쇄본의 출처는 신뢰성과 관계가 없다.

21 즉답형 정보원의 평가 중 삽화에 대한 평가요소로 볼 수 없는 것은?

① 삽화의 위치
② 다운로드 유무
③ 본문과의 관계성
④ 업데이트 유무
⑤ 삽화의 질

22 다음 중 연감을 통하여 확인할 수 있는 사항이 아닌 것은?

① 특정한 기관 및 단체의 현재동향
② 새로운 연구의 진보상황
③ 사회의 변동
④ 기관 및 단체의 주소나 전화번호
⑤ 신발명품의 발명여부

23 다음 중 즉답형 정보원의 유형에 해당하지 않는 것은?

① 연감
② 연보
③ 편람
④ 색인
⑤ 명감

24 즉답형 질문이나 사실형 질문에 해답할 특별한 목적으로 편집된 참고정보원으로 연감, 연보, 편람을 뜻하는 것은?

① 사실형 정보원
② 인물정보원
③ 즉답형 정보원
④ 지리정보원

네트워크와 인터넷

1 네트워크

☞ 정답 및 해설 P.252

1 다음 설명에 해당하는 것은?

2015. 6. 27 제1회 지방직

> • 기관이나 개인이 필요한 소프트웨어나 하드웨어를 구입하지 않고, 필요할 경우 인터넷 상에서 이용 가능한 어플리케이션 및 기타 IT 서비스를 비용을 지불하고 이용한다.
> • 정보유틸리티, 플랫폼으로서의 인터넷 등의 용어로 사용되기도 한다.

① 클라우드 컴퓨팅　　　　　　② 오픈소스

③ 유비쿼터스 컴퓨팅　　　　　④ 시멘틱 웹

2 서지네트워크에 대한 설명으로 옳지 않은 것은?

2011. 5. 14 상반기 지방직

① 비영리법인체의 목표를 표방하고 있으나, 실제로는 이윤에 상당한 관심을 가진다.

② 회원도서관들이 필요로 하는 각종 기록을 검색, 수정할 수 있는 서지파일을 제공한다.

③ 국내의 경우 지역네트워크를 기반으로 발전되어 회원도서관 간 상호연대의식이 강하다.

④ 초기에는 회원도서관들의 소장 자료와 미의회도서관의 MARC 데이터를 중심으로 데이터베이스를 구축하였다.

3 Question point에 대한 설명으로 옳지 않은 것은?

① LC와 OCLC가 합동으로 개발한 글로벌 협력형 디지털정보서비스이다.

② 전 세계 협력 도서관들의 사서들이 구축한 거대한 지식정보원이다.

③ 우리나라는 KERIS에서 Question point를 서비스한다.

④ GRN이 지원하는 세계적인 수준의 디지털정보서비스를 제공한다.

⑤ 소프트웨어 도구 및 커뮤니케이션의 인프라이다.

4 미국의 파밍턴 플랜(Farmington plan)과 관련 있는 도서관 업무는?

① 협동수서　　　　　　　　　　　② 분담목록
③ 협력참고봉사　　　　　　　　　④ 협동보존

5 OCLC에서 제공하는 정보서비스가 아닌 것은?

① Question Point　　　　　　　　② World Cat
③ Un Cover　　　　　　　　　　④ First Search

6 다음 중 전세계적으로 이루어지는 협동디지털참고봉사 서비스의 명칭은?

① UAP　　　　　　　　　　　　② Pro Question
③ Ohio Link　　　　　　　　　　④ Question Point

7 다음 중 OCLC에 대한 설명으로 옳지 않은 것은?

① 여러 도서관이 제공하는 정보를 데이터베이스에 축적하여 이를 공동으로 이용할 수 있는 상호협력체제이다.
② 1967년 Ohio Collage Association에서 자료의 공동이용을 위해 제안되었다.
③ Library Network는 정보교환을 위한 로컬 네트워크이다.
④ First Search는 3천만 권 이상의 자료를 검색하여 서지정보 및 소장처를 확인해준다.

8 도서관 네트워크 기능이 아닌 것은?

① 협동기능　　　　　　　　　　② 통신서비스
③ 장서관리　　　　　　　　　　④ 연속간행물통정

9 다음 중 OCLC에서 제공하는 서비스로 볼 수 없는 것은?

① World Cat　　　　　　　　　　② First Search
③ Blue Sheet　　　　　　　　　④ Library Network

10 LAN을 사용한 인터넷 접속방법에 대한 설명으로 옳지 않은 것은?

① 모뎀의 사용이 필요없다.

② 전용선을 연결하여 접속한다.

③ LAN 카드, 패킷드라이버 등의 별도의 장치가 필요하다.

④ 매번 접속할 때마다 IP 주소를 할당받아 이용한다.

11 다음 중 Host를 이용하기 위한 컴퓨터 접속장치로 단말기로 불리는 것은?

① Host
② Terminal
③ Node
④ ISDN
⑤ Hub

12 LAN의 구성형태에 대한 설명으로 옳지 않은 것은?

① 단일노드와 다중노드로 분류할 수 있다.

② 2개의 네트워크 서버 사이에 고속연결을 구현시키는 것이 Point to Point 연결방식이다.

③ 다중노드의 종류로는 Star형, Ring형, Tree형, Multi-point형이 있다.

④ 여러 개의 버스형 네트워크를 계층적으로 연결시킨 것이 Tree형 구조이다.

13 다음 중 수신신호를 증폭시키거나 회복시켜서 재전송을 하여 전송거리를 확장하는 자동중계장치를 의미하는 것은?

① Bridge
② Gateway
③ Hub
④ Repeater

14 데이터 교환방식 중 하나의 회선에 여러 개의 단말기를 연결한 것은?

① 메시지 교환방식
② 회선 교환방식
③ Packet 교환방식
④ Multi-point 방식
⑤ Point to Point 교환방식

15 다음 중 데이터 전송 제어의 종류가 아닌 것은?

① 중앙집중식 제어 ② 임의 제어
③ 분산 제어 ④ 회선 제어

16 네트워크의 종류를 크기순으로 나열한 것으로 옳은 것은?

① LAN < WAN < MAN ② MAN < LAN < WAN
③ WAN < MAN < LAN ④ VAN < WAN < LAN
⑤ LAN < MAN < WAN

17 다음에서 설명하고 있는 노드의 형태는?

> • 중앙집중식
> • Main Node에 각 Terminal을 직접 연결한 방식
> • 모든 통신회로를 중앙에서 통제

① Star형 ② Ring형
③ Bus형 ④ Tree형

18 ISDN이 제공하는 채널 중 아날로그 음성신호를 전송하는 채널은?

① A 채널 ② B 채널
③ D 채널 ④ H 채널

19 모뎀과 컴퓨터 사이에 데이터를 주고받을 수 있는 통로는?

① 포트 ② 프로토콜
③ 라우터 ④ 리피터

20 다음 중 제록스, 인텔, 디지털이퀴프먼트 3사에 의해 개발된 가장 널리 사용되고 있는 근거리 통신 망은?

① CSMA/CD ② 토큰패싱링

③ 토큰패싱버스 ④ 이더넷

21 음성, 비음성, 팩시밀리 통신 서비스나 통신정보를 가공하는 각종 통신처리 서비스 등의 다양한 통신 서비스를 디지털 통신망으로 종합하여 제공할 수 있는 통신망 시스템은?

① ISDN ② LAN

③ VAN ④ MAN

22 ISDN의 세가지 서비스에 해당하지 않는 것은?

① 베어러서비스 ② 교환서비스

③ 텔레서비스 ④ 부가서비스

23 한 지역 내에서 컴퓨터와 단말기를 같이 공유할 수 있는 시스템은?

① VAN ② LAN

③ ISDN ④ VIDEOTEX

24 허브에 대한 설명으로 옳지 않은 것은?

① 네트워크 계층에서 LAN을 상호 접속하는 장치이다.
② LAN이 보유한 대역폭을 PC 대수 만큼 나누어 제공하는 기능을 한다.
③ 노드를 네트워크에 연결하는 가장 기본적인 공유 연결장치이며 제1계층 기능인 리피터 기능을 제공한다.
④ 통합회선관리를 위해 사용한다.

25 서로 이웃하는 단말기를 연결시킨 형태로 양방향 정보전송이 가능한 통신망의 형태는?

① 성형   ② 트리형
③ 메시형   ④ 링형

26 LAN에서 주로 사용되는 통신망의 형태는?

① 스타형   ② 트리형
③ 버스형   ④ 메시형

27 LAN의 특징으로 옳지 않은 것은?

① LAN상에서의 프린터 공유 등 자원공유가 가능하다.
② 사무의 효율이 향상된다.
③ 서버 내의 데이터는 각 클라이언트에서 공유가 가능하다.
④ 보안에 강하다.

28 다음 중 주로 공중통신회선을 이용하지 않는 것은?

① ISDN   ② Voice Mail
③ LAN   ④ Telewriting

29 다음 중 근거리 통신망의 구조형태로 볼 수 없는 것은?

① 버스형   ② 단일형
③ 고리형   ④ 망형

30 한정된 범위 내의 네트워크를 말하며 분산되어 있는 PC나 워크스테이션 등을 전송매체로 하여 고속 데이터 통신을 가능하게 하는 것은?

① MAN ② LAN
③ VAN ④ WAN

31 다음 중 네트워크와 네트워크를 연결해 주는 장치로 접속하려는 호스트에 패킷을 전달하기 위한 최적의 경로를 설정해 주는 것은?

① Bridge ② DNS
③ Hub ④ Router

32 Node에 대한 설명으로 옳은 것은?

① Host를 이용하기 위한 컴퓨터 접속장치
② 문자를 입력하여 서로 대화할 수 있는 서비스
③ 네트워크에 속하는 모든 장치
④ 중앙의 대용량 컴퓨터

33 광역통신망(WAN)의 특성에 대한 설명 중 옳지 않은 것은?

① 노드 사이의 거리가 LAN보다 길다.
② ATM 기술을 사용하는 광역통신망도 등장하였다.
③ 시스템 특성상 안정성과 독립성이 뛰어나다.
④ 데이터 전송속도가 LAN보다 느리다.

34 ISDN에 대한 설명으로 옳은 것은?

① 디지털 중심의 전송방식으로 멀티미디어 정보의 송·수신에 적합한 종합정보 통신망이다.

② 초기 ISBN의 확장이라고 할 수 있다.

③ 1970년대 초 미국에서 등장한 부가가치 통신망을 의미한다.

④ 정보센터의 컴퓨터에 단말기 또는 PC로 접속하여 이용자가 원하는 정보를 제공하는 양방향 정보시스템이다.

35 다음 중 데이터의 논리적 단위를 교환하는 방식으로 데이터의 크기에 제한이 없고 회선 교환방식의 단점을 보완한 것은?

① 패킷 교환방식

② Multi Point 교환방식

③ 메시지 교환방식

④ Point to Point 교환방식

36 버스형 네트워크의 특징에 대한 설명 중 옳지 않은 것은?

① 양방향 전송이 가능하다.

② 노드수가 많아지면 전송력이 약해진다.

③ 모든 노드가 한 줄로 연결되어 있으며 각 노드는 고유의 주소를 갖고 있다.

④ 원거리 노드에 인접 노드가 연결되어 데이터를 전달한다.

37 다음 중 여러 종류의 네트워크를 연결하며 그 중추역할을 하는 네트워크는?

① 백본

② FDDI

③ 라우터

④ 게이트웨이

38 패킷형태의 데이터를 송신측 패킷교환기에 저장하였다가 수신측의 요청에 의해 수신측 패킷교환기에 전송하는 데이터 교환방식은?

① 메시지 교환방식
② Packet 교환방식
③ Multi Point 교환방식
④ 회선 교환방식

39 중앙 컴퓨터와 단말기가 1:1 독립적, 직접적으로 연결되어 있는 것으로 가장 단순한 데이터 교환방식은?

① 메시지 교환방식
② Packet 교환방식
③ Point to Point 교환방식
④ 회선 교환방식

40 다음 중 다른 종류의 케이블을 연결하고 혼잡한 네트워크 상에서 수송량을 분리하는 네트워크 장비는?

① 브리지
② 게이트웨이
③ 허브
④ 라우터

41 거대도시 지역의 네트워크를 의미하며 도시 내의 여러 LAN을 합한 것은?

① MAN
② ISDN
③ VAN
④ WAN

42 다음 중 중앙 컴퓨터와 단말기간의 통신회선을 설정하여 미리 정해진 경로에 따라 데이터를 교환하는 방식은?

① 메시지 교환방식
② 패킷 교환방식
③ Point to Point 방식
④ 회선 교환방식

43 다음 중 근거리통신망(LAN) 구축 시 단말기의 집선장치로 이용하는 것으로 자료교환 기능을 가진 통신장비는?

① 게이트웨이
② 호스트
③ 라우터
④ 스위칭 허브

44 다음 중 전화, 팩스, 데이터 통신, 비디오 텍스 등 통신 관련 서비스를 종합적으로 다루는 통합서비스 디지털 통신망은?

① VAN
② WAN
③ LAN
④ ISDN

② 통신 프로토콜

1 OSI 7계층 참조 모델의 계층 구조를 순서대로 나열한 것은?

2014. 6. 21 제1회 지방직

① 물리계층 – 데이터링크계층 – 네트워크계층 – 트랜스포트계층 – 표현계층 – 세션계층 – 응용계층
② 물리계층 – 네트워크계층 – 데이터링크계층 – 트랜스포트계층 – 세션계층 – 표현계층 – 응용계층
③ 물리계층 – 네트워크계층 – 데이터링크계층 – 트랜스포트계층 – 표현계층 – 세션계층 – 응용계층
④ 물리계층 – 데이터링크계층 – 네트워크계층 – 트랜스포트계층 – 세션계층 – 표현계층 – 응용계층

2 다음 중 전자우편에 사용되는 프로토콜이 아닌 것은?

① SMTP
② MIME
③ NNTP
④ IMAP
⑤ POP3

3 다음 중 네트워크상에서 전송되는 데이터의 기본단위를 나타내는 것은?

① Node
② Packet
③ Protocol
④ TCP/IP

4 다음 중 여러 컴퓨터들 사이의 파일교환에 사용되는 프로토콜은?

① TFTP
② SNMP
③ FTP
④ SMTP

5 Client와 Server의 구조에 대한 특징을 설명한 것으로 옳지 않은 것은?

① 인터넷의 도구는 대부분 Client와 Server의 구조를 이루고 있다.
② Client와 Server는 독립적으로 움직인다.
③ 중앙집중처리방식보다 효율성이 증가한다.
④ Client는 항상 같은 명령을 요청한다.

6 다음 중 네트워크에서 데이터를 전송하기 위한 규약을 나타내는 것은?

① Packet
② Protocol
③ Server
④ Client

7 OSI 참조모델에 대한 설명으로 옳지 않은 것은?

① 네트워크 프로그래밍 국제표준안을 의미한다.
② 국제 표준화 기구에 의해 제정되었다.
③ 7개의 계층을 가진 구조를 띠고 있다.
④ 100개 이상의 데이터 통신 프로토콜의 집합이다.

8 OSI 참조모델의 종류 중 응용프로그램계층을 나타내는 것은?

① Session Layer
② Transport Layer
③ Physical Layer
④ Application Layer

9 OSI 참조모델에서 암호화, 코드변환, 데이터 압축 등의 역할 수행하는 계층은?

① 물리계층
② 데이터링크계층
③ 표현계층
④ 세션계층

10 OSI 계층을 상위부터 차례대로 나열한 것은?

① 응용계층 – 표현계층 – 세션계층 – 전송계층 – 네트워크계층 – 데이터링크계층 – 물리계층
② 전송계층 – 표현계층 – 응용계층 – 세션계층 – 네트워크계층 – 물리계층 – 데이터링크계층
③ 응용계층 – 전송계층 – 세션계층 – 표현계층 – 네트워크계층 – 물리계층 – 데이터링크계층
④ 전송계층 – 표현계층 – 세션계층 – 응용계층 – 네트워크계층 – 데이터링크계층 – 물리계층

11 TCP/IP에 대한 설명으로 옳은 것은?

① OSI 계층의 네트워크계층에 대응한다.
② OSI 계층의 전송계층에 대응한다.
③ OSI 참조모델을 간단하게 구현한 것이다.
④ 패킷으로 변환된 데이터를 네트워크를 통해 다른 호스트로 오차없이 전송한다.

12 OSI와 TCP/IP의 비교 설명 중 옳지 않은 것은?

① OSI는 7계층, TCP/IP는 4계층의 구조를 띠고 있다.
② OSI의 전송계층은 TCP/IP의 전송계층과 대응한다.
③ OSI의 물리계층, 데이터링크계층은 TCP/IP의 링크계층에 대응한다.
④ OSI의 네트워크계층은 TCP/IP의 응용계층에 대응한다.

13 다음 중 용어의 설명이 잘못 짝지어진 것은?

① UDP – 한번의 전송으로 보낼 수 있는 데이터의 양을 최대 크기로 부과할 수 있는 프로토콜
② TFTP – Client와 Server간의 복잡한 대화가 필요한 곳에서 응용프로그램에 사용되는 파일 전송 프로토콜
③ SNMP – 다른 기종의 기계·운영체제·네트워크 환경에서 파일을 공유할 수 있는 시스템
④ SMTP – 호스트들간의 텍스트 전송 프로토콜

14 TCP/IP의 응용계층에 해당하지 않는 것은?

① FTP
② HTTP
③ Telnet
④ IP
⑤ SMTP

15 다음 중 TCP/IP 계층의 연결이 잘못 짝지어진 것은?

① 응용계층 – HTTP 　　　　　② 링크계층 – FDDI
③ 전송계층 – TCP 　　　　　④ 네트워크계층 – Telnet

16 전자우편의 프로토콜 중 SMTP에 대한 설명으로 옳은 것은?

① 사용자가 쉘 계정이 있는 호스트에 직접 접속하여 메일을 읽지 않고 자신의 PC에서 유도라나
　넷스케이프 메일을 이용하여 자신의 메일을 다운받아 보여 주기 위한 프로토콜이다.
② 인터넷 메일 호스트 사이에 메시지를 주고 받기 위해 사용하는 하위 레벨 프로토콜이다.
③ 원래 문서 내용의 포맷과 컴퓨터상에 나타나는 문서포맷간의 관계를 설정하는 것으로 복잡한
　파일포맷을 관리한다.
④ 넷스케이프 메일과 같이 윈도우용 메일 프로그램을 이용하여 메일을 사용 가능하도록 하는
　프로토콜이다.

17 Unix 기종 간의 통신을 할 수 있는 규약을 나타내는 프로토콜은?

① TCP/IP 　　　　　② UUCP
③ HTTP 　　　　　④ SLIP/PPP

18 IP에 대한 설명으로 옳지 않은 것은?

① TCP에 의해 패킷으로 변환된 데이터를 네트워크를 통해 다른 호스트로 오차 없이 전송이 가
　능하다.
② 비연결형 프로토콜에 해당한다.
③ 수신측에 에러 검색 후 에러가 나타날 경우 송신측에 재전송을 요구한다.
④ 데이터를 제외한 헤더부분만을 관리한다.

19 다음 중 컴퓨터들 사이의 파일 교환에 사용되는 프로토콜은?

① User Datagram Protocol
② Trivial File Transfer Protocol
③ Simple Network management Protocol
④ File Transfer Protocol

20 다음 중 E-mail과 관련된 프로토콜이 아닌 것은?

① POP   ② MIME

③ SMTP   ④ NNTP

21 전자우편의 두 가지(송신, 수신) 프로토콜에 해당하는 것은?

① POP, SMTP   ② POP, NNTP

③ SMTP, NNTP   ④ NNTP, FTP

22 다음 중 인터넷 프로토콜의 4계층에 해당하지 않는 것은?

① 링크계층   ② 네트워크계층

③ 물리계층   ④ 응용계층

23 클라이언트와 서버 사이 복잡한 대화가 필요한 곳에서 응용프로그램에 의해 사용되는 파일 전송 프로토콜은?

① UDP   ② SNMP

③ TCP   ④ TFTP

24 다음 중 컴퓨터 상호 간의 통신을 가능하게 하는 통신규약은?

① SMTP   ② FTP

③ NNTP   ④ TCP/IP

25 MIME(Multipurpose Internet Mail Extensions)에 대한 설명으로 옳지 않은 것은?

① 인터넷 전자메일을 통하여 다른 종류의 파일들을 전송 가능하게 하기 위한 것이다.

② 인터넷 통신에서 여러 포맷의 문서를 전송할 때 사용한다.

③ Binary 파일전송 프로토콜이다.

④ HTML 문서를 작성하기 위한 일종의 명령어이다.

☞ 정답 및 해설 P.258

1 디지털 도서관 운영 체제의 구성 요소에 대한 설명으로 옳지 않은 것은?

2016. 6. 18 제1회 지방직

① 디지털 장서관리는 디지털 장서의 개발 정책, 선정 및 수집, 평가 등을 포함한다.
② 정보서비스는 자원탐색 기능과 부가서비스 기능으로 구성되며, 이용자 중심의 접근이 중요하다.
③ 디지털 객체관리에는 검색엔진, 메타 변환기, 다국어 처리기가 포함된다.
④ 메타데이터 관리는 디지털 장서의 상호운용성 처리 등의 영역과 관련이 있다.

2 디지털 도서관 운영을 위한 표준과 적용 영역의 연결이 옳지 않은 것은?

2016. 6. 18 제1회 지방직

① HTTP, SOAP – 웹 프로토콜
② OWL, RDF – 시멘틱 웹
③ LDAP, Shibboleth – 이용자 인증
④ ASCII, UNICODE – 식별 체계

3 다음은 정보기술에 따른 도서관의 발전단계를 표로 나타낸 것이다. 아래 표의 (㉠)에 적합한 용어를 바르게 나열한 것은?

2015. 6. 13 서울특별시

구분	전통적 도서관	전자도서관	디지털도서관	유비쿼터스 도서관
장서	소장/오프라인	소장/오프라인/ 전자매체	소장/접근 하이브리드 디지털 정보자원	소장/접근 하이브리드 u – 정보자원
검색	카드목록	OPAC	도서관포털	u – 매체
공간	물리적 공간	물리적/전자적 공간	웹 공간	u – 플랫폼
키워드	효율적 관리	자동화, 전자화	통합, 디지털화	(㉠)

① 개인화, 자동화, 지식기반　　　　② 자동화, 분산화, 통합
③ 분산화, 통합, 지식기반　　　　　④ 개인화, 융합, 지능화

4 메건 윈젯(Megan Winget)이 제시한 도서관, 기록관, 박물관의 기능을 복합적으로 수행하는 통합형
수집기관은?

2015. 6. 27 제1회 지방직

① 정보광장 ② 라이브러리파크

③ 스마트도서관 ④ 라키비움

5 디지털도서관 운영에 필요한 표준화 적용영역과 표준의 연결이 옳지 않은 것은?

2015. 6. 27 제1회 지방직

	표준화 적용영역	표준
①	이용통계	COUNTER
②	통합검색 프로토콜	OAI – PMH
③	식별체계	OpenURL
④	콘텐츠 배포	ZING

6 디지털 콘텐츠의 저작권 보호 기술에 해당하는 것은?

2014. 6. 21 제1회 지방직

① Metadata

② Creative Commons License

③ Greenstone

④ Digital Fingerprinting

7 디지털 도서관의 통합검색 유형 중 메타 통합 검색에 대한 설명으로 옳지 않은 것은?

2014. 6. 21 제1회 지방직

① 통합검색 대상의 데이터베이스로부터 개별 메타데이터를 수집하여 통합 메타데이터로 구축한
후 검색한다.

② 대표적인 표준이나 요소기술로 Z39.50, SRU, Web Services, Web/CGI, OpenAPI 등이 있다.

③ 검색과정 자체는 매우 단순하지만, 다양한 포맷의 메타데이터를 통합하는 작업이 복잡하고
어려울 수 있다.

④ 대표적 기법은 OAI－PMH라는 메타데이터 수확 프로토콜을 사용하는 것이다.

8 다음 중 국가전자도서관 참여기관이 아닌 것은?

① 한국교육학술정보원
② 한국과학기술원 과학도서관
③ 한국과학기술정보연구원
④ 서울대학교 중앙도서관

9 다음 중 이용자가 자관에서 비소장하고 있는 자료를 원할 때 사서가 취해야 할 행동으로 적절하지 않은 것은?

① 이용자가 원하는 자료를 구입하여 정보를 제공한다.
② 이용자에게 정보를 소장하고 있는 타도서관의 위치를 알려준다.
③ 타도서관의 자료를 검색한 후 상호대차서비스를 통해 이용자에게 제공한다.
④ 이용자 본인이 직접 자료를 구입하도록 설명한다.

10 전통도서관에 대한 설명으로 옳지 않은 것은?

① 도서관의 목적이 단일하다.
② 핵심자원은 인쇄자료로 된 장서이다.
③ 대표적으로 공공도서관이 있다.
④ 전자문헌을 쉽게 복사할 수 있다.

11 전자도서관에 대한 설명으로 옳지 않은 것은?

① 지역의 제한없이 언제 어디서나 이용이 가능하다.
② 인쇄자료보다 자료의 부피가 작다.
③ 경비를 지불하지 않아도 되는 공공재이다.
④ 다른 문헌과의 통합이 쉽다.

12 미래도서관에 대한 예측을 설명한 것으로 옳은 것은?

① 도서관 건물은 도서관으로서의 상징성을 부각시킬 것이다.
② 서고공간을 증가시켜 인쇄매체의 영구보존이 이루어질 것이다.
③ 지역별 개별도서관의 입지가 확고해질 것이다.
④ 인쇄매체가 사라지고 책이 없는 도서관이 구현될 것이다.

13 인쇄매체의 문제점으로 옳지 않은 것은?

① 보존을 위하여 서고공간의 증가가 필요하다.
② 동일 정보를 다수가 공유할 수 없다.
③ 손상이 쉽고 운반의 어려움이 있다.
④ 휴대가 불편하다.
⑤ 갱신의 어려움이 크다.

14 전자매체로 독서를 할 경우 나타나는 현상으로 옳지 않은 것은?

① 장비가 있어야 하므로 휴대가 불편하다.
② 반사된 빛으로 인하여 눈의 피로가 쉽게 발생한다.
③ 한 화면에서 읽을 수 있는 자료의 양이 인쇄매체의 1/2~1/3 정도이다.
④ 독서의 속도가 빨라지며 정독하기 쉽다.

15 다음 중 멀티미디어 자료로 볼 수 없는 것은?

① 하이퍼텍스트 자료　　　　　　　② CD-ROM 자료
③ 광디스크 자료　　　　　　　　　④ 동영상, 음성, 음악, 소리 등의 자료

16 다음 중 도서관 환경에 대한 이분법적 패러다임에 해당하지 않는 것은?

① 인쇄자료와 전자자료　　　　　　② 무료와 유료
③ 소장과 접근　　　　　　　　　　④ 구입과 소장

17 '도서관 접근'이라는 용어에 대한 설명으로 옳지 않은 것은?

① 도서관에 소장된 장서의 사용을 허락받는 것이다.
② 자료발견을 위한 도움을 얻기 위해 사서에게 접근하여 인터뷰의 기회를 갖는 것이다.
③ 라이선스 계약을 통해 CD-ROM에 대한 일정기간 동안의 사용권한을 얻는 것이다.
④ 소장되어 있는 자료를 폐기하고 처분할 수 있는 것이다.

18 '소장' 패러다임으로 인하여 나타난 사서의 모습으로 볼 수 없는 것은?

① 소극적 행동   ② 서비스 지향성 부족

③ 전문성 결여   ④ 디지털 정보 사용

19 전자도서관의 장점으로 옳지 않은 것은?

① 원격지 정보를 이용자 필요시 언제나 이용이 가능하다.

② 다운받은 자료의 편집이 가능하다.

③ 멀티미디어를 이용하여 다양한 기능을 활용할 수 있다.

④ 다른 곳의 정보자원에 접근할 수 있는 자료는 소장할 필요가 없다.

⑤ 통신망을 통한 연구의 집중성, 진지성이 저하된다.

20 OCLC에 대한 설명으로 옳지 않은 것은?

① Online Computer Library Center의 약자이다.

② 주로 전문의 데이터베이스를 제공한다.

③ 회원 도서관 간의 공동분담목록 작업을 수행하고 있다.

④ 도서관은 OCLC를 도입하여도 기존의 카드목록을 유지할 수 있다.

21 국가전자도서관의 필요성으로 옳지 않은 것은?

① 모든 국민이 지역, 시간의 제약없이 도서관에 접근하여 필요한 자료를 얻을 수 있다.

② 정보화의 지역 격차를 해소할 수 있다.

③ 국내 도서관의 전자도서관 사업을 추진할 수 있다.

④ 도서관별 대상분야의 조정으로 중복투자가 우려될 수 있다.

22 전자도서관의 단점으로 옳은 것은?

① 도서관의 방문 없이 한 곳에서 모든 자료의 이용이 가능하다.

② 자원공유가 성립되어 특화된 핵심장서의 개발이 가능하다.

③ 전자정보의 이용에 대한 유지비가 많이 든다.

④ 컴퓨터와 네트워크만 있으면 때와 장소에 상관없이 접근이 가능하다.

23 저작권관리시스템의 종류에 해당하지 않는 것은?

① 저작물관리
② 저작료관리
③ 열람료관리
④ 서비스관리

24 국가전자도서관시스템 중 Z39.50 검색시스템에 대한 설명으로 옳지 않은 것은?

① 국제표준검색프로토콜인 Z39.50으로 이 기종의 검색시스템 간 상호 호환성을 구현하였다.
② 별도의 Z39.50 클라이언트 프로그램없이 웹브라우저로 검색서비스의 이용이 가능하다.
③ 문서의 내용을 검색할 수 있는 전문검색을 지원한다.
④ 원하는 정보를 신속, 정확하게 검색할 수 있도록 검색질의조건을 지원한다.
⑤ 목록데이터베이스와 색인데이터베이스로 구성되어 있다.

25 국가전자도서관의 관리시스템에 대한 설명으로 옳지 않은 것은?

① 전자도서관 사용자에 대한 접근 권한을 제어하는 관리기능을 한다.
② 공지사항 및 게시판을 사용하여 공지한다.
③ 시스템의 장애에 대처하기 위해 백업 및 복구관리기능을 한다.
④ 질문에 대한 다양한 검색질의조건을 지원한다.
⑤ 검색사용현황 및 구축현황에 대한 시스템 모니터링이 가능하다.

☞ 정답 및 해설 **P.259**

1 다음은 디지털 콘텐츠 저작권 보호기술에 대한 설명이다. ㉠과 ㉡에 들어갈 용어로 옳은 것은?

2015. 6. 13 서울특별시

> (㉠)에서는 콘텐츠 내부에 소유권자나 판매권자의 정보가 삽입되는 반면에 (㉡) 기술은 구매자의 정보가 삽입되는 것이다. 따라서 (㉡)을 이용하면 불법적으로 콘텐츠를 재분배한 구매자가 누구인지 밝혀낼 수 있기 때문에 구매자들로 하여금 불법적인 재분배를 방지할 수 있다.

① ㉠ Digital Watermarking, ㉡ Copyright Protection
② ㉠ Digital Fingerprinting, ㉡ Digital Watermarking
③ ㉠ Copyright Protection, ㉡ Digital Fingerprinting
④ ㉠ Digital Watermarking, ㉡ Digital Fingerprinting

2 인터넷 주소가 바뀌어도 이용자가 콘텐츠를 찾을 수 있도록 디지털객체에 부여되는 고유번호의 명칭은 무엇인가?

2015. 6. 13 서울특별시

① DOI
② ISI
③ SCI
④ OED

3 RSS에 대한 설명으로 옳지 않은 것은?

2011. 5. 14 상반기 지방직

① RSS는 HTML로 작성된다.
② RSS 파일을 피드(feed)라 한다.
③ 최신정보주지서비스(SDI)와 유사한 서비스이다.
④ RSS는 Really Simple Syndication의 약자로 사용되기도 한다.

4 협력형 디지털 참고서비스(CDRS)에 대한 설명으로 옳지 않은 것은?

2011. 5. 14 상반기 지방직

① 도서관 간의 세계적 협력을 지향하는 정보서비스다.
② 디지털화된 해답의 제공으로 기술방식의 표준화가 요구되지 않는다.
③ QuestionPoint, Q and A NJ 서비스 등이 대표적인 사례이다.
④ 우리나라에서는 현재 국립중앙도서관이 주축이 되어 이 서비스를 실시하고 있다.

5 협력형 디지털 정보서비스에 대한 설명으로 옳지 않은 것은?

2010. 5. 22 상반기 지방직

① 정보전문가의 전문성과 능력을 최대한 활용할 수 있다.
② 이용자와 사서 간 정확한 의사표현과 참고질의가 가능하다.
③ 일주일 7일, 하루 24시간 지속적으로 정보서비스를 제공할 수 있다.
④ 정보원을 최대한 활용할 수 있어 세계적인 네트워크를 형성할 수 있다.

6 다음 (　　) 안에 들어갈 마크업 언어로 적합한 것은?

2010. 5. 22 상반기 지방직

> 전자문서 형식인 마크업 언어의 진화를 요약하면 먼저 (㉠)이 1986년에 국제표준으로 제정되어, 한 문서에서 논리구조와 내용구조를 기술하기 위한 메타언어 표준이 되었다. 이후 이 표준의 응용의 하나로서 웹에서 문서를 표시하는 방식을 규정하는 (㉡)이 개발되었으며, 최근에는 웹 환경에서 문서를 저장하고 원하는 정보를 검색할 수 있는 (㉢)이 개발되어 사용 중이다.

	㉠	㉡	㉢			㉠	㉡	㉢
①	SGML	HTML	XML		②	XML	HTML	SGML
③	HTML	XML	SGML		④	HTML	SGML	XML

7 도서관(Library) 2.0의 주요 기술로서 최근 도서관 서비스에 활용되고 있는 RSS에 대한 설명으로 옳은 것은?

① SGML 기반의 표준화된 데이터 포맷을 이용하는 방식이다.
② RSS 구독은 공급자가 선택한 정보만을 제공받는 편리한 방법이다.
③ RSS로 포맷팅된 정보는 RSS의 스펙에 따른 구조에 맞추어 정보의 의미를 담게 된다.
④ RSS는 다른 기술들과 달리 문자(text) 기반의 정보제공 서비스이다.

8 한국의 대표적인 도메인 이름과 기관의 유형이 바르게 연결된 것은?

① .co.kr - 정부기관　　　　　　② .re.kr - 교육기관
③ .or.kr - 비영리기관　　　　　④ .go.kr - 연구기관

9 도서관 이용자가 열람할 수 있는 콘텐츠(contents)를 수록한 매체가 아닌 것은?

① Webzine　　　　　　　　　② e-Book
③ RFID　　　　　　　　　　　④ e-Journal

10 Intranet에 대한 설명으로 옳지 않은 것은?

① 설치 시 기존 내부 네트워크를 활용할 수 있으므로 비용부담이 적다.
② 기업의 내부정보 외에 외부 인터넷 정보의 이용이 가능하므로 업무의 효율성과 생산성의 증가를 가져온다.
③ 설치 시 기존 내부 네트워크와 인터넷의 통합으로 인하여 기존의 네트워크에 의한 사무환경의 개선이 필요하다.
④ 표준 WWW 환경에서 정보를 관리하기 때문에 기존 데이터의 수정 및 삭제 등의 작업을 쉽게 행할 수 있다.

11 다음 중 범용검색엔진으로는 검색이 불가능하고 해당사이트를 직접 방문해야 얻을 수 있는 웹 정보 자원은?

① on the web　　　　　　　　② via the web
③ semantic web　　　　　　　④ invisible web

12 다음 설명 중 옳지 않은 것은?

① AND는 검색의 범위를 넓혀준다.
② OR는 해당 키워드가 하나라도 들어간 모든 문서를 검색한다.
③ NOT은 뒤의 단어를 제외하고 검색한다.
④ NEAR은 한 문장 안에 두 개 이상의 인접한 단어를 검색할 때 사용한다.

13 처음 검색을 통해 200건의 문서를 찾았다면, 다음으로 행할 검색방법은?

① 처음 검색된 정보 중 몇 건을 살펴본다,

② OR을 이용하여 검색한다.

③ AND를 이용하여 검색한다.

④ 검색을 처음부터 다시 한다.

14 사용자와 컴퓨터 사이의 원활한 정보교환을 도모하고, 사용자를 대신해서 사용자가 원하는 작업을 수동적으로 수행하는 소프트웨어는?

① Intelligent Agent　　　　② Artificial Intelligence

③ Intelligent Terminal　　　④ Competitive Intelligence

15 World Wide Web에 대한 설명으로 옳지 않은 것은?

① 검색이 가능한 하이퍼텍스트의 형태를 띠고 있다.

② Wais와 Gopher에서 제공되는 데이터를 표현하고 검색할 수 있다.

③ 제공되는 모든 정보는 Index 형태를 띠고 있다.

④ Gopher, Wais, WWW는 모두 Client/Server 구조이며 정보검색서비스를 제공한다.

16 다음 중 Aldus사에서 제정한 표준 이미지 압축기술은?

① RAR　　　　　　　　　② TIFF

③ JPG　　　　　　　　　④ PDF

17 인터넷에 대한 설명으로 옳지 않은 것은?

① 전 세계를 연결하는 컴퓨터 통신망 또는 정보를 의미한다.

② 여러 통신망들이 합하여 만들어진 네트워크의 네트워크이다.

③ 네트워크를 통하여 접근할 수 있는 모든 자원 또는 그 정보이다.

④ 네트워크에서 연결된 각 단말기의 집선장치이다.

18 다음 중 국외 인터넷 관리조직이 아닌 것은?

① ISOC
② IAB
③ KNC
④ Internet NIC
⑤ IETF

19 다음 중 한국의 IP 주소, 도메인 네임 등의 할당에 관련된 기관은?

① InterNIC
② APNIC
③ KRNIC
④ KNC

20 다음 중 전자우편의 주소, 인터넷 등록 사용자, 도메인, 기관명에 대한 정보를 찾아주는 인터넷 서비스는?

① E-mail
② Mailing List
③ Telnet
④ White Pages

21 Wais에 대한 설명으로 옳은 것은?

① 문자를 입력하여 서로 대화할 수 있는 서비스
② 특정 호스트에 등록된 사용자에 대한 정보검색 서비스
③ 색인·목록을 이용한 데이터베이스 정보검색 서비스
④ 메뉴형 정보검색 서비스

22 Account에 대한 설명으로 옳지 않은 것은?

① 다중 사용자 시스템에서 사용자를 구별하거나 그 이용권한의 부여 등을 목적으로 붙이는 명칭을 의미한다.
② 사용자번호와 비밀번호를 합하여 부르기도 한다.
③ 특정 시스템을 사용하기 위해서 반드시 필요하다.
④ 인터넷에 연결된 컴퓨터 고유의 숫자로 표현된 주소를 의미한다.

23 IP 주소체계에 대한 설명으로 옳은 것은?

① IP 주소체계는 16비트이며 2octet으로 구성된다.

② IP 주소는 가상으로 Host와 Guest로 구분되어 있다.

③ 인터넷은 IP 주소를 기반으로 TCP/IP 체계를 따른다.

④ IP 주소는 반드시 한 컴퓨터당 하나의 주소만을 갖는다.

24 다음 중 해당 컴퓨터가 소속되어 있는 네트워크에 배정된 이름을 뜻하는 것은?

① Hostid   ② Domain

③ Account   ④ Netid

25 Domain Name에 대한 설명으로 옳지 않은 것은?

① 영문으로 표현된 인터넷 IP 주소이다.

② 한 기관이나 단체의 네트워크에 속한 컴퓨터 주소이다.

③ 오른쪽으로 갈수록 범위가 커지는 계층적 구조를 이루고 있다.

④ 도메인 이름의 형식은 기관 이름, 기관 성격, 컴퓨터 이름 순이다.

26 다음 중 연구단체 및 정부출연기관을 나타내는 차상위 도메인은?

① co   ② pe

③ or   ④ re

⑤ ac

27 최상위 도메인으로 국가별 코드의 연결이 잘못 짝지어진 것은?

① jp – 일본   ② ca – 캐나다

③ fr – 폴란드   ④ kr – 한국

⑤ uk – 영국

28 Domain Name Server에 대한 설명으로 옳지 않은 것은?

① 자신의 Domain에 속한 IP Address와 Domain Name을 모두 보유하고 있다.

② Client가 어떤 IP Address에 해당하는 Domain Name을 요청 또는 그 반대 작업을 요청할 경우 작업 결과를 Client에게 알려준다.

③ 자신의 Domain에서만 작업처리를 한다.

④ 알지 못하는 Domain Name이나 IP Address를 Client가 요청할 경우 작업을 즉시 수행한다.

29 HTML 문서에서 사용하는 지시자 또는 명령어 문법을 나타내는 것은?

① Markup Language

② SGML

③ TAG

④ Hypertext

30 서버가 제공하는 정보를 Client가 읽을 수 있는 형태로 전환하며 다른 응용프로그램과 웹서버 사이의 상호동작을 가능하게 하는 것은?

① Java

② CGI

③ Intranet

④ VRML

31 SGML에 대한 설명으로 옳지 않은 것은?

① 다양한 형태의 전자문서를 다른 시스템 사이에서 정보의 손실없이 효율적으로 전송·저장·자동처리를 하기 위한 ISO의 문서처리 표준이다.

② 이식성이 좋고 프린트매체를 위해 만든 문서들은 다른 매체에 의해 쉽게 다시 제작될 수 있다.

③ 웹문서를 만드는 HTML과 XML은 모두 SGML을 근거로 만들어졌다.

④ WWW 환경에서 Hypertext 문서를 만들기 위해 사용되는 기본언어이다.

32 CGI에 대한 설명으로 옳지 않은 것은?

① 웹서버에서 외부 응용프로그램을 실행시키기 위한 인터페이스의 표준이다.

② 정보서버를 통하여 외부 프로그램이나 게이트웨이를 실행시키기 위한 인터페이스 프로그램이다.

③ C, C++, Perl, C Shell 등의 실행파일을 생성할 수 있는 모든 언어를 포함한다.

④ 전자쇼핑, 건축설계, 가상현실 등에 이용된다.

33 VRML의 특징으로 옳지 않은 것은?

① ASCII 텍스트 형식으로 데이터 전송시간이 비교적 짧다.
② 각종 운영체제에 독립적이고 확장성이 있다.
③ HTML에서 가능한 대부분의 기능들을 지원한다.
④ 기능이 우수하고 HTML과 호환성도 뛰어나다.

34 Java로 개발한 프로그램으로 독립적으로 실행되지 않고 Java를 지원하는 브라우저로 실행되는 작은 프로그램을 나타내는 것은?

① Java Application
② Java Applet
③ Java Script
④ Java Database Connectivity

35 Java의 특징에 대한 설명으로 옳지 않은 것은?

① 객체 지향적이면서 단순하다.
② 운영체제에 관계없이 실행이 가능하다.
③ 하나의 Java 프로그램이 독립적으로 여러 작업을 할 수 있다.
④ HTML에서 가능한 모든 기능을 지원한다.

36 다음 중 넷스케이프 웹브라우저에서 인터넷의 신기술을 이용할 수 있도록 더욱 다양한 기능으로 확대시켜주는 보조프로그램을 의미하는 것은?

① Active X
② Java
③ Plug In
④ Intranet

37 다음 중 인터넷 검색엔진의 종류가 아닌 것은?

① 주제별 디렉토리방식
② 검색어 입력방식
③ 메시지 교환방식
④ 통합검색엔진

38 인터넷 검색엔진의 종류 중 주제별 디렉토리방식의 특징으로 옳지 않은 것은?

① 정보검색을 위한 특정 검색어를 알기 힘들 경우 최상위 분류 항목만으로도 쉽게 하위 항목을 선택할 수 있다.

② 원하는 정보를 찾기까지 여러 단계를 거쳐야 하기 때문에 시간과 노력이 많이 요구된다.

③ 사용자가 임의로 검색어를 지정할 수 있으며 정보의 접근이 신속하다.

④ 한번이라도 잘못된 항목을 선택하면 원하는 정보를 찾기가 어렵다.

39 다음 중 자체 데이터베이스 없이 여러 분야의 검색엔진을 모아 놓은 것은?

① 통합검색엔진　　　　　　　　　　② 메타엔진
③ 주제별 디렉토리　　　　　　　　　④ 검색어입력

40 통합 검색엔진의 장점으로 옳은 것은?

① 검색엔진을 옮겨 다닐 필요없이 한 화면에서 검색작업을 할 수 있다.

② 한번 검색어의 입력으로 여러 검색엔진을 이용한 효과를 볼 수 있다.

③ 사용자의 임의로 검색어를 지정하며 신속하게 정보에 접근할 수 있다.

④ 정보검색을 위한 특별 검색어를 알기 힘들 때 최상위 분류로도 쉽게 하위항목을 선택할 수 있다.

41 다음 중 데이터를 일정 규칙에 따라 정리하고 통합하여 컴퓨터 처리가 가능한 형태로 만든 정보를 가리키는 것은?

① 데이터베이스　　　　　　　　　　② 상용 데이터베이스
③ 연산자　　　　　　　　　　　　　④ 레코드

42 파일의 형식과 외부 보조프로그램의 연결이 잘못 짝지어진 것은?

① mov − Quick Time for Windows　　② mpg − VMpeg
③ avi − Video for Windows　　　　　④ ra − Naplayer

43 다음 중 인터넷 정보서비스 응용분야에 해당하지 않는 것은?

① 가상참고데스크   ② 웹기반 탐색서비스
③ CD-ROM   ④ 전자게시판

44 인터넷에 대한 설명으로 옳지 않은 것은?

① Telnet 서비스는 특정지역의 사용자와 타지역의 컴퓨터를 온라인으로 연결하는 서비스로 계정이 있어야 하나 Guest 자격으로 login이 가능하다.
② Archie는 FTP 상에서 파일의 이름은 알고 있으나 위치를 모를 경우 파일의 소재를 찾아주는 프로그램이다.
③ URL은 WWW 정보의 주소지정방식으로 하이퍼텍스트, FTP, Gopher, Usenet 등 인터넷에 존재하는 모든 정보를 가져올 수 있다.
④ DNS는 시스템 운영자와 사용자가 주로 묻는 질문에 대한 응답을 기록하여 모아 놓은 문서이다.

45 현재 인터넷 화면의 상태가 좋지 않을 경우 메모리에 저장되어 있는 데이터의 내용을 다시 화면에 표시하는 기능을 하는 것은?

① Reload   ② Open File
③ Refresh   ④ Auto Load Image

46 다음 중 Netscape에서 자체적으로 지원하는 파일이 아닌 것은?

① HTML   ② GIF
③ JPEG   ④ MPEG

47 World Wide Web의 용어에 대한 설명으로 옳지 않은 것은?

① Hypertext – 특정 데이터 항목이 다른 문서와 링크관계를 가지고 있는 문서이다.

② Mirror Site – 좋은 프로그램과 자료가 있는 사이트의 공개자료를 다른 호스트에 그대로 복사해 두는 것을 말한다.

③ Bookmark – 인터넷 상에서 여러 사이트를 돌아다니다가 기억해 놓고 싶은 사이트를 보관하여 나중에 리스트에서 선택만 하면 바로 접속할 수 있게 하는 것이다.

④ Hyperlink – 웹페이지에서 문서, 그래픽, 사운드, 동영상 등 다른 형태의 데이터를 모두 포함하고 있는 것을 의미한다.

48 넷스케이프 메일과 같은 윈도우용 메일 프로그램을 이용해서 메일을 사용가능하도록 해주는 기능을 하는 것은?

① Proxy

② POP3

③ Protocal

④ Cookie

49 다음 중 파일의 형식이 다른 것은?

① midi

② ra

③ avi

④ mp3

50 HTML에서 사용하는 Hypertext에 대한 설명으로 옳은 것은?

① HTML 문서를 작성하기 위해서 사용하는 일종의 명령어이다.

② 웹브라우저의 머릿말 부분을 의미하는 태그로 문서의 제목, 특징, 제작자 정보 등 문서에 관한 정보를 나타낸다.

③ 특정 데이터 항목이 다른 문서와 링크관계를 가지고 있는 문서를 의미한다.

④ 홈페이지에 사용하는 화면을 원하는 크기로 영역을 분할하여 화면을 효율적으로 사용하게 하는 것을 의미한다.

51 우리나라의 인터넷 관련 조직에 대한 설명으로 옳지 않은 것은?

① 국내 3대 비영리망으로는 교육전산망, 정부공공기관인터넷, 연구망이 있다.
② ANC는 Academic Network Council의 약자로 학술전산망협의회이다.
③ KRNIC는 Korea Network Information Center로 국내 IP Address 할당, Domain 등록망을 정비 · 관리한다.
④ KNC는 Korea Networking Council로 전산관련 보안위원회이다.

52 WWW에서 멀티미디어 기술을 이용하려고 할 때 파일의 연결이 잘못 짝지어진 것은?

① 텍스트 파일 – TXT, DOC, HWP
② 사운드 파일 – WAV, MIDI, MP3, RA
③ 그래픽 파일 – BMP, JPG, GIF
④ 동영상 파일 – FLI, FLC, MMM

53 CGI 프로그램을 작성하는 데 사용되는 문서처리 언어로 문서 파일에서 특정 정보의 검색 및 추출에 사용하는 것은?

① HTML   ② VRML
③ Perl   ④ Java

54 Proxy Server에 대한 설명으로 옳지 않은 것은?

① 방화벽 내의 Client와 외부와의 연결기능을 한다.
② 브라우저에서 Proxy Server를 지정하면 접속하려는 서버에서 직접 데이터를 가져온다.
③ 속도가 빠르고 네트워크 부하를 감소시킨다.
④ HTTP, FTP, Gopher, Wais 등 다양한 Protocol을 지원한다.

55 Cache에 대한 설명으로 옳은 것은?

① Proxy Server에서 제공하는 접속 및 데이터 전송 시간절약 기능을 한다.

② 현재·화면의 데이터를 해당 사이트로 다시 접속시켜 재수신을 한다.

③ 현재 화면의 데이터를 컴퓨터 내에 저장한다.

④ 현재 화면의 모든 데이터를 하드디스크에 자동 저장하였다가 사용자가 다음에 해당 사이트에 다시 접속 시 저장된 내용을 자동으로 불러들여 접속 및 데이터 전송 소요시간을 단축시킨다.

56 검색엔진 중 Yahoo에 해당하는 설명으로 옳지 않은 것은?

① 여러 개의 검색어를 입력할 경우 검색어 사이에 공간을 두면 OR 연산을 수행한다.

② AND, OR 연산 및 검색어와 동일한 문자열을 가진 자료들을 모두 검색한다.

③ 데이터베이스 자료의 양이 AltaVista 검색엔진보다 적다.

④ 검색어 입력방식, 주제별 디렉토리방식을 모두 제공한다.

57 Java의 특징 중 안정성에 대한 설명으로 옳은 것은?

① 구조가 독립적이고 이식성이 높아 다양한 하드웨어와 운영체제 환경에서 실행될 수 있다.

② 웹에서 구현이 용이하다.

③ 시스템의 Heap 혹은 Stack 등의 메모리에 접근할 수 없으므로 바이러스로부터 안전하게 보호된다.

④ C++에서 잘 사용되지 않거나 모호하고 좋지 않은 기능들은 제외시키고 단순화시켜 작고 간단하게 프로그래밍하고 디버깅할 수 있다.

58 인터넷 용어에 대한 설명으로 옳지 않은 것은?

① 여러 통신망들을 합쳐 만든 망들의 망을 인터넷이라 한다.

② 인트라넷은 기존 사무실 환경의 그룹웨어를 대체하는 개념이다.

③ WWW 사이트의 홈페이지 중 이미지에서 링크될 해당구역에 따른 URL을 할당하여 이루어지게 하는 것을 이미지맵이라 한다.

④ MBONE은 인터넷 전자메일을 통하여 여러 다른 종류의 파일을 전송 가능하게 하는 것이다.

59 인터넷의 주소 형식에 해당하지 않는 것은?

① 호스트 컴퓨터 　　　　　　　　　② 네트워크 컴퓨터

③ 소속기관 　　　　　　　　　　　④ 소속국가

60 Proxy Server의 두 가지 기능으로 옳은 것은?

① 보안기능, 인터넷연결기능 　　　　② 보안기능, 데이터캐시기능

③ 속도조절기능, 데이터캐시기능 　　④ 인터넷연결기능, 속도조절기능

61 다음 중 사용자가 URL만 입력하여 편리하게 사용할 수 있는 인터넷 서비스가 아닌 것은?

① FTP 　　　　　　　　　　　　　② Gopher

③ Telnet 　　　　　　　　　　　　④ WWW

62 Wais에 대한 설명으로 옳지 않은 것은?

① Z39.50이라는 프로토콜을 사용하여 도서관 자료검색에 사용된다.

② Client/Server의 구조를 띠고 있다.

③ 네트워크상 분산된 데이터베이스를 대상으로 자료를 색인화한 정보검색서비스이다.

④ Gopher 전체의 각종 자료와 디렉토리를 대상으로 검색한다.

63 개개의 LAN을 연결하여 WAN 또는 WAN보다 더 큰 WAN을 연결시키는 이론이나 기술을 의미하며 다른 프로토콜을 사용하여 네트워크를 연결시키는 것은?

① 인터넷 　　　　　　　　　　　　② 원격접속

③ 인터네트워킹 　　　　　　　　　④ 프로토콜

64 User's Network의 약자로 토론 및 정보교환을 하는 서비스를 의미하는 것은?

① USENET 　　　　　　　　　　　② VVP

③ TELNET 　　　　　　　　　　　④ IRC

65 HTML의 기본구성에 대한 설명으로 옳지 않은 것은?

```
<HTML>
        <HEAD>
                <TITLE> 문서 제목 </TITLE>
        </HEAD>
        <BODY>
                실제 문서의 내용
        </BODY>
</HTML>
```

① HTML – HTML언어로 작성되었다는 것을 나타낸다.
② HEAD – 웹브라우저의 제목 표시줄에 기록할 내용을 기술하는 태그이다.
③ BODY – 이 태그 안에 서술한 내용이 브라우저에 표시되는 문서가 된다.
④ TITLE – 홈페이지를 알리는 말, 환영인사 등이 들어가고 즐겨찾기에 추가할 경우 제목으로
　 나타난다.

66 검색어 입력방식의 장점에 대한 설명으로 옳은 것은?

① 다양한 검색엔진을 옮겨 다닐 필요없이 한 화면에서 검색작업을 행할 수 있다.
② 사용자가 임의로 검색어를 지정할 수 있으며 정보에 신속한 접근이 가능하다.
③ 정보를 검색하기 위한 특정한 검색어를 알 수 없을 경우 최상위 분류항목으로도 하위항목을
　 쉽게 선택할 수 있다.
④ 한 번의 검색어 입력으로도 여러 검색엔진을 이용한 효과를 얻을 수 있다.

67 다음 인터넷 언어 중 SGML의 한 형태이며 웹에서 홈페이지를 제작할 때 사용하는 WWW 문서표준
언어는?

① HTML　　　　　　　　　　② XML
③ VRML　　　　　　　　　　④ SGML

68 WWW에서 3차원 공간을 표현하기 위한 그래픽 데이터 언어로 인터넷상에서 가상세계를 모델링할 수 있는 것은?

① HTML
② SGML
③ VRML
④ XML

69 다음 중 정보를 주제별로 분류하여 제공함으로써 해당 분야의 세부항목을 이용자들이 선택하여 정보를 얻는 검색방법은?

① 메타엔진
② 주제별 디렉토리방식
③ 통합검색엔진
④ 검색어 입력방식

70 Java에 대한 설명 중 옳지 않은 것은?

① 기계독립적이고 객체지향적인 프로그래밍 언어이다.
② Java Script란 HTML에 삽입하여 이용할 수 있는 인터프리터 방식의 언어이다.
③ Java Applet이란 Java로 개발한 독립적으로 실행가능한 프로그램이다.
④ 인터넷 통신환경에 알맞은 응용프로그램을 개발하는 데 적합하다.

71 다음 중 Java에서 데이터베이스 질의문을 실행시키기 위해 사용하는 자바 API를 의미하는 것은?

① API
② JDK
③ JDBC
④ JVM

72 최상위 도메인의 종류 중 미국 기관에 대한 연결이 잘못 짝지어진 것은?

① net – 네트워크 기관
② mil – 군사기관
③ org – 영리기관
④ gov – 정부기관

73 인트라넷의 특징에 대한 설명으로 옳지 않은 것은?

① 인터넷과 통합한 정보망을 이용하므로 경영의 효율과 생산성의 증대를 가져온다.
② 인터넷을 이용하여 광범위의 네트워크를 구축하기 때문에 거리가 멀수록 업무의 처리속도가 느려질 수 있다.
③ 인터넷 통합네트워크를 사용하기 때문에 보안 유지에 주의를 기울여야 한다.
④ 인터넷 환경을 사용하므로 편리하다.

74 IP 주소체계가 구성하고 있는 최소의 신호 단위는?

① 16비트
② 32비트
③ 64비트
④ 128비트

75 원격지 컴퓨터에 접속하여 제어하는 서비스로 Telnet과 유사한 기능을 갖고 있는 것은?

① Archie
② Finger
③ Rlogin
④ Wais

76 다음 중 우리나라의 3대 비영리망에 속하지 않는 것은?

① ARPANET
② KOSINET
③ KREN
④ KREONET

77 다음 중 단말기나 컴퓨터에서 전송한 디지털 신호를 아날로그 신호로 바꾸고 다시 이 신호를 수신하여 디지털 신호로 변환시켜 주는 장치는?

① ASP
② EDI
③ CGI
④ Modem

78 IP Address 체계에 대한 설명으로 옳지 않은 것은?

① IP 주소체계는 32비트, 4octet로 구성되어 있다.

② 인터넷은 TCP/IP 프로토콜 기반으로 IP 주소 체계를 따르고 있다.

③ IP 주소는 2대 이상의 컴퓨터가 동시에 공유해야 한다.

④ IP 주소는 네트워크의 크기에 따라 5개의 Class로 분류되어 있다.

79 기업체의 모든 업무를 인터넷 관련 기술로 처리할 수 있는 신개념 네트워크 환경을 일컫는 것은?

① Active X

② Intranet

③ Java

④ Plug-In

80 도메인 이름을 IP 주소로 변환하거나 IP 주소를 도메인 이름으로 변환하는 시스템은?

① DNS

② FAQ

③ FTP

④ TCP

81 다음 중 인터넷 관련 기술에 관한 협력, 조정의 역할을 하는 비영리조직으로 인터넷 관리의 총괄적인 역할을 하는 곳은?

① IAB

② ISOC

③ KNC

④ NIC

82 다음 중 HTML보다 홈페이지 구축기능, 검색기능 등이 향상된 차세대 인터넷 언어는?

① ASCII
② SGML
③ VRML
④ XML

83 월드 와이드 웹에 대한 설명으로 옳지 않은 것은?

① 텍스트 정보 외에 멀티미디어 정보도 제공한다.
② 텍스트 환경인 Unix Shell은 이용이 불가능하다.
③ 정보검색을 편리하게 할 수 있는 하이퍼텍스트방식으로 사용한다.
④ 전문검색기능을 갖추고 있어 주제별 디렉토리 검색도 수행이 가능하다.

이용자교육

1 이용자교육의 유형과 방법

☞ 정답 및 해설 P.267

1 이용자교육의 유형 중 서비스 현장교육(point-of-use instruction)에 대한 설명으로 옳지 않은 것은?

2016. 6. 18 제1회 지방직

① 정보서비스 형성 초기의 초보적인 교육 형태이다.
② 단체 교육으로 이루어지기 때문에 교육의 효과가 낮은 교육 형태이다.
③ 특정 문제의 해결에 필요한 지식과 기술이 구두로 이루어지는 교육 형태이다.
④ 이용자의 요청에 의해 참고사서가 일상적으로 수행하는 교육 형태이다.

2 도서관에서의 이용자 교육은 주로 서비스현장교육, 오리엔테이션, 도서관교육, 서지교육, 정보관리교육의 다섯 가지 유형으로 제시되고 있다. 다음 교육 형태 중 연구, 교육 등 특정 목적을 가진 이용자를 대상으로 이루어지고 문제 해결을 강조하는 것은?

2016. 6. 25 서울특별시

① 서지교육
② 도서관교육
③ 오리엔테이션
④ 정보관리교육

3 도서관 교육의 교육모델에 대한 설명 중 옳은 것은?

2015. 6. 13 서울특별시

① 팀 교육형 교육 : 정보이용 기술이 한 교과목의 목표 중 일부가 되며, 해당 주제 분야의 지식과 정보를 탐색하고 활용하는 데 꼭 필요한 교육프로그램으로 이루어진다.
② 교과목 통합형 교육 : 사서와 교수가 공동으로 교육내용과 방법을 계획, 실시, 평가하는 방법이다.
③ 교과목 연계형 교육 : 학부 수준의 특정 교과목에서 이루어지고 있는 학습활동으로 최소한 교과목 통합형이나 독립 교과목으로 운영될 때 가능한 방안이다.
④ 독립 교과목형 교육 : 그 기관의 교육과정의 일부로서 교육자(사서 또는 교수)가 과목 전체에 걸쳐 책임을 지고 가르치는 교과목이며, 학점이 부여되기도 한다.

4 이용자 교육방법 가운데 강의식 교육의 장점에 해당하지 않는 것은?

2015. 6. 13 서울특별시

① 학습자와 교육자 간의 피드백이 가능하다.
② 다른 교육방법과 수단들을 병행할 수 있다.
③ 학습자의 필요에 따라 교육의 진도를 자유롭게 조절할 수 있다.
④ 경제적이고 융통성이 있다.

5 다음과 같은 특성을 갖는 이용자 교육은?

2013. 8. 24 제1회 지방직

> • 도서관의 잠재적인 이용자 집단에게 도서관에 대한 이해를 넓히고 이용을 촉진시킨다.
> • 도서관 시설, 조직 및 서비스 등 도서관 시스템 전반에 걸쳐 간단히 소개하는 초급 단계의 교육이다.

① 특정자료 이용교육　　　　　　② 도서관 이용지도
③ 서비스 현장교육　　　　　　　④ 오리엔테이션

6 이용자 교육 방법 중 서비스현장교육에 대한 설명으로 옳지 않은 것은?

2011. 5. 14 상반기 지방직

① 정보서비스 형성 초기의 초보적 교육 형태이다.
② 참고사서가 참고데스크에서 참고면담의 형식으로 실시하는 개별 교육이다.
③ 참고사서가 이용자의 질문에 해답하는 과정에서 이용자의 요청에 의해 이루어진다.
④ 참고사서는 교육 준비를 위해 장기적 계획이나 프로그램을 개발해야 한다.

7 다음과 같은 특성을 갖는 이용자 교육은?

2011. 5. 14 상반기 지방직

> • 정보의 효과적인 탐색과 활용을 위한 교육
> • 특정 목적을 갖는 이용자 집단을 대상으로 하는 교육
> • 특정 교과목과 연계하거나 독립 교과목에 의한 그룹 단위의 교육

① 서지교육　　　　　　　　　　② 도서관안내교육
③ 정보관리교육　　　　　　　　④ 도서관교육

8 대학도서관에서 이용자 연구지원 서비스를 위해 사서가 대학원의 특정 과목의 연구조사 과제 탐색교육을 실시하였다. 이러한 교육 유형으로 적합한 것은?

2010. 5. 22 상반기 지방직

① 견학
② 서지교육
③ 도서관교육
④ 오리엔테이션

9 다음 중 비밀조사법의 장점으로 가장 적절한 것은?

① 윤리적 문제로 인해 평가에 대한 부정적 반응이 일어날 수 있다.
② 이용자 입장에서 도서관서비스를 평가할 수 있다.
③ 모든 유형의 질문에 대한 해답능력을 평가할 수 있다.
④ 대리이용자의 교육 및 고용 등 비용이 많이 든다.
⑤ 한 도서관의 특정 부서를 대상으로 사용한다.

10 도서관 이용자 교육에 대한 설명으로 옳지 않은 것은?

① 이용자 교육의 유형에는 현장교육과 오리엔테이션 등이 있다.
② 이용자 교육은 전통적으로 도서관 이용지도란 명칭으로 불려왔다.
③ 이용자 교육의 목표는 이용자의 도서관 의존도를 높이기 위한 것이다.
④ 이용자 교육에는 교수 즉 '가르치는 것'과 '자기교육'의 2가지 개념을 내포하고 있다.

11 도서관 이용자 교육의 유형인 서지교육(Bibliographic Instruction)에 대한 설명으로 옳지 않은 것은?

① 서지교육의 내용은 정보자료 위주가 아닌 개념 위주의 교육을 강조한다.
② 서지교육은 행동주의 학습이론과 인지주의 학습이론에 기초한 이론적 접근을 강조한다.
③ 서지교육은 시청각매체, 컴퓨터보조교육, 강의 등 다양한 방법들을 사용하여 시행할 수 있다.
④ 서지교육은 이용자들이 정보를 확인하고, 검색하며, 평가하여 그 결과를 이용할 수 있도록 안내한다.

12 이용자교육에 대한 설명으로 가장 적절하지 못한 것은?

① 도서관교육은 교육의 범위와 수준이 비교적 제한되어 있다.

② 서지교육은 이용자가 정보를 효과적으로 탐색하고 활용하도록 하는 것으로 그룹 단위로 교육이 이루어진다.

③ 정보관리교육은 이용자가 정보를 확인, 검색하고 평가하여 이를 이용할 수 있도록 교육하는 것이다.

④ 서비스현장교육은 관종을 막론하고 가장 많이 실시되는 교육유형이다.

13 공식적인 이용자교육의 3단계인 것은?

① 오리엔테이션 　　　　　　　　　② 정보관리교육

③ 이용지도 　　　　　　　　　　　④ 서지교육

⑤ 도서관교육

14 전통적 이용자교육의 형태에 해당하지 않는 것은?

① 1대 1 교육형태 　　　　　　　　② 비정규적 형태

③ 조직적 형태 　　　　　　　　　　④ 비조직적 형태

15 다음 중 도서관 이용자교육의 유형으로 볼 수 없는 것은?

① 오리엔테이션 　　　　　　　　　② 도서관교육

③ 서비스현장교육 　　　　　　　　④ 도서관관리자교육

16 이용자교육(User education)에 대한 설명으로 옳지 않은 것은?

① 도서관 이용자에게 정보원으로서의 도서관의 기능을 인식시킨다.

② 학습, 연구를 위한 도서관 시설과 설비, 자료, 서비스를 효과적으로 사용하는 방법을 가르치는 조직적인 활동이다.

③ 정보서비스 업무의 한 부분으로 행해지는 참고정보원의 이용지도, 도서관이용법지도, 서지교육 등을 포괄하는 명칭이다.

④ 지역사회의 주민들을 대상으로 사회, 경제, 문화, 여가 등 실용정보를 제공하거나 정보를 제공해 줄 수 있는 다른 도서관, 외부기관, 전문가에게 안내 또는 연결해 주는 서비스이다.

17 이용자교육에서 사서의 역할로 옳지 않은 것은?

① 책의 보관자 역할
② 독서를 지도하는 교육자의 역할
③ 이용자의 스승으로서의 역할
④ 이용자의 친구로서의 역할

18 이용자교육의 필요성으로 옳은 것은?

① 이용자들은 스스로 목록을 찾거나 원하는 정보를 찾을 수 없기 때문이다.
② 정보매체의 다양화와 대량화가 이루어졌기 때문이다.
③ 정보통신기술의 발전에 따라 도서관이 전자화되었기 때문이다.
④ 사서의 정보중개자로서의 역할이 바뀌었기 때문이다.

19 이용자교육에서 다루어져야 할 교육의 내용으로 볼 수 없는 것은?

① 도서관건물, 내부시설과 조직의 소개
② 개관, 폐관시간의 소개
③ 대출관련규정 및 도서관규정의 소개
④ 참고도서를 포함한 장서의 전반적인 안내
⑤ 도서관의 재정적 상황 안내

20 이용지도에 대한 설명으로 옳은 것은?

① 사서가 이용자들을 가르치는 행위를 의미한다.
② 이용자의 이용의 지식, 기술 및 태도 등 이용능력을 개발하기 위한 지도를 의미한다.
③ 도서관 이용을 통하여 개발되거나 성취되는 자율학습의 결과이다.
④ 참고정보원의 이용지도, 도서관이용법지도, 서지교육 등을 포괄하는 명칭이다.

21 교육내용의 선정 시 고려해야 할 요소로 옳지 않은 것은?

① 정보활용의 대표적인 기관인 도서관을 학습경험의 주된 장으로 삼아야 한다.

② 기술적 지식과 명제적 지식을 동시에 구현할 수 있어야 한다.

③ 교육에 관련된 지식의 구조를 체계적이고 논리적으로 구성하여야 한다.

④ 지역사회의 주민과 폭넓은 접촉을 할 수 있는 수단을 만들어야 한다.

22 다음 중 이용자교육 유형의 분류가 다른 것은?

① 서비스현장교육   ② 오리엔테이션

③ 도서관교육   ④ 서지교육

23 이용자교육 중 서비스현장교육에 대한 설명으로 옳지 않은 것은?

① 참고데스크에서 참고사서가 이용자의 질문에 해답하는 과정에서 이용자의 요청에 의해 이루어지는 개별교육을 의미한다.

② 참고사서가 일상적으로 수행하고 있는 교육의 형태이다.

③ 도서관의 잠재적인 이용자 집단에게 도서관에 대한 이해를 넓히고 이용을 도울 목적으로 한다.

④ 특정 문제의 해결에 필요한 지식과 기술을 참고사서가 이용자에게 구두로 교육시키는 형식으로 이루어진다.

⑤ 정보서비스 형성 초기의 가장 초보적인 교육형태이다.

24 오리엔테이션을 통해 달성할 수 있는 목표에 해당하지 않는 것은?

① 건물의 시설을 이해시킨다.

② 자료탐색을 돕기 위한 장서조직의 구성을 이해시킨다.

③ 도움이 되고 낯설지 않은 환경이라는 것을 인식시킨다.

④ 도서관 에티켓에 대하여 교육시킨다.

⑤ 의사소통을 위한 커뮤니케이션 기술을 교육시킨다.

25 서비스현장교육의 특징으로 볼 수 없는 것은?

① 개별 이용자를 대상으로 이루어지므로 구두교육이 주류를 이룬다.

② 다른 교육보조자료가 필요없다.

③ 특정 주제를 중심으로 진행되기 때문에 장기적 계획이나 프로그램의 개발·보완이 필요없다.

④ 1대 1로 이루어지므로 교육의 효과가 매우 높다.

⑤ 이용자에게 인식된 사서의 인상은 중요하지 않다.

26 오리엔테이션의 가장 큰 목표로 옳은 것은?

① 도서관 건물 및 내부시설과 조직의 소개

② 도서관에서 요구되는 예절교육

③ 도서관과 사서에 대한 이해의 증진

④ 개관 및 폐관시간의 소개

27 이용자가 사서를 부정적 시각으로 보는 원인으로 볼 수 없는 것은?

① 동료와의 잡담   ② 독서

③ 이용자외면   ④ 이용자에 대한 예의

⑤ 이용자의 질문 및 태도 비판

28 오리엔테이션(Orientation)에 대한 설명으로 옳지 않은 것은?

① 가장 많이 실시되는 교육의 형태이다.

② 도서관의 잠재적인 이용자 집단에게 도서관에 대한 이해를 넓히고 이용을 도울 목적으로 시행한다.

③ 도서관 시설, 조직, 서비스 등 도서관시스템 전반에 걸쳐 간단히 소개하는 초급단계의 이용자 교육이다.

④ 이용자에 대한 이용의 지식, 기술, 태도 등 이용능력을 개발하기 위한 지도이다.

⑤ 도서관을 처음 접하는 사람을 대상으로 도서관의 존재, 도서관 및 사서의 서비스 내용을 인식시키고 이해시킴으로서 도서관 이용을 유도하고 확대시킬 목적에서 행해진다.

29 오리엔테이션을 효율적으로 활용할 수 있는 프로그램으로 옳지 않은 것은?

① 강당에서의 구두 설명   ② 비디오 및 슬라이드의 상영

③ 인쇄물배포   ④ 인터넷홈페이지 활용

⑤ 1대 1 커뮤니케이션

30 도서관교육에 대한 설명 중 옳지 않은 것은?

① 초급단계의 오리엔테이션 수준의 지식을 가지고 있는 이용자에게 실시하는 중급단계의 교육을 말한다.

② 특정 교과목의 효과적 이수, 학생의 과제이행 등 특정 주제나 테마에 관한 정보를 찾고자 하는 이용자 집단을 대상으로 한다.

③ 조직화된 도서관 시스템과 선택된 참고자료의 이용능력에 대한 이해를 목표로 한다.

④ 이용자들은 자신이 관심 가진 분야의 색인, 초록 등 2차 자료를 이해하고 특정 정보를 발견하는 방법을 배울 수 있다.

31 도서관교육의 실시 방법에 대한 설명으로 옳지 않은 것은?

① 도서관 주체 강습회, 특강형식으로 실시한다.

② 강의내용은 특정 분야나 테마에 제한되지 않게 포괄적이어야 한다.

③ 정규 수업시간을 할애하여 행해질 경우 교육자는 특정집단의 목적에 맞게 교육내용을 미리 구성할 수 있다.

④ 강습회의 경우 이용집단의 특수성에 제한을 두어 특정분야만을 강의한다.

32 서지교육의 교육방법으로 옳은 것은?

① 시청각자료를 이용한 교육   ② 컴퓨터를 이용한 교육

③ 인쇄물을 이용한 교육   ④ 강의실교육

33 다음 중 서지교육 프로그램의 유형에 속하지 않는 것은?

① 도서관견학
② 도서관 자료 탐색전략에 관한 비디오 상영
③ 특정 도서관용으로 쓰여진 자료탐색기술 지침서의 활용
④ 강당에서의 구두 설명
⑤ 참고데스크서비스

34 도서관교육의 목적에 해당하지 않는 것은?

① 목록을 사용하게 한다.
② 도서관에 없는 자료는 상호대차 의뢰를 할 수 있게 한다.
③ 국회도서관의 정기간행물 기사색인이나 주제분야의 색인, 초록 서비스를 탐색하는 방법을 알
   수 있게 한다.
④ 자동화 도서관의 경우 컴퓨터 검색시스템의 기본을 이해하도록 교육한다.
⑤ 정보서비스 부서, 참고데스크, 직원의 역할을 이해하도록 교육한다.

35 도서관교육을 보조하는 수단으로 볼 수 없는 것은?

① 인쇄물교재　　　　　　　② 연습문제집
③ 빔프로젝트　　　　　　　④ 컴퓨터
⑤ 도서관견학

36 도서관교육의 특징으로 볼 수 없는 것은?

① 특정 교과목과 연계되는 형식으로 진행될 경우 주제와 테마에 제한이 있다.
② 도서관 주최의 강습일 경우 교육내용과 수준이 제한되어 있다.
③ 도서관 이용을 유도하고 확대시키는 것에 목적을 둔다.
④ 도서관 내에 소장된 자원을 잘 이용할 수 있도록 지도한다.

37 이용자들의 수준에 따라 달라지는 강의의 요소로 볼 수 없는 것은?

① 교육내용
② 교육시간
③ 교육강사
④ 교육장소
⑤ 교육매체

38 도서관 이용자가 정보를 효과적으로 찾을 수 있도록 그룹 단위로 교육시키기 위해 시행되는 정보서비스는?

① 서비스현장교육
② 도서관교육
③ 서지교육
④ 정보관리교육

39 서지교육과정의 목표로 옳은 것은?

① 도서관 조직체계의 이해
② 도서관 장서의 특징 이해
③ 컴퓨터 검색시스템 이해
④ 건물과 시설의 이해

40 서지교육의 특성으로 옳지 않은 것은?

① 특정 목적을 가진 이용자를 대상으로 한다.
② 교육내용은 문제해결에 중점을 두고 있다.
③ 전문분야의 잡지기사를 적시에 이용할 수 있는 능력과 학문의 경향을 파악할 수 있는 능력의 습득도 포함한다.
④ 도서관교육과 같이 도서관시스템과 선택된 참고자료의 이용능력에 대한 이해에 목표를 둔다.

41 서지교육의 방법에 해당하지 않는 것은?

① 발표 및 토의
② 실습문제집
③ 현장실습
④ 팸플릿
⑤ 프리젠테이션

42 강의를 진행하는 세 가지 방법에 속하지 않는 것은?

① 직접 교수법
② 간접 교수법
③ 임의 교수법
④ 절충식 교수법

43 간접 교수법에 대한 설명으로 옳은 것은?

① 도서관 이용자교육에 거의 사용하지 않는다.
② 교육자가 수업의 주체가 되며 수업을 통제한다.
③ 짧은 시간에 많은 정보를 전달할 수 있다.
④ 도서관 현장 수업, 교육보조자료가 충분할 때 교육효과는 극대화된다.

44 가장 최근에 도입된 이용자교육으로 이용자들이 정보를 확인, 검색하고 평가하여 이를 이용할 수 있도록 교육하는 것은?

① 서지교육
② 정보관리교육
③ 도서관교육
④ 서비스현장교육

45 정보관리교육에 대한 설명으로 옳지 않은 것은?

① 1980년대 의학도서관에서 의사들에게 의학정보를 탐색하는 방법, 수집된 복사자료를 관리하는 방법을 교육하는 것에서부터 나타나기 시작하였다.
② 전문도서관에서 전문가들을 위해서만 계획되고 시행되는 프로그램이다.
③ 사서는 단순한 정보제공자의 역할만을 수행하면 된다.
④ 교육의 내용이나 절차, 방법 등에는 표준적인 지침이 없다.

46 이용자교육의 방법 중 가장 많이 사용되는 방식으로 수업을 진행하는 것과 같은 방법으로 운영되는 것은?

① 강의
② 견학
③ 시청각매체
④ 컴퓨터교육

47 직접 교수법과 간접 교수법의 공통된 특징으로 옳은 것은?

① 교육자가 교육의 주체이다.
② 교육자와 학습자 간의 피드백을 통하여 학습효과가 증대된다.
③ 클래스의 규모가 클 경우 교육자와 학습자 간 피드백이 어렵다.
④ 학습자가 스스로 가정, 분석, 토의하여 문제해결을 한다.

48 강의식 교육의 장점으로 옳지 않은 것은?

① 대단위 수업이 가능하며 장소에 구애를 받지 않는다.
② 다른 교육방법과 수단을 병행하여 활용할 수 있다.
③ 클래스 규모가 클 경우 강의가 이론중심으로 치우친다.
④ 경제적이고 융통성이 있다.
⑤ 학습자와 교육자 간의 피드백이 가능하다.

49 컴퓨터보조학습(CAI : Computer Assisted Instruction)의 장점으로 볼 수 없는 것은?

① 컬러, 그래픽 화면을 통해서 교육효과를 극대화시킬 수 있다.
② 학습의 시간 · 공간적 제약이 없다.
③ 교육내용과 방법의 수정이 용이하므로 항상 프로그램의 최신성을 유지할 수 있다.
④ 학습자의 필요에 따라 교육의 진도를 자유롭게 조절할 수 있다.
⑤ 교육프로그램 제작 시 비용이 고가이지만 단기적으로 보면 경제적이다.

50 절충식 교수법에 대한 설명으로 옳지 않은 것은?

① 교육자는 수업에 필요한 정보를 소개하고 학습자는 실습하거나 응용을 하는 형식으로 진행된다.
② 교육자가 질문을 던지면 학습자는 질문에 답하거나 실습하는 등의 피드백이 활성화된다.
③ 학습자는 수업에 적극적으로 참여하게 된다.
④ 결과를 예측할 수 없고 클래스의 규모가 클 경우 피드백의 어려움이 있으므로 이용자교육에
　서 거의 사용하지 않는다.

51 컴퓨터를 이용한 이용자교육의 형태 중 교육보조도구로서의 방법에 대한 설명으로 옳지 않은 것은?

① 컴퓨터를 강의의 보조도구로 컴퓨터를 이용하는 것이다.
② 자동화된 도서관의 정보시스템구조나 온라인 및 온디스크와 같은 정보탐색방법과 절차 등 시각적 접근을 필요로 하는 영역에서 유용하다.
③ 도서관자동화의 발전과 함께 확대되고 있다.
④ 컴퓨터와의 대화를 통해 정보탐색능력을 얻도록 교육시키는 것이다.

52 강의방법 중 직접 교수법에 대한 설명으로 옳지 않은 것은?

① 교육자가 교육의 주체가 되어 강의식으로 수업을 이끌어가는 형태이다.
② 이용자는 수동적으로 강의, 교재, 보조자료 등을 보고, 듣고, 학습한다.
③ 짧은 시간에 많은 정보를 전달할 수 있다.
④ 배운 지식을 직접 실습할 기회가 많다.
⑤ 오리엔테이션과 같이 규모가 큰 수업에 적당하다.

53 시청각매체를 이용한 교육에서 OHP에 대한 설명으로 옳지 않은 것은?

① 소단위 및 대단위 교육이 가능하다.
② 개별적, 반복학습이 가능하다.
③ 비용이 많이 들고 전문성을 요한다.
④ 필요한 부분만을 확대할 수 있다.

54 이용자교육의 방법 중 견학에 대한 설명으로 옳지 않은 것은?

① 이용자들을 소그룹으로 나누어 시설, 설비, 목록이용, 도서관서비스, 자료의 배치, 대출 등을 투어형식으로 순회하면서 지도하는 방식이다.
② 초보자를 위해 빈번히 활용되는 방법이다.
③ 학과 교수의 요청에 의해 실시되는 주문식 교육으로서의 학습과제에 의해 유도되므로 효과적이다.
④ 내용과 수준이 일률적이기 때문에 학습의 효율성이 저하된다.

55 견학의 장점에 대한 설명으로 옳지 않은 것은?

① 이용자는 사서가 자신의 정보문제를 해결해 주는 동반자라는 사실을 느끼게 된다.
② 이용자가 도서관을 안락하게 느끼도록 만들고, 도움을 요청하도록 힘을 북돋아 주는 역할을
　한다.
③ 사서는 이용자가 겪는 어려움과 문제점을 시정할 수 있는 계기를 마련하게 된다.
④ 이용자에게 지속적인 교육의 경험을 제공할 수 있다.
⑤ 적은 예산과 인력으로 도서관의 전반적인 이해증진에 기여한다.

56 컴퓨터보조학습의 도입 시 고려해야 할 요소로 옳지 않은 것은?

① 프로그램 개발에 소요되는 시간과 비용
② 기기의 구입 및 상업용 프로그램 구입 시 소요 비용
③ 도서관 자체의 자동화 정도
④ 사서의 교육에 대한 부담 정도
⑤ 컴퓨터의 수

57 이용자 교육방법 중 시청각매체에 의한 교육의 목적에 대한 설명으로 옳지 않은 것은?

① 이용자의 주의를 집중시켜 교육의 효과를 극대화시킨다.
② 교육프로그램의 내용을 비교적 단시간에 전달하는 효과를 거둘 수 있다.
③ 현장교육을 실시하기 어려울 경우 현장학습과 같은 대리경험의 효과를 얻을 수 있다.
④ 이용자가 도서관과 사서에 대해 호의적 인상을 남기도록 한다.

58 강의식 교육의 특징으로 옳지 않은 것은?

① 많은 정보가 한 번에 교육되므로 이해하는 데 어려움이 있다.
② 교육내용과 수준이 일률적이기 때문에 학습의 효율성이 저하될 수 있다.
③ 학습자와 교육자 간의 피드백이 가능하다.
④ 클래스의 규모가 클 경우 교육자와 학습자의 피드백이 원활하여 학습자의 적극적 참여가 가
　능하다.
⑤ 교육내용의 수정이 가능하다.

☞ 정답 및 해설 P.272

1 도서관 이용자교육의 질적인 평가를 위한 근거 자료가 될 수 없는 것은?

2014. 6. 21 제1회 지방직

① 이용자 대상 개방형 설문　　　　② 이용자 관찰
③ 도서관 이용 빈도　　　　　　　④ 심층 면담

2 이용자교육에 적용할 수 있는 평가방법과 그 내용에 대한 설명으로 옳지 않은 것은?

2011. 5. 14 상반기 지방직

① 설문지법 – 설문조사 실시 전에 반드시 예비 테스트가 필요하다.
② 관찰법 – 대상과 장소에 구애받지 않고 실시할 수 있다.
③ 면접법 – 직접 학습자와 대화를 통해 평가의 자료를 얻는다.
④ 테스트법 – 현장에서 바로 문제점을 도출하여 즉시 적용이 가능하다.

3 다음 중 도서관 이용자교육을 위한 교육 프로그램의 개발에서 고려되어야 할 요소를 모두 고른 것은?

2011. 5. 14 상반기 지방직

> ㉠ 프로그램 목적의 명문화
> ㉡ 교육시설 및 장비의 지원 여부
> ㉢ 이용자 요구에 적합한 교육 내용 및 구성
> ㉣ 교육결과에 대한 평가 실시 및 반영

① ㉠㉡　　　　　　　　　　　　② ㉠㉡㉢
③ ㉠㉢㉣　　　　　　　　　　　④ ㉠㉡㉢㉣

4 다음 중 사서에 대한 의존이 적은 서비스는?

① 즉답형 질문　　　　　　　　　② 지시형 질문
③ 연구형 질문　　　　　　　　　④ 조사형 질문

5 교육프로그램 계획 시 사전 고려사항 중 사례조사의 내용에 속하지 않는 것은?

① 다른 도서관의 계획서 ② 다른 도서관의 교육담당자의 경험
③ 다른 도서관의 평가보고서 ④ 다른 도서관의 교육방법 채택

6 교육프로그램 계획에서 이용자가 도서관교육에 대해 원하는 것이 무엇인지를 파악할 수 있는 방법은?

① 자료수집 ② 사례조사
③ 이용자조사 ④ 지원여부

7 이용자교육 프로그램의 계획 시 사전에 고려해야 할 사항에 해당하지 않는 것은?

① 자료수집과 독서 ② 사례조사
③ 이용자조사 ④ 지원여부
⑤ 프로그램의 가격

8 프로그램의 계획 시 사전 고려사항 중 도서관의 준비 정도에 대한 내용으로 옳지 않은 것은?

① 사용자의 요구가 제대로 도서관에 반영되었는지를 파악해야 한다.
② 이론강의와 현장교육 및 실습이 병행돼야 하므로 도서관 제반 시스템을 고려해야 한다.
③ 도서관이 이용자교육을 시킬 만한 수준이 있는가를 검토해야 한다.
④ 교육담당사서가 교육담당능력과 자질을 갖추고 있는지를 검토해야 한다.

9 교육프로그램의 계획수립단계의 순서가 옳은 것은?

① 사전고려사항 – 세부검토사항 – 평가계획
② 세부검토사항 – 사전고려사항 – 평가계획
③ 평가계획 – 사전고려사항 – 세부검토사항
④ 평가계획 – 세부검토사항 – 사전고려사항

10 계획수립의 2단계인 세부검토사항의 요소에 해당하지 않는 것은?

① 교육의 목적과 목표의 설정　　　② 교육구조와 내용의 결정
③ 조직 및 교육담당자의 결정　　　④ 강의실, 통계, 홍보
⑤ 지원여부결정

11 다음 중 교육수준별 유형에 해당하지 않는 것은?

① 오리엔테이션　　　　　　　　　② 도서관교육
③ 서지교육　　　　　　　　　　　④ 강의교육
⑤ 정보관리교육

12 다음 중 도서관 내의 업무를 담당할 조직의 유형으로 볼 수 없는 것은?

① 교육전담 독립부서　　　　　　　② 정보서비스 부서
③ 프로그램개발 부서　　　　　　　④ 주제전문가 부서

13 이용자교육의 목적에 대한 설명으로 옳은 것은?

① 특정 교과목의 이수, 과제이행 등의 특정 주제나 테마에 대한 정보를 찾고자 하는 이용자 집단에게 교육시키는 것이다.
② 정보의 정확성과 효율성의 측정을 위한 것이다.
③ 자율학습과 생애교육의 성취를 위한 연구·조사활동, 특정 논제를 해결하는 데 적합한 문헌과 정보를 학습자 스스로 조사·탐색할 수 있도록 방법과 기능의 숙달을 지도하기 위한 것이다.
④ 외부자원에 대한 정보의 제공, 안내 및 개인적 문제해결을 위해 도움을 제공하는 것이다.

14 교육프로그램 계획 시 고려해야 할 예산에 속하지 않는 것은?

① 프로그램 개발비용　　　　　　　② 기자재 구입비용
③ 프로그램 실행비용　　　　　　　④ 이용자 관리비용

15 이용자교육 프로그램 계획 시 교육방법결정에 대한 설명이 잘못 짝지어진 것은?

① 강의식교육 - 직접 교수법, 간접 교수법, 절충식 교수법 중에서 결정한다.
② 견학 - 견학의 방법 및 범위를 결정한다.
③ 시청각매체 - 시청각도구를 보조도구로서 사용할지의 여부를 결정한다.
④ 컴퓨터의 이용 - 컴퓨터를 보조도구로서만 사용할지의 여부를 결정한다.

16 조직 및 교육담당자의 결정에 대한 내용으로 옳지 않은 것은?

① 조직은 독립부서로 할 것인지 조직의 하부조직으로 할 것인지를 결정해야 한다.
② 교육담당자는 교육수준, 구조 및 내용을 연계하여 결정해야 한다.
③ 오리엔테이션과 도서관교육은 도서관 주관으로 개최하며 사서를 교육자로 결정해야 한다.
④ 서지교육과 정보관리교육은 교수를 교육책임자로 결정해야 한다.
⑤ 교육을 담당할 행정책임자도 따로 결정해야 한다.

17 교육구조와 내용을 결정할 때 고려해야 할 항목에 속하지 않는 것은?

① 독자적 프로그램의 실행유무
② 정규교육과정과의 연계유무
③ 현장교육과 실습의 병행유무
④ 교과목의 일부로의 운영유무
⑤ 독립 교과목의 실행유무

18 도서관의 전통적 조직구조에 속하지 않는 것은?

① 수서
② 정리업무
③ 교육업무
④ 서비스업무

19 이용자교육 프로그램의 교재에 대한 설명으로 옳지 않은 것은?

① 새로운 정보서비스, 전략, 색인, 초록서비스의 준비를 비롯하여 새로운 자료와 보조도구로 프로그램 실행 시 갱신이 되어야 한다.
② 이용자의 일상적인 도서관 이용을 반영하여 도서관 현장 중심으로 프로그램이 되어야 한다.
③ 이용자의 쉬운 이해를 돕도록 용어와 개념을 조절해야 한다.
④ 모든 교육은 사서의 경험에 의해 진행될 수 있으므로 교재를 꼭 준비할 필요는 없다.

20 다음 중 교육구조의 종류에 해당하지 않는 것은?

① 오리엔테이션　　　　　　　　　② 교과목 연계형
③ 독립 과목형　　　　　　　　　　④ 팀 교육형
⑤ 실습 교육형

21 다음 중 사서, 학과 교수진, 경영진 사이의 협력이 전혀 없는 조직구조는?

① 독립 과목형　　　　　　　　　　② 교과목 연계형
③ 오리엔테이션　　　　　　　　　④ 팀 교육형

22 도서관 내 업무조직 중 정보서비스 부서에 대한 설명으로 옳지 않은 것은?

① 정보서비스 부서에서 책임을 맡아 교육을 시키는 방법이다.
② 교육담당사서는 교육과 정보서비스를 병행해야 한다.
③ 서지교육과 같은 수준 높은 과정이 교과목과 연계되어 운영되는 상황일 경우 주제전문가를
　 교육자로 채용하여야 한다.
④ 주제분야에 정통한 교육사서를 많이 활용할 수 있다.

23 이용자교육의 평가방법으로 옳지 않은 것은?

① 관찰　　　　　　　　　　　　　　② 면접
③ 설문조사　　　　　　　　　　　　④ 방문조사

24 주제전문가와 서지담당사서가 있는 조직에 대한 설명으로 옳은 것은?

① 사서들이 교육에만 전념할 수 있어 가장 효과적인 조직형태이다.
② 수서, 정리업무, 서비스업무를 나누어 수행한다.
③ 주제자료실 담당자가 수서, 정리업무, 서비스업무를 동시에 수행함으로 해당 분야의 정보활
　 용을 극대화할 수 있다.
④ 교육과 정보서비스를 병행하여 업무를 수행한다.

25 교육프로그램의 실행 후 평가의 내용으로 볼 수 없는 것은?

① 프로그램이 실제로 이용자에게 도움이 되었는가?
② 견학이나 수강 후 이용자가 무엇을 얼마만큼 배웠는가?
③ 프로그램의 향상을 위해 어떻게 해야 할 것인가?
④ 설정했던 목적과 목표에 얼마만큼 근접하게 되었는가?
⑤ 사서는 얼마만큼의 교육시간을 소비하였는가?

26 Richard Bopp이 발표한 교육사서 기용 시 고려해야 할 사항에 속하지 않는 것은?

① 특수활동을 위한 교육목표를 정할 수 있는 능력
② 교육요구에 대한 평가를 수행할 수 있는 사람
③ 프로그램을 평가할 수 있는 사람
④ 교육매체를 다룰 수 있는 기술
⑤ 필요한 예산을 지원할 수 있는 사람

27 다음 중 교육 담당자로 적합하지 않는 사람은?

① 교수
② 외부강사
③ 참고사서
④ 경영자
⑤ 주제전문가

28 현직 사서를 교육 담당자로 기용할 경우 공식 교과목을 교육할 때 나타나는 문제점으로 볼 수 있는 것은?

① 이용기술을 실제적 관점에서 지도할 수 있다.
② 특정 주제분야 및 도서관 정보기술에 대한 전문지식을 지도할 수 있다.
③ 교육내용에 맞는 적절한 교수방법을 적용할 수 없다.
④ 스스로 교육프로그램을 작성하고 추진할 수 없다.

29 교육사서 기용 시 고려해야 할 사항에서 기술적 관점과 관련하여 가장 중요한 것은?

① 프로그램을 평가할 수 있는 사람
② 필요한 직원과 예산을 확보할 수 있는 사람
③ 교육매체를 다룰 수 있는 사람
④ 정책과 계획을 고안할 수 있는 사람

30 교육 담당자가 갖추어야 할 교수기술에 대한 설명으로 옳지 않은 것은?

① 청중을 끌기 위한 기술을 의미한다.
② 주의를 집중시켜 편안한 상태에서 교육내용을 전달하도록 한다.
③ 교육의 목적을 달성하기 위해 목표와 방법만 기술한다.
④ 유머감각은 청중의 지루함을 없애고 강의의 집중도를 높일 수 있다.

31 이용자교육을 평가하는 궁극적인 목적으로 옳은 것은?

① 교육 담당자의 자질을 판단하기 위해서이다.
② 도서관의 조직구조를 이해하기 위해서이다.
③ 교육프로그램의 개선을 통한 교육의 질 향상을 위해서이다.
④ 교육활동 전반에 걸친 교육프로그램의 완성도를 평가하기 위해서이다.

32 다음에서 설명하고 있는 것은?

> 교육을 전담하는 부서를 두어 운영하는 것으로 교육담당 사서들이 교육에만 전념할 수 있어 이용자교육을 위한 가장 효과적인 조직이다.

① 교육전담 독립부서
② 정보서비스 부서
③ 주제전문가 부서
④ 서지담당사서 부서

33 다음 중 교육의 평가대상에 해당하지 않는 것은?

① 교육의 목적 및 목표
② 교육구조와 내용
③ 강의기간과 수준
④ 강의평가의 적절성
⑤ 프로그램 개발 예산

34 이용자교육의 평가방법 중 관찰법에 대한 설명으로 옳지 않은 것은?

① 대상과 장소에 구애받지 않고 실시할 수 있는 가장 편리한 수단이다.
② 학습자들의 학습 후 행동, 도서관 이용형태, 정보탐색형태 등을 관찰할 때 많이 이용된다.
③ 현장에서 바로 문제점이 도출되고 이를 바로 교육에 반영할 수 있다.
④ 학습자의 세부적인 요소까지 파악할 수 있다.

35 이용자교육의 평가방법 중 학습자와 대화를 통하여 평가의 자료를 얻는 방법은?

① 관찰법
② 설문조사법
③ 면접법
④ 토론법

36 이용자교육의 평가방법 중 면접법에 대한 설명으로 옳은 것은?

① 관찰자의 주관성 및 관찰 시점의 우연성에 영향을 받는다.
② 이용자교육이 학습자에게 도움이 될 것이라는 전제하에 실시된다.
③ 이용자교육 후 학습자, 교수, 사서의 견해를 구하는 형태이다.
④ 단계별 오리엔테이션을 실시할 때 이용한다.

37 교육의 평가방법에 대한 설명 중 설문조사법으로 볼 수 없는 것은?

① 이용자교육이 학습자에게 도움이 될 것이라는 전제하에 문항별로 실시한다.
② 설문지의 작성방법에 따라 정확한 답을 이끌어낼 수 있다.
③ 설문지를 작성하여 실시하기 전에 반드시 예비테스트를 거쳐야 한다.
④ 실시하는 즉시 문제점이 도출되고 바로 시정하여 교육에 반영시킬 수 있다.

38 이용자교육을 효과적으로 실시하기 위한 과정에 해당하지 않는 것은?

① 사전점검
② 사후점검
③ 조사
④ 평가

정답 및 해설

정보서비스의 이해

● 1. 정보서비스의 이해

1 ④

중립형 질문… 사서가 질문자의 입장에서 질문의 배경을 알아내기 위한 것으로 질문자의 질문에 대한 성급한 판단을 방지하며 개방형 질문에 대한 이용자의 답을 통제할 수 있다.

2 ①

② 공개조사법은 사서가 수립한 탐색 전략을 파악하기 쉽다.
③ 거시평가는 한 시스템이 얼마나 잘 운영되고 있는가를 측정하는 방식이다.
④ 자기평가는 절차가 간단하며, 비용면에서 경제적인 방법이다.

3 ②

참고면담 기법
㉠ 언어적 기법
 • 감정이입
 • 경청
 • 개방적 질문
㉡ 비언어적 기법
 • 신체언어 : 표정, 응시, 제스처와 자세
 • 공간적 행위
 • 의사언어

4 ①

② 의사언어
③ 재진술
④ 경청

5 ②

참고사서에게 요구되는 전문성의 흐름 변화… 이용자 교육활동(1900년대 초반) → 참고정보원에 대한 이해 → 최종 해답 제공 능력 → 정보시스템과 서비스의 설계, 정보처리 기술과 도구에 대한 지식과 능력(조사분석가, 정보중개자로서의 전문성)

6 ②

정보화 사회가 도래하면서 이용자의 정보이용능력(Information Literacy)을 향상시키기 위한 교육을 강조하는 관점이다.

7 ③

협력형 디지털 정보서비스(CDRS)의 장점
㉠ 각 도서관 정보전문가의 전문성과 능력을 최대한 활용할 수 있다.
㉡ 참고자료를 최대한 활용할 수 있으며, 국내외 네트워크를 형성할 수 있다.
㉢ 디지털 정보서비스를 제공하는 시간을 연장할 수 있다.

8 ③

정보서비스 평가 요소
㉠ 접근성 요소
㉡ 관심 요소
㉢ 질문 요소(질문듣기, 질문하기)
㉣ 탐색 요소
㉤ 추적 요소

9 ①

중립형 질문은 참고면담 초기 사서가 이용자의 방식으로 질문을 이해하도록 하는 것에 가장 효과적이지만 참고면담 후기 사서가 유용하다고 판단한 자료를 이용자가 적합하다고 판단하지 않을 때 활용할 수도 있다.

10 ④

④ 레틱의 커뮤니케이션 모델은 바브렉의 커뮤니케이션 모델의 단점을 개선·보완하여 개발한 것이다.

11 ③

Qwidget … 이용자의 질문이 접수되면 전문사서가 1:1로 실시간으로 답을 제공하는 디지털 정보서비스이다.
③ 사서와 이용자가 동일한 웹 페이지를 공유하면서 상담할 수 있는 기술은 co-browsing 이다.

12 ②

① 공간적 행위
③ 의사언어
④ 가공적 행위

13 ③

정보서비스의 평가기법에는 통계, 관찰, 면담, 설문조사, 사례연구, 자기평가 외에 비용분석, PPBS, 실패분석, 문헌전달력 테스트 등의 기타 평가기법 등이 있다.

14 ②

서지정보의 확인은 이용자가 알고 있는 서지정보의 내용에 대한 확인 및 불완전한 서지정보를 보완하는 기능을 한다. 주로 색인지, 목록 등을 이용하여 이용자가 알고 있는 서지정보의 내용과 대조 확인한다.

15 ②

② 목록을 통해 이용자 스스로 해답을 찾을 수 있다고 하여 참고사서의 인적협조에 대해 반대의사를 표명
① 이용자에 대한 계획적 협조를 최초로 제안
③④ 인적협조야말로 참고사서의 가장 중요한 직무라고 평가함

16 ①

② 공개조사법은 사서들이 평가받는다는 것을 인식할 수 있어서 자연스러운 업무상황을 평가하는 것이 어렵다.
③ 공개적인 조사방법이기 때문에 면밀한 계획을 필요로 하지 않는다.
④ 윤리적인 문제에 대한 평가에 대해서는 부정적 반응의 가능성은 없다.

17 ①

정보안내서비스(Information & Referral Service) … 전통적인 도서관에서는 취급하지 않던 일상생활과 관련된 정보를 직접 제공하거나 정보를 제공해 줄 수 있는 타 도서관, 외부 기관, 외부의 전문가에게 안내 또는 연결해 주는 새로운 형태의 서비스. 책을 통해 발견하기 어려운 일상생활과 관련되는 건강, 복지, 교육, 고용 등 실제 생활에 도움이 되는 실용 정보를 제공한다.

18 ③

정보서비스란 인적협조와 질문에 대한 해답이라는 특정목적을 위해 수행하는 업무의 총체로, 정보서비스의 가장 핵심적은 요소는 이용자의 질문에 대해 직접정보를 제공해주는 것이다.
③ 데이터베이스 구축은 정보제공에 속하는 직접적인 활동으로 볼 수 없다.

19 ②

ⓒ 비언어적 커뮤니케이션을 사용할 수 없어 이용자의 명확한 정보요구를 파악하기 어렵다.
ⓔ 도서관에서 채팅 정보서비스를 제공하기 위해 사용되는 유료 소프트웨어 중의 하나이다.

20 ③

① 상호대차(ILL : InterLibrary Loan)란 한 도서관이 소장하지 않은 자료를 타도서관으로부터 빌려 이용자의 요구에 따라 제공하는 도서관 자료의 상호교류활동을 말한다.
② 정보의 선택적 배포(SDI : Selective Dissemination of Information)는 맞춤정보서비스의 대표적 형태의 하나로 이용자의 요구에 맞게 새로운 잡지기사 정보를 신속하게 검색할 수 있도록 해준다.
③ 가상참고서가(Virtual Reference Shelves Desks)란 웹상에 있는 양질의 참고정보원을 수집하고 선정하여 해당 웹사이트와 링크 시켜주는 서비스이다.
④ 정보중재(Information Mediator)란 정보나 해답 자료에 있어서의 차이를 조정하고 그 전달자로서 활동하는 사서를 말한다.

21 ④

④ 오픈 액세스는 저자의 비용 부담, 저자의 저작권 보유, 이용자의 무료 접근, 시공간을 초월한 상시적 접근 등의 원칙을 강조하는 정보 공유 체제를 말한다.

22 ③

보이지 않는 대학(invisible colleges) … 구성원 각자 최신 정보에 대한 고유의 접근방식에 의해 이를 상호 교환하거나 지원함으로써 공동의 이익을 추구하는 특정 분야의 엘리트로 구성된 소집단이다.

23 ②

①③④ 외에 계획단계에는 기관의 재정적 지원 유무, 서비스 영역과 유형의 결정, 자원파일 구축 형태의 결정이 있다.
② 시행단계

24 ④

Lotka의 법칙 … 학술논문의 빈도분포에 대하여 화학과 물리학 분야의 논문을 분석하여 하나의 모델을 제시하고자 하였다.

25 ②

정보원의 종류
㉠ **1차 정보원** : 논문, 보고서, 레터지, 특허자료, 회의자료, 학술잡지, 도서, Preprint 등
㉡ **2차 정보원** : 색인, 서지, 목록, 텍스트북, 핸드북, 데이터집, 리뷰논문, 데이터베이스, CD-ROM, 초록 등
㉢ **3차 정보원** : 참고도서안내, 서지의 서지 등

26 ①

정보속성
㉠ **내적·내용적 속성** : 키워드, 주제명, 분류기호, 디스크립터 등
㉡ **외적·물리적 속성** : 저자, 표제, 크기, 발행일, 발행지, 출판사 등

27 ③

③ 정보안내서비스(I&R)는 지역사회의 모든 주민들을 대상으로 그들의 일상생활과 관련이 있는 경제, 사회, 문화, 여가 등의 실용정보를 제공하거나 이러한 정보를 제공해 줄 수 있는 다른 도서관, 전문가, 외부의 기관에게 안내해 주거나 연결해 주는 서비스이다.

28 ③

정보 리터러시(information literacy) … 정보를 수집, 분류, 분석, 종합하는 능력을 지칭하는 것이다.

29 ②

① 미래를 내다보면 참고사서는 이용자와 동등한 입장에서 대화할 수 있도록 반드시 학자이어야 한다고 강조했다.
④ 훌륭한 참고사서는 훌륭한 인간이어야 한다. 그에게 쉽게 접근할 수 있고 의욕적이며 협조에 솔선하여야 한다고 주장했다.

30 ①

의사언어(paralanguage) … 억양, 속도, 음색, 하품, 웃음이나 울음, 잠시 멈춤 등과 같은 언어의 보조수단을 통해 의사전달을 극대화하는 음운적 커뮤니케이션 요소를 말한다.

31 ③

정보전달 사이클
㉠ **저자와 출판자의 역할** : 연구 지적생산 → 정보화 → 기록 → 복제 인쇄 → 배포
㉡ **도서관·정보센터의 역할** : 수집 축적 → 조직 관리 → 검색 → 제공
㉢ **이용자의 역할** : 소화 → 연구 지적생산

32 ④

설문조사법은 특정 표본이나 무작위 표출집단을 대상으로 이용자나 참고사서의 의견을 설문지를 통해 수렴하는 방법이며, 참고질문 분석이나 정보제공에 대한 이용자의 불만요인, 이용자 만족도 등 어떤 평가요소에도 광범위하게 실시할 수 있는 기법이다.

33 ④

① 보수이론 – 이용자 교육에 근본을 두고 있다.
② 중도이론 – 대표적인 주창자 중에는 맥콤스(Charles McCombs)가 있다.
③ 진보이론 – 자유이론이라고도 한다.

34 ④

④ 선택적 정보제공(SDI)은 이용자의 요구에 맞게 새로운 잡지기사 정보를 신속하게 검색할 수 있도록 온라인(전자우편 형태 등)으로 제공된다.

35 ①

맞춤정보서비스 … 도서관이 이용자의 정보 요구와 이용 습관에 맞추어 서비스를 제공할 수 있도록 한 것을 말한다.

36 ④

① 조사형 질문 ② 지시형 질문 ③ 즉답형 질문

37 ④

비언어적 기법의 종류 … 신체언어, 공간의 문제, 의사언어

38 ④

④ 언어는 자신의 목적을 위해 생각하는 내용을 의도적으로 통제하거나 왜곡해서 전달할 수 있으나, 비언어적 커뮤니케이션은 우발적이기 때문에 통제가 불가능하다.

39 ④

미시적 평가 ··· 거시적 평가에서 얻어진 결과의 요인을 각각의 요소별로 분석하고 진단하는 것을 말한다.

※ **거시적 평가**
- ㉠ 특정 기간 동안 문의된 전체 질문수
- ㉡ 전체 질문 중에서 응답을 시도한 비율
- ㉢ 시도한 질문 중에서 해답이 제공된 비율
- ㉣ 해답이 제공된 질문 중에서 정확하게 해답한 비율
- ㉤ 해답하는 데 소요된 평균시간

40 ②

보수적 이론의 근거
- ㉠ 참고사서의 수가 한정되어 있다.
- ㉡ 이용자들의 전문적인 질문을 처리할 만한 능력이 부족하다.
- ㉢ 요구가 너무 많아 특정 이용자에 대한 확대된 봉사는 다른 이용자에게 해를 끼치게 된다.

41 ②

정보서비스의 기능
- ㉠ **정보제공**: 질문과 해답, 서지정보의 확인, 상호대차와 원문서비스, 정보안내서비스, 가상참고서가 구축, 맞춤정보서비스, 데이터베이스 탐색, 정보중개, 정보중재
- ㉡ **교육**: 개별교육, 단체교육
- ㉢ **상담지도**: 독자상담서비스, 독서요법, 논문작성 상담, 연구 협조와 자문
- ㉣ **간접서비스**: 참고정보원의 개발과 구성, 서지의 작성과 갱신, 자원파일의 작성·유지, 참고사서의 연수, 평가

42 ④

참고봉사는 참고업무, 참고제공, 참고조사, 정보안내서비스 등의 용어로 혼용되어 쓰이고 있다.

43 ③

③ 정보서비스는 이용자를 찾아 나서나 참고봉사는 이용자를 기다린다.

44 ④

④ 도서관 자체, 즉 사서의 자각과 반성이 해당된다.

45 ②

즉답형 질문은 각종 도서관 특히 공공도서관에서 가장 많은 질문의 형태로서 보통 1~2분 이내에 해답이 가능하다.

46 ①

지시형 질문 ··· 이용자 자신이 원하는 바를 분명히 알고 있는 경우 해답을 위한 방향만을 제시해 줄 것을 요구하는 것으로 참고사서는 이용자가 원하는 특정자료가 있는 위치를 지적해 주거나 온라인 목록을 통해 소장유무를 확인하거나 자료를 직접 찾아 주기만 하면 된다.

47 ①

① 인명사전(1차 정보원)
② 농업 전반 색인 서비스(2차 정보원)
③ 화학·화학공학 초록 서비스(2차 정보원)
④ 과학·기술분야 색인·초록 서비스(2차 정보원)

48 ①

도나휴의 정보안내서비스의 필요성
- ㉠ 도시 생활환경의 급속한 변화는 전례가 없는 새로운 형태의 정보를 요구
- ㉡ 사회적 관심은 진보된 정보 접근을 요구
- ㉢ 많은 종류의 긴급한 정보 요구
- ㉣ 공공도서관이 지역사회의 정보교환소가 되기 위해 서비스 범위 확대

49 ④

최신정보를 위한 면담의 경우 자관의 자료만으로 부족할 경우 타관의 참고자료 데이터를 소장하고 있어야 하며, 양질의 데이터를 제공하기 위해 실물자료를 확인하고 참고자료를 작성하는 등의 절차가 필요하다.

50 ②

② 와이어(James I. Wyer), 허친스(Margaret Hutchins), 로스타인(Samuel Rothstein), 카츠(William A. Katz), 맥클루(Charles McClure) 등이 있다.

51 ③

③ 전통적 참고서비스가 대응적 서비스의 성격인 반면, 정보안내서비스가 예측서비스 성격이다.

52 ①

상담지도기능 … 이용자가 특정 주제에 대해 공부하고자 하거나 특정 상황에 적합한 자료의 선택을 원할 경우 이용자의 상황에 가장 적합한 자료를 선택할 수 있도록 조언 및 지도해주는 활동과 자료의 수집이나 주제설정 등에 대해 상담·지도해주는 활동이다. 독자상담서비스, 독서요법, 논문작성상담, 연구협조와 자문 등의 기능을 한다.

53 ③

③ 참고과정이론은 바보렉(Vaverk), 갈빈(Galvin), 야로다(Jahoda) 등이 주도하였다.

54 ②

보이지 않는 대학의 순기능
㉠ 정보량의 억제
㉡ 학술잡지가 발행되기까지의 시간적인 지연해소
㉢ 수신자 선택가능
㉣ 개인능력으로 처리가능
㉤ 커뮤니케이션 위기에 대한 하나의 대안
㉥ 선별통합 평가된 정보입수가능
㉦ 효과적인 피드백 즉석입수가능

55 ①

정보원의 종류
㉠ 1차 정보원 : 학술잡지, 보고서, 논문, 특허, 회의자료, 도서, 레터지, 편람, 명감, 연속간행물, 정부간행물, 팸플릿 등
㉡ 2차 정보원 : 색인, 목록, 서지, 초록, 데이터집, 핸드북, 텍스트북, 리뷰논문, 데이터베이스, 통계류, CD-ROM 등
㉢ 3차 정보원 : 참고도서 안내, 서지의 서지 등

56 ④

④ 정보는 객관화되기 이전의 인식요소로 지식과는 구별된다.

57 ③

③ Shannon은 정보를 불확성 또는 엔트로피를 감소시키는 도구라고 주장하였다.

58 ②

② 벨킨, 로버터슨의 정의이다. 베르지히는 정보를 의미론적 측면에서 6가지 유형으로 분류하였다.

59 ④

커뮤니케이션의 요소 … 메시지, 생산자, 수신자, 채널

60 ①

② 정보는 메시지의 의외성 척도라고 정의하였다.
③ 정보란 인간과 인간 사이에서 전달되는 일체의 기호계열이라고 정의하였다.
④ 정보를 지식구조의 일부라고 정의하였다.

61 ④

④ 정보이론적 측면에서의 정보의 정의이다.

※ **전통적 관점에서 본 정보**
㉠ 지식을 형성해가는 요소이다.
㉡ 인식되기 이전의 정보는 결코 지식이 될 수 없다.
㉢ 객관화되기 이전의 인식요소로 지식과 구별된다.
㉣ 어떤 주제나 사실에 관하여 전달되는 지식이다.

62 ④

①②③ 인공정보 ④ 자연정보

63 ①

② 정보를 어떤 특정의 사실, 대상, 사상에 관한 지식이라고 정의하였다.
③ 정보를 인간과 인간 사이에서 전달되는 일체의 기호계열이라고 정의하였다.
④ 정보를 의미론적 측면의 6가지 유형으로 분류하였다.

64 ④

정보이론적 측면에서 본 정보의 정의
㉠ 정보는 인간과 인간 사이에서 전달되는 일체의 기호계열이다.
㉡ 정보란 전달되는 신호의 중심이다.

65 ③

㉠ 정보이론 측면에서 본 정의
㉣ 전통적 관점에서 본 정의

66 ③

의미론적 측면의 6가지 유형…지식 접근법, 메시지 접근법, 의미 접근법, 구조 접근법, 효과 접근법, 과정 접근법

67 ④

④ 비공식적인 정보원에 속한다.

68 ②

② 인공정보에는 행동정보, 구술정보, 기록정보, 기기적 정보 등이 속한다.
① 지각정보에는 시각정보, 청각정보가 있다.
③ 감각정보에는 촉각정보, 후각정보, 미각정보가 있다.
④ 외부정보에는 자연계정보, 우주정보가 있다.

69 ③

① 정보는 텍스트로 구분되며 수신자의 이미지를 변화시키는 것으로 보았다.
② 지식과 정보를 관련지어 정보를 지식구조의 일부로 정의하였다.
④ 정보를 데이터의 처리결과로 인해 나타난 데이터로 정의하였다.

70 ②

①③④ 2차 자료에 대한 설명이다.

※ 2차 자료…정보의 소재를 지시해 주거나 한 문헌의 존재유무를 알려주는 정보원으로 색인, 초록, 서지, 목록 등이 이에 속한다.

71 ①

② 입수형태에 따른 분류
③ 포함하는 내용에 따른 분류
④ 사용주체에 따른 분류

72 ②

② 1차 정보원에 대한 설명이다.

73 ③

1차 정보원…학술잡지, 보고서, 논문, 특허, 회의자료, 도서, 레터지, 편람, 명감, 연속간행물, 팸플릿 등
ⓒⓔⓗ 2차 정보원에 속한다.

74 ③

③ 헤이즈와 베커의 정의에 해당한다.

75 ④

커뮤니케이션…언어나 기호 등을 통하여 의미를 전달하는 정보의 유통을 협의의 의미로 본 것으로, 공식적 커뮤니케이션과 비공식적 커뮤니케이션으로 나눌 수 있다.

76 ①

비공식적인 정보의 특성
㉠ 정보를 취사선택할 수 있다.
㉡ 정보의 수명이 짧으나 같은 연구가 반복되어 보고된다.
㉢ 다수의 수신자를 대상으로 한다.
㉣ 정보전달활동, 정보흡수활동의 구별이 모호하다.
㉤ 연구자는 정보생산자인 동시에 이용자이다.
㉥ 안정성이 결여되어 있다.
㉦ 기록물조차 영구적이거나 공식적이 될 수 없다.
㉧ 상호작용에 의해 정보를 교환한다.

77 ①

공식적 커뮤니케이션은 불특정 다수에게 일방적으로 한쪽 방향으로만 전달되는 커뮤니케이션으로 기록매체를 대상으로 한다.

78 ③

클리어링 하우스…광범위한 정보원에 대해 안내서비스를 행하는 기관으로 진행 중인 연구에 대한 정보를 수집, 제공하는 기관이다.

79 ②

① 이용자가 처해있는 상태나 심리도 모두 정보요구에 영향을 미친다고 주장
③ 공식적인 정보시스템, 비공식적인 시스템, 일반문헌을 제공하는 시스템 등 연구자가 소속하고 있는 시스템에 대하여 주장
④ 보이지 않는 대학이 나타나는 현상을 발달속도가 빠른 연구분야에 있어 자연적으로 발생하는 장치라고 주장

80 ④

정보요구의 종류
㉠ 소급적인 정보요구 : 이미 나온 정보에 대한 요구를 의미하며 과거의 정보를 망라적으로 탐색하는 경우 발생하는 요구이다.
㉡ 최신정보주지의 요구 : 현재의 상황인식을 위한 정보요구로 가장 최근에 나온 정보에 대한 요구와 향후 특정 시점까지의 계속적인 정보요구이다.
㉢ 일상업무 수행을 위한 요구 : 일상업무과정에서 발생하는 각종 정보의 요구이다.

● 2. 계량정보학

1 ②

$$\frac{100}{2^2} = \frac{100}{4} = 25\ \text{명}$$

※ Lotka의 저자생산성법칙(역제곱의 법칙)
n편의 논문을 생산한 저자 수 = 한 편의 논문을 생산한 저자 수 / n^2

2 ②

① 서지결합법 – 케슬러
③ 인용집중의 법칙 – 가필드
④ 동시인용분석기법 – 스몰

3 ①

브래드포드의 분산법칙은 그래프의 직선부분을 나타내는 공식인 R(n)=klogn/s를 특수도서관의 장서구성에 활용할 수 있으며, 주어진 예산으로 관련 논문을 이용자에게 전부 공급하려고 할 때 이용할 수 있다.

4 ④

Lotka의 학술논문의 생산성에 대한 빈도분포 … n편의 논문을 기고한 저자의 수는 한편의 논문을 기고한 저자의 수의 약 $1/n^2$이며, 모든 기고자 중 한 편만 기고한 저자의 수는 약 60%이다.

5 ①

① Zipf의 법칙은 고출현 빈도단어에는 적합하지만 저출현 빈도단어에 대해서는 부적합하다.

6 ②

프라이스의 지수곡선적 증가법칙 … 과학잡지는 지수함수적으로 증가하며 약 10~15년 간격으로 배가된다는 것으로, 잡지에 게재되는 논문 수에도 적용된다.

7 ②

1편의 논문을 발표한 사람이 500명이므로 5편의 논문을 발표한 사람은 $\frac{1}{5^2} \times 500 = 20$명이 된다.

※ 로트카의 법칙 … n편의 논문을 생산하는 사람들의 수는 $1/n^2$의 비율로 증가한다.

8 ①

Zipf의 법칙을 도서관 업무에 적용시키면 자료의 배가의 효율화가 이루어진다. 문헌상에 나타나 있는 단어의 사용빈도를 측정한 후 그 문헌의 내용을 가장 잘 나타내고 있는 단어를 선택하므로 자동색인기법의 적용이 가능하다.

9 ③

③ 수명감소법칙과 관련된 노화곡선은 지수곡선이다.

10 ①

계량서지학 … 정보의 행태에 대한 수량적 처리에 대한 연구를 말한다.

11 ③

문헌의 수명감소법칙
㉠ 과학문헌의 이용횟수를 발행된 연도부터 통계화해 보면 발행 후 시간경과가 길면 길수록 이용횟수가 감소된다.
㉡ 이미 발행된 정보자료는 해가 지날수록 내용이 낡아져 문헌의 연령이 증가하게 되어 이용빈도가 감소하고 이용횟수가 거의 제로에 가까운 상태로 되는 문헌의 노화현상이 나타난다.
㉢ 문헌이 이용횟수가 반으로 줄어드는 기간을 반감기라고 한다.
㉣ Burton, Kebler는 방사성 물질의 반감기 이론에 근거하여 문헌의 수명감소 속도측정이 가능하다고 제시하였다.

12 ②

문헌의 노화현상 … 문헌의 발행 후의 시간이 길어질수록 이용빈도가 감소하게 되고 점차 이용이 거의 없는 상태가 되는 현상으로 문헌의 수명감소법칙의 기본이 되는 이론이다.

13 ④

④ 특정주제분야의 장서구성을 위한 기법으로 활용되고 있다.

14 ③

③ 문헌의 수명감소법칙에 대한 설명이다.

※ 브래드포드법칙의 도서관 적용
    ㉠ 주어진 특정분야의 장서구성을 위한 기법이다.
    ㉡ 주어진 예산으로 모든 자료를 이용자에게 제공할 수 있다.
    ㉢ 최소한의 비용으로 최대의 정보봉사를 할 수 있다.

15 ④

브래드포드의 분산법칙
    ㉠ 서술적 법칙 : 학술잡지를 유효기사의 생산성에 따라 내림차순으로 배열하면 그 주제분야에 유익한 핵심잡지군과 그 핵심잡지군에 포함된 논문 수와 동일한 논문 수를 포함하는 기타잡지군으로 분류되며, 핵심잡지군과 기타잡지군에 속하는 잡지 수의 비율은 $1 : n^1 : n^2 : n^3 \cdots$ 이 된다.
    ㉡ 그래프적 법칙 : 생산성이 높은 것에서부터 낮은 것의 순으로 배열한 잡지 수의 누계치와 이에 대응하는 논문 수의 누계치를 반지수그래프를 이용하여 나타낸다.
    ㉢ 도서관 적용 : 특수도서관의 장서구성에 활용할 수 있으며, 주어진 예산으로 관련논문을 이용자에게 전부 공급하려고 할 때 이용할 수 있다.

16 ②

연구전선 … 새로운 논문들 속에 집중적으로 인용되는 기존 논문들을 말하는 것으로, 인용문헌조사를 통하여 검색할 수 있다.

17 ①

Lotka의 법칙 … n편의 논문을 기고한 저자의 수는 한편의 논문을 기고한 저자의 수의 약 $1/n^2$ 이며 모든 기고자 중 한편만 기고한 저자의 수는 약 60%이다.

18 ④

① 지수곡선적 증가법칙을 주장하였다.
② 학술논문의 생산성에 대한 빈도분포를 $1/n^2$ 로 정의하였다.
③⑤ 수명감소법칙을 주장하였다.

19 ②

Zipf의 법칙 … 단어의 사용빈도에 따라 단어를 배열하면 단어별 순위와 빈도의 곱은 일정하다라는 것으로 자료배가의 효율화를 증대시키고 자동색인 기법이 가능하다.
① 수명감소법칙
③ 브래드포드의 분산법칙
④ 로트카법칙

20 ①

② 과학문헌의 이용횟수를 발행된 연도부터 통계화해 보면 발행 후 시간경과가 길면 길수록 이용횟수가 감소된다는 문헌의 수명감소법칙을 제시하였다.
③ 문헌의 본문에 나오는 개개의 단어에 대하여 이들 단어가 사용되고 있는 빈도를 높은 것에서부터 낮은 것의 순으로 배열하게 되면 개개 단어별 순위와 빈도의 곱은 일정하다라는 법칙을 주장하였다.
④ 자동색인의 효시를 이룬 학자로 자동색인기법의 기초를 이루었다.

21 ①

② 학술논문의 생산성에 대한 빈도분포로 'n편의 논문을 기고한 저자 수는 한 편의 논문을 기고한 저자 수의 $1/n^2$ 이고 모든 기고자 중 한편만을 기고한 저자 수는 60%이다'로 나타내었다.
③ 과학문헌의 이용횟수를 발행연도부터 통계화하면 발행 후 시간경과가 길수록 이용횟수가 떨어지는 것을 말한다.
④ 특정 주제분야에 있어 그 분야의 과학잡지에 분산되어 출판된 여러 논문들은 공통적인 분포현상을 나타낸다는 것을 서술법칙과 그래프법칙으로 나타내었다.
⑤ 과학잡지는 지수함수적으로 증가하며 약 10~15년 간격으로 배가된다.

22 ①

② 학술논문의 생산성에 대한 빈도분포를 나타낸 법칙
③ 문헌의 본문에 나오는 개개의 단어에 대하여 이 단어가 사용되고 있는 빈도를 높은 것에서 낮은 것의 순으로 배열하면 단어별 순위와 빈도의 곱은 일정하다는 법칙
④ 과학문헌의 이용횟수를 발행된 연도부터 통계화하면 발행 후 시간적 경과가 길어질수록 이용횟수가 떨어진다는 법칙

23 ⑤

⑤ 버튼은 케블러와 함께 수명감소법칙을 제시하
였다. 전염성 이론은 고프만의 주장이다.

24 ②

수명감소법칙 ⋯ Burton과 Kebler는 시간경과에 따
라 감소하는 방사성 물질의 양을 출판 후 시간경
과에 따라 감소하는 과학잡지의 이용가치와 유사
하다고 판단하여 문헌이 출판되어 이용가치가 정
확히 반으로 감소되기까지의 소요기간을 반감기라
고 하였다.

25 ①

문헌의 수명감소법칙 ⋯ 과학문헌의 이용횟수를 발
행된 연도부터 통계화해 보면 발행 후 시간이 경
과될수록 이용횟수가 저하되는 것을 말한다.

26 ③

③ 폐간된 잡지 등 한번이라도 발간된 잡지를 모
두 포함한 조사결과이며, 잡지에 게재되는 논문의
수에도 적용된다.

27 ②

문헌이 출판된 이후 시간의 경과에 따라 이용가치
가 나타나는 문헌의 수명은 반감기 이후 이용횟수
가 낮게 나타나기 때문에 이 반감기를 기준으로
학술잡지를 다른 서고로 옮겨 서고를 효율적으로
이용할 수 있다.

28 ③

지수곡선적 증가법칙
㉠ 새로운 학술잡지의 증가는 일차함수로 증가하는
   것이 아니라 지수함수로 증가하고 있다.
㉡ 지수함수의 상수는 15년마다 2배로 증가하게 된다.
㉢ 과학잡지의 수에 적용되는 지수함수에 의한 증
   가법칙은 잡지에 게재되는 논문의 수에도 적용
   된다.

29 ②

계량정보학
㉠ 도서나 기타 통신매체에 대한 수학적 방법의 적
   용이다.
㉡ 기록된 정보에 대한 속성과 그 속에 포함되어 있
   는 정보의 행태에 대한 수학적 처리를 말한다.

정보의 분석 · 가공

● 1. 문헌의 특성과 주제분석

1 ④

④ 영미목록규칙은 1961년 국제 도서관협회연맹(IFLA)이 개최한 국제목록원칙회의를 시작으로 1967년 미국도서관협회, 미국의회도서관, 영국도서관협회, 캐나다도서관협회 등 4개 기관이 협력하여 영미목록규칙 제1판(AACR)을 발간하였다.

2 ④

④ 기사명은 표제요소이다.

※ **인명요소** … 저자명, 편자명, 역자명, 정보생산자명 등

3 ③

③ 분류표에 따라 코드화하면 분류기호가 형성된다. 주제명은 용어로 나타낼 경우 형성된다.

4 ①

Link … 문헌의 구문에서 관계있는 개념끼리 연결시킨 것으로 문헌을 검색할 때 정도율을 향상시킨다.

5 ③

디스크립터 … 표준키워드를 뜻하는 것으로 통제된 용어 가운데 색인의 표목으로 사용가능하다. 특정 언어의 주요 어휘로부터 동의성, 이의성, 다의성 등을 제거하여 만든다.

6 ②

② 재현율이 낮아진다.

7 ②

주제분석의 언어학적 측면
㉠ **음운론** : 소리에 관해 연구하는 것
㉡ **형태론** : 단어의 형성에 관해 연구하는 것
㉢ **의미론** : 단어의 의미에 관해 연구하는 것
㉣ **통사론** : 형태소를 결합하여 문법구성을 하는 방법을 연구하는 것

8 ④

④ 각 용어마다 유사어의 상위개념과 하위개념 간의 관계를 명확히 기술하고 있으며, 유사어 가운데 어떤 용어가 색인의 표목으로 채택되어야 하는지 지시하고 있기 때문에 모든 유사용어를 디스크립터로 사용할 수 없다.

9 ①

① 의미론적 측면에서의 분석은 여러 개념 상호 간의 상하관계, 동의어, 유사어 등의 관계를 명확히 함으로써 정보검색시의 재현율을 향상시키기 위한 것이다.

10 ③

주제분석과정
㉠ 내용분석
㉡ 주제분석
㉢ 색인어의 결정
㉣ 색인어의 표기

11 ④

문헌의 외적속성
㉠ **표제** : 제명, 지명, 서명, 논문명, 기사명
㉡ **식별** : 계약 · 문헌 · 코드 번호
㉢ **장소** : 회의지, 발행지
㉣ **시간** : 작성일, 발행일
㉤ **인명** : 정보생산자명, 저자명, 편자명
㉥ **매체** : 자료종류, 신문명, 지명

12　③

③ 롤에 대한 설명이다. 링크는 문헌의 구문에서 관계있는 개념끼리 연결시켜주는 것이다.

13　③

주제분석은 문헌의 요점을 가려내어 문헌에 대한 효율적인 접근을 할 수 있도록 조직하는 것이다.

14　④

Role … 용어간 역할을 기호로 부여한 것으로 정도율을 향상시키기 위한 방법이다.
정도율 : 검색된 정보가 얼마나 검색자의 의도에 가까운가
재현율 : 검색된 결과의 양

15　②

질문의 주제 파악 시의 3요소
㉠ **주제범위** : 탐색전략을 설정하는 첫 번째 단계로 주제분야를 파악한다.
㉡ **용어의 파악** : 주제를 파악한 후 범위를 좁혀 관련용어를 찾는다.
㉢ **주제의 시간적 범위** : 현행정보인지 역사적 사실인지 등으로 데이터베이스를 결정하게 한다.

16　③

③ 자연언어색인은 특정성, 신축성이 높고, 통제언어색인은 특정성, 신축성이 낮다.

17　②

① 어떠한 원리를 가진 그룹으로 나누는 것을 말한다.
③ 원문의 내용을 50~500단어의 길이로 기술해 놓은 요약문장의 집합이다.
④ 기계를 이용한 정보검색시스템에서 사용된 색인언어로, 자연어를 그대로 색인어로 결정하는 방식이다.

18　③

문헌의 속성
㉠ **외적속성**
• 표제 : 논문명, 지명, 서명, 기사명, 제명
• 인명 : 저자명, 편자명, 역자명, 정보생산자명
• 시간 : 발행일, 작성일
• 식별 : 계약, 코드, 문헌번호
• 장소 : 회의장소, 발행장소

• 매체 : 지명, 신문명, 자료명
㉡ **내적속성**
• 분류기호 : 특정원리에 따라 그룹으로 분류하는 것
• 주제명 : 문헌내용을 나타내는 단어, 단어의 결합
• 키워드 : 자연어를 그대로 색인어로 결정
• 초록 : 원문의 내용을 요약한 문장집합

19　①

절단탐색기법은 긴 단어나 구의 일부분을 생략하고 나머지 부분만을 탐색하는 방법으로 재현율을 높일 수 있다.

20　④

④ 링크에 대한 설명이다.

21　③

문헌의 외적속성
㉠ **표제** : 제명, 지명, 서명, 논문명, 기사명
㉡ **식별** : 계약 · 문헌 · 코드 번호
㉢ **장소** : 회의지, 발행지
㉣ **시간** : 작성일, 발행일
㉤ **인명** : 정보생산자명, 저자명, 편자명
㉥ **매체** : 자료종류, 신문명, 지명

22　③

③ 자연언어색인에 대한 설명이다.

23　②

② 자연언어색인은 융통성과 표현력이 좋으며, 새로운 개념표현이 쉽다.

24　④

주제분석의 과정 … 내용분석 – 주제분석 – 색인어의 결정 – 색인어의 표기

25　③

① 특정한 원리를 가진 그룹으로 분류한 것
② 문헌 내용을 나타내는 단어 혹은 단어의 결합
④ 자연어를 그대로 색인어로 결정하는 방식

1 ①

① 시소러스와 온톨로지 모두 특정 도메인에 한정되어 구축된다.

2 ③

③ SN(Scope Note) : 동음이의어에서 우선어와 사용범위를 기술
① 하위 ② 상위 ④ 최상위

3 ①

②③④ 자연어 색인과 관련된 설명이다.

4 ①

① 시소러스는 불용어를 포함하지 않는다.
※ 시소러스 용어
  ㉠ USE : 우선어
  ㉡ UF : 비우선어
  ㉢ TT : 최상위어
  ㉣ BT : 상위개념어
  ㉤ NT : 하위개념어
  ㉥ RT : 관련어

5 ③

자연어와 통제어휘의 비교

자연어 특성	통제어 특성
• 개념을 그대로 표현	• 개념을 그대로 표현하지 못함, 어휘제한
• 다양한 접근점 제공	• 소수의 접근점만 제공
• 높은 신축성	• 낮은 신축성
• 새로운 개념 표현이 용이	• 새로운 개념 표현 불가능
• 복잡한 개념 표현이 용이	• 복잡한 개념 표현 불가능
• 높은 포괄성	• 낮은 포괄성(일괄성)
• 색인 불필요	• 일관성 없는 색인의 문제
• 표현의 자유	• 표현자유 제한
• 동의어 문제	• 동의어 문제 통제
• 동음이의어 문제	• 동음이의어 통제
• 비적합 문헌검색 문제	• 비적합 문헌검색을 통제하기 위해 전조합 가능
• 총칭적 상위개념 탐색의 어려움	• 총칭적 상위개념 탐색이 용이
• 색인어 파일 유지비용 필요	• 시소러스 유지비용 필요
• 표준화 불가능	• 표준화 가능

6 ②

① 비우선어 ② 우선어 ③ 하위개념어 ④ 상위개념어

7 ③

① 사회과학논문 인용색인
② 예술 및 인문과학논문 인용색인
④ 저널평가 통계자료 데이터베이스

8 ②

색인언어 … 문헌과 정보탐색자 간의 효과적인 커뮤니케이션을 위해 사용하는 일종의 인공적인 매개언어로 색인표목을 조절하기 위하여 사용하는 기호군이며, 정보검색의 효율성을 높인다.

9 ①

색인언어의 종류 … 주제명표목표, 시소러스, 분류표, 키워드 등이 있다.

10 ④

④ 분류표는 다양한 언어가 사용되어도 관련 주제를 한 곳에서 검색할 수 있는 장점을 가지고 있다.

11 ②

② 인용색인은 주제색인에 비하여 최신성이 뛰어나다.

12 ③

③ 주제명색인은 통제어휘를 사용하는 것으로 도서관의 주제명 목록과 동일하다.

13 ④

전조합색인의 종류로 KWIC, KWOC, 용어열색인, 분류색인, 주제명색인 등이 있다.

14 ④

④ 주제명표목표의 장점이다.

15 ④

색인언어에는 분류표, 주제명표목표, 시소러스, 키워드, 용어열 등이 해당된다.

16 ②

② 시소러스는 도치표목을 사용하지 않는다. 도치
표목을 사용하는 것은 주제명표목표이다.

17 ①

② 통제언어 색인시스템의 고정키워드
③ 저자명으로 문헌에 접근하는 수단
④ 문헌내용을 여러 단위개념으로 색인하고, 탐색
  시 단위개념으로 조합하여 문헌을 검색하는 방식

18 ③

시소러스 용어
㉠ USE : 우선어
㉡ UF : 비우선어
㉢ TT : 최상위어
㉣ BT : 상위개념어
㉤ NT : 하위개념어
㉥ RT : 관련어

19 ③

③ 키워드에 의한 색인방식은 후조합색인이라고
한다.

20 ④

시소러스의 작성단계
㉠ 주제영역의 정의 : 핵심영역은 상세히 개발하고
  주변영역은 기존 시소러스를 사용한다.
㉡ 시소러스 특성의 결정 : 용어의 특정성수준, 전
  조합수준, 계층관계와 연관관계표시정도, 보조
  적 언어장치 등을 고려하여 결정한다.
㉢ 시소러스 형태의 결정 : 체계적 시소러스와 자모
  순으로 구분한다.
㉣ 용어의 수집 : 수집원은 주로 문헌이다.
㉤ 용어의 표준화
㉥ 디스크립터의 선택 및 용어의 상호관계 결정 : 분
  류도구를 사용한다.
㉦ 시소러스 편성
㉧ 시소러스 테스트

21 ③

① 문헌주제를 기호로 나타내기 위한 색인언어로
  도서관에서 널리 사용하고 있는 것이다.
② 자연어를 그대로 색인어로 결정하는 방식이다.
④ 전통적 도서관에서 수작업으로 사용하고 있는
  주제명 통제도구이다.

22 ①

② 상위어를 나타낸다.
③ 하위어를 나타낸다.
④ 우선어를 나타낸다.

23 ③

③ 이 시스템은 재현율이 높은 장점을 가지고 있다.

24 ③

시소러스 용어표현
㉠ USE : 우선어
㉡ UF : 비우선어
㉢ TT : 최상위어
㉣ BT : 상위어
㉤ NT : 하위어
㉥ RT : 관련어

25 ②

용어열색인(String Indexing) … 전조합색인의 일종
으로 검색효율을 향상시키기 위해 색인언어의 구
문관계에 중점을 둔 색인언어이다.

26 ③

③ 주제명시스템은 동시에 여러 표목을 가지고 문
헌을 검색할 수 없다는 단점을 가지고 있다.

27 ④

④ 색인언어와 탐색언어가 모두 통제언어인 경우
의 특징이다. 색인언어가 통제언어, 탐색언어가 자
연언어인 시스템에서 탐색자는 통제어휘에 익숙할
필요없이 자연언어를 사용할 수 있다.

28 ①

색인언어 … 색인어를 조절하기 위하여 사용하는 기
호군이다. 즉, 검색대상이 문헌의 내용을 표현하기
위해 선정한 기호군으로 용어, 숫자, 부호, 기호
등을 포함하고 있다. 문헌과 정보탐색자 간의 효과
적인 커뮤니케이션을 위해 사용하는 인공적 매개
언어로 정보검색의 효율성을 높이는 데 사용한다.

29 ②

㉡ 미래 정보검색시스템의 전형적인 특징이 된다.
㉣ 문헌의 주제와는 관련없는 용어를 탐색어로 사용
  하게 되어 검색효율의 정도율이 저하될 수 있다.

30　③

③ 주제명표목표에 대한 설명이다.

※ **분류표의 특성**
　㉠ 문헌의 주제를 기호로 나타내기 위한 색인언어로 도서관에서 사용하는 분류표이다.
　㉡ 분류기호들은 색인어의 집합을 이루며 분류기호로 이루어진 색인어가 일정순서로 나열된 것이 분류색인이다.
　㉢ 장점
　　• 모든 체계적으로 인접한 주제와 관련된 주제를 한 곳에서 검색할 수 있다.
　　• 사용된 언어가 아무리 다양해도 관련 주제를 한 곳에서 검색할 수 있다.
　㉣ 단점
　　• 특정 주제에 직접 접근하지 못하고 분류표의 이해를 통해서 특정 주제가 어느 항목에 속하는지 알고 나서야 주제접근이 가능하다.
　　• 동일주제가 다루어진 관점에 따라 분산된다.
　　• 분류표에 나타나지 않은 새로운 주제의 자료를 찾기가 어렵다.

31　④

① 초록이나 전문을 수록하고 있는 DB도 자연언어 형태의 색인이 가능하다.
② 컴퓨터의 활용으로 인해 통제어휘의 중요성이 감소하고 있다.
③ 자연언어시스템으로 자동색인된 전문을 탐색할 때는 재현율은 높아지나 정도율의 저하를 가져온다.

32　②

② 추출색인은 자연언어색인의 일종이다.

※ **추출색인** … 문헌에 포함되어 있는 용어를 그대로 추출하는 색인방법이다.

33　③

① 검색 명령 후 출력되는 검색 결과의 수
② 데이터베이스가 가지고 있는 각각의 자료
④ 레더, 타이틀 등 레코드의 각 영역별로 검색하는 것

1　①

Thomson Scientific/ISI 주요 인용색인
　㉠ SCI(Science Citation Index expended) : 과학기술 분야
　㉡ SSCI(Social Science Citation Index) : 사회과학 분야
　㉢ A & HCI(Arts & Humanities Citation Index) : 인문, 예술 분야
　㉣ IC(Index Chemicus) : 최신 화합물 정보
　㉤ CCR(Current Chemical Reactions) : 최신 화학 반응 정보

2　④

④ 인용색인의 효시는 1873년 '법률정보인용집(Shepard's Citations)'이다.

3　③

① 단순빈도에 의한 가중치 기법에 대한 설명이다.
② 문헌빈도에 대한 설명이다.
④ 문헌분리값에 대한 설명이다.

4　①

Mortimer Taube … 조합색인 창안, 불리언 논리를 색인과 검색에 도입, Documentation Inc. 창립자

5　②

초록의 종류
　㉠ **지시적 초록** : 논문의 존재를 알리고 원문을 읽을 것인지의 판단에 필요한 만큼의 정보를 수록한 것
　㉡ **통보적 초록** : 원문을 읽지 않아도 연구의 개요를 알 수 있도록 충분한 정보를 수록한 것
　㉢ **비평적 초록** : 원문에 대한 비평을 포함한 것
　㉣ **발췌문** : 원문으로부터 문장 혹은 문단을 발췌하여 작성한 것

6　③

① 특정의 분류표를 사용하여 분류한 후에 분류기호에 따라 배열한 색인이다.
② 2개 이상의 색인파일을 조합하여 문헌의 주제를 만들어 내는 색인이다.
④ 서명이나 논문의 표제나 배열의 기준이 되는 색인이다.

7 ③

③ 후조합색인에 속한다.

8 ④

④ SCI 출판 후 CD-ROM이나 Web으로 접근할 수 있게 되었다.

9 ③

인용색인의 구성
㉠ **인용색인** : 인용된 저자의 알파벳순으로 배열되어 있다.
㉡ **소스색인** : 인용한 저자들의 알파벳순으로 배열되어 있다.
㉢ **순열주제색인** : 표제에서 추출한 키워드를 순열로 배열한다.

10 ①

㉢㉣ 전조합색인

11 ②

① 색인어가 탐색 전에 색인작성자에 의해 조합된 것을 의미한다.
③ 문헌을 특정 분류표를 사용하여 분류한 후 분류기호에 의거하여 배열한 색인을 의미한다.
④ 문헌에 수록되어 있는 인용문헌을 체계적으로 편성한 색인을 의미한다.

12 ④

순열색인 … 컴퓨터를 사용하여 문헌의 표제에 나타난 여러 개의 키워드를 자동적으로 추출하여 특정위치에 고정시키고 알파벳순으로 배열하는 색인법이다.

※ **순열색인의 특징**
㉠ 문헌의 표제가 내용을 잘 묘사하고 있다는 전제에서 가능하다.
㉡ 색인작성이 간단하고 처리가 신속하다.
㉢ 색인작성자와 내용 파악 후 주제 추출을 할 필요가 없다.

13 ②

② 컴퓨터에 의해 만들어지기는 하지만 컴퓨터에 의해 모든 용어가 추출되는 것은 아니다.

14 ③

③ 주제명색인에 대한 설명이다.

※ **분류색인**
㉠ **개념** : 문헌을 특정분류표를 사용하여 분류한 후 분류기호에 의거하여 배열한 색인이다.
㉡ **장점** : 한 곳에서 관련 주제를 탐색할 수 있다.
㉢ **단점**
• 분류기호에 의한 탐색 후 알파벳 순으로 파일이 필요하므로 두 단계로 이루어진다.
• 대량의 색인자료일 경우 하나하나 분류가 어렵고 다양한 접근점을 제공할 수 없다.

15 ①

초록의 요소 … 목적, 방법, 결과, 결론

16 ①

① 분류색인은 관련주제를 한 곳에서 탐색할 수 있는 장점을 가지고 있다.

17 ④

④ 전조합색인에 대한 설명이다.

※ **후조합색인** … 색인작업 시 문헌의 주제를 구성하는 각 개념마다 색인어를 개별적으로 부여한 후 정보요구에 의해 탐색 시 개별 색인어를 조합하여 문헌을 검색하는 것이다. 교집합, 차집합, 합집합 등의 논리관계에 의하여 색인어를 조합, 탐색하며 컴퓨터정보검색시스템에 사용된다.

18 ①

② 원문으로부터 문장이나 문단을 발췌한 초록
③ 원문에 대한 비평을 포함하고 있는 초록
④ 원문을 읽지 않아도 연구의 개요를 알 수 있도록 정보가 충분한 초록

19 ②

② 자동으로 작성된 초록은 일종의 발췌문 형식으로 문장의 흐름이나 문장 간의 연결이 부자연스러워 실제로 가동되고 있는 자동초록시스템은 없다.

20 ③

주제명색인 … 문헌상에 나타난 주제를 일정순서로 배열한 색인으로 주제는 문헌 내용분석 후 주제명을 추출하여 색인항목으로 선택한다.

21 ④

① 컴퓨터를 사용하여 문헌의 표제에 나타난 여러 개의 키워드를 자동적으로 추출하여 특정 위치에 고정시키고 알파벳순으로 배열하는 색인법
② 문헌에 수록된 인용된 문헌과 인용한 문헌을 체계적으로 편성한 색인법
③ 문헌의 특정한 분류표를 사용하여 분류하여 배열한 색인법

22 ④

④ 문헌의 내용을 여러 개의 단위개념으로 색인하고 탐색 시 각 단위개념을 조합하여 적합한 문헌을 검색하는 것을 후조합색인이라 한다.

23 ②

문장선택기준
㉠ **통계적 기준** : 단어의 출현빈도를 이용한다.
㉡ **언어학적 기준** : 특정한 단어가 갖는 의미를 이용한다.
㉢ **문장구조적 기준**
 • 표제어기법 : 표제에 나타난 단어를 단서어로 삼는다.
 • 소재지기법 : 논문의 특별한 위치에 나타난 문장을 선택한다.

24 ②

① 문헌을 특정한 분류표를 사용하여 분류한 후 분류기호에 의거하여 배열한 색인법
③ 문헌상에 나타난 주제를 일정한 순서로 배열하는 색인법
④ 2개 이상의 색인파일을 조합하여 문헌의 주제를 만들어 내는 색인법

25 ④

전조합색인 … 문헌주제를 구성하는 개념을 색인작업 시 미리 조합하여 단일표목으로 변환시키는 색인으로 용어열색인과 주제명색인이 해당된다.

● 4. 자동색인 · 자동분류

1 ②

N-gram기법
㉠ 형태소 분석이나 불용어 제거 등 언어학적 처리가 불필요하다.
㉡ 특정 언어에 의존적이지 않은 특성이 있어 다중언어 처리를 필요로 하는 상황에 적합하다.
㉢ 텍스트에 출현한 단어들의 철자 오류를 수용할 수 있다.
㉣ 복합명사 띄어쓰기에 관한 문제를 완화시킨다.

2 ④

문헌분리가(term discrimination value) **기법** … 서로 유사한 문헌들을 다른 문헌 집단들로부터 분리할 수 있는 색인어의 능력으로 대체적으로 매우 빈도가 높거나 낮은 용어들은 문헌을 식별할 수 없기 때문에 좋은 색인어가 될 수 없다.

3 ④

④ 역문헌빈도는 문헌집단에서 단어의 중요도가 그 단어의 문헌빈도와 역비례 관계가 있다고 가정하고 문헌빈도가 낮은 단어일수록 높은 가중치를, 문헌빈도가 높은 단어일수록 낮은 가중치가 부여된다.

4 ②

①③④ 통계적 기법 ② 언어학적 기법

5 ①

② 고빈도 단어는 일반적인 단어가 많으므로 식별력이 큰 중간빈도 단어를 색인어로 선정한다.
③ 단어의 출현빈도가 이 단어의 주제어로서의 중요성을 판단하는 기준이 된다.
④ 자동색인에서 가장 중요한 것은 색인어의 선정이다.

6 ②

박센데일
㉠ 기능어를 제외한 모든 단어를 선택한다.
㉡ 문헌구조적 특성을 이용한 방법으로 각 문단의 첫 번째와 마지막 문장의 단어를 선택한다.
㉢ 구문적인 분석기법으로 문헌을 구성하는 전치사 구로부터 선택한다.

7 ④

언어학적 기법은 어휘적 단계, 구문적 단계, 어의적 단계로 나뉜다.

8 ③

언어학적 기법 … 불용어제거기법, 단서어기법, 구문분석기법이 속하며, 구문분석기법이 주류를 이루고 있다.

9 ②

② 단순빈도는 문헌집단의 크기나 분석대상의 텍스트 길이, 단어의 사용빈도를 고려하지 않기 때문에 색인어 선정기준으로 사용하기는 어렵다.

10 ④

① 전치사구, 명사구 등의 한 단어로 처리될 수 있는 단어군을 찾은 후 빈번한 단일어, 복합어를 색인어로 선택한다.
② 단어가 나타낸 위치에 의거하여 색인어를 선정한다.
③ 구문 및 어의 분석을 통합하여 부른 용어이다.

11 ③

설문은 구문분석기법에 대한 것으로 구문분석기법은 언어학적 기법의 주류를 이루고 있다.

12 ④

④ DIALOG에서는 a, and, by, for, from, of, the, to, with의 모두 9개의 불용어를 선정하여 이외의 모든 단어를 표제와 초록으로부터 색인어로 채택한다.

13 ①

클러스터링은 상호 연관된 문헌, 집단들의 동일한 정보요구에 모두 적합하다.

14 ④

통계적 기법
㉠ 개념 : 주제어로서의 중요도를 단어의 출현빈도에 근거하여 측정한 후 색인어를 선정하는 방법이다.
㉡ 기본가설 : 출현빈도가 높은 단어일수록 문헌의 주제를 대표할 확률이 높다.

15 ③

③ 평균유사도는 문헌의 밀집도를 나타낸 것으로 클수록 문헌들이 밀집해 있다는 뜻이다.

16 ①

설문은 Salton의 업적이다.

17 ②

② 선택의 자유가 클수록 선택에 대한 불확실성이 커진다.

18 ②

① 전치사구, 명사구 등 한 단어로 처리되는 단어군을 검색한 후 빈번한 빈도를 나타내는 단일어, 복합어를 색인어로 선정한다.
③ 단어가 나타내는 위치에 의해 색인어를 선정한다.
④ 전치사, 접속사, 조사, 관사 등의 기능어 및 고빈도 단어를 제외한 모든 단어를 색인어로 선정한다.

19 ①

① 검색문헌의 적합성을 이용한 기준은 단어의 출현빈도와 단어가 출현한 문헌의 유형을 고려한 것이다.

20 ②

로치오식 기법
㉠ 각 문헌을 연속적으로 조사하여 일정 기준에 도달하는 문헌을 클러스터의 센트로이드로 선택한다.
㉡ 특정한 문헌의 주변에 충분한 수의 문헌들이 인접해 있을 경우 이 문헌을 클러스터의 센트로이드로 판정한다.

21 ③

③ Needham은 클럼프이론방법을 소개하였다.

22 ③

자동색인은 문헌을 구성하는 단어를 일정기준에 맞게 주제어, 기능어로 구별하여 주제어를 색인어로 선정하는 것이 기본원리이다.

23 ③

③ 가장 높은 수준인 완전한 문장분석방법은 자동색인에서는 큰 효과가 없고 질문응답시스템, 자동번역분야 등에서 요구된다.

24 ②

클러스터링의 문제점 … 파일의 크기가 큰 경우 많은 계산작업을 필요로 하므로 대량의 문헌에는 효과적으로 사용할 수 없다.

25 ④

④ 가장 높은 수준의 구문분석기법은 완전한 문장 분석방법으로 질문응답시스템, 자동번역분야 등에서 요구되며, 자동색인에서는 큰 효과가 없다.

26 ①

① KAIS는 형태소해석기, 구문해석기, 불용어제거기의 3부분으로 구성된다.

27 ②

Luhn은 자동색인 기법의 기초를 이루었으며 일반적인 단어인 고빈도 단어는 주제어로 가치가 없으므로 문헌내용의 식별력이 큰 중간빈도 단어를 색인어로 선정하였다.

28 ③

③ 라슨에 대한 설명이다.

29 ④

①② 라슨에 대한 설명이다.
③ 마론에 대한 설명이다.

30 ③

자기발견적 클러스터링 기법은 클러스터의 평가기준으로 어떠한 기능들을 최적화할 것인가가 문제가 되는데 클러스터의 안정성, 소장장소의 크기, 클러스터링 속도 등을 최적화시킨다.

31 ③

문헌분류 … 유사한 문헌들을 모아 집단화하는 작업으로, 전통적인 방법은 미리 만들어 놓은 분류표를 이용하여 수작업으로 수행하였으며, 1960년대 들어서 자동분류의 개념이 발전하기 시작하였다.

32 ③

③ 문헌내용의 식별력이 큰 중간빈도 단어를 색인어로 선정하였다.

33 ②

② 문헌분류, 용어분류, 잡지의 분류, 검색질문의 분류 등은 사전 분류체계가 없이 문헌 간의 유사성에 근거하여 집단화하는 방법을 이용한다.

34 ④

자동색인은 색인어 선정기준에 따라 통계적 기법, 언어학적 기법, 문헌구조적 기법으로 분류할 수 있다.

35 ②

② 파일전체를 탐색하는 것이 아니라 정보요구 주제와 관련된 문헌클러스터만을 탐색하는 방법으로 검색시간을 절약하고 검색효율을 향상시킨다.

36 ③

① 밀접하게 상호관련된 문헌들은 동일한 정보요구에 대해 모두 적합하여 클러스터링이 정보검색에 이용되게 되었다.
② 주제와 관련된 문헌클러스터만을 검색하므로 검색시간을 줄이고 검색효율을 향상시킨다.
④ 크기가 큰 파일에서 너무 많은 계산작업을 요하므로 적합하지 않다.

37 ③

클러스터링에는 클러스터의 수, 크기, 중복도, 기준치 등을 나타내는 파라미터를 입력하여 클러스터 과정을 통제한다.

38 ④

클러스터링 기준
㉠ 문헌과 문헌 간의 유사도가 기준치 이상일 때
㉡ 클러스터와 문헌 간의 유사도가 기준치 이상일 때

39 ②

유사도행렬 클러스터링 … 문헌 간의 유사도를 측정하여 유사도행렬을 작성하고, 계층적 클러스터를 형성하는 기법으로 파일의 크기가 큰 경우에는 너무 많은 계산작업을 요하므로 적합하지 않다.

40 ④

유사도 측정을 위한 계수공식에는 다이스계수, 코사인계수, 중복도계수, 자카드계수, 타니모토계수 등이 있다.

41 ①

SMART시스템에서 주로 사용되는 공식은 코사인계수공식이다.

42 ②

그래프이론방법은 용어 간의 연관성을 측정하는 유사계수공식으로 타니모토계수공식을 이용한다.

43 ③

자기발견적 클러스터링 … 문헌을 클러스터에 재배치하여 초기의 클러스터를 점차 정렬해가면서 최종의 클러스들을 형성하는 방법으로 문헌들이 여러 번 처리된다.

44 ②

② 다톨라식 기법에 대한 설명이다.

45 ②

보너식 클러스터링
㉠ 부분연결그래프나 완전연결그래프 등의 그래프 형태로 클러스터를 형성하는 기법이다.
㉡ 클리크 형태로 클러스터를 형성한다.
㉢ 경비가 많이 들고 사용이 어려운 단점이 있다.

46 ③

③ 싱글링크식 클러스터링 기법은 부분연결그래프 형태로 형성되는 것으로 문헌의 입력순서에 무관하고, 안정성을 가지고 있으며, 클러스터가 중복되지 않는다.

47 ②

자기발견적 클러스터링 기법
㉠ **다톨라식 기법** : 문헌집단을 임의로 여러 개의 초기 클러스터로 나누어 각 클러스터를 클러스터 센트로이드로 대표하도록 하는 방법이다.
㉡ **로치오식 기법** : 각 문헌을 연속적으로 조사하여 일정 기준에 도달하는 문헌을 클러스터 센트로이드로 선택한다.
㉢ **싱글패스식 기법** : 가장 간단한 클러스터링 기법이다.

48 ①

① 가능한 공통의 속성을 갖는 문헌들을 선택해야 한다.

49 ④

④ 용어의 자동분류는 용어의 의미는 고려하지 않고 통계적인 특성만을 고려하기 때문에 동의어관계나 계층관계가 식별되지 못하고, 연관관계로 정의된다. 동시출현빈도를 이용하여 측정한다.

정보검색과 정보시스템

● 1. 정보검색

1 ④

이용자가 무엇을 찾을지 명확하게 알고 있을 때 효과적인 방법은 탐색이다. 브라우징 검색은 주제가 명확히 정의되지 않았을 때 정보를 얻기 위하여 사용한다.

2 ③

보기에 제시된 내용은 눈덩이굴리기 방법과 관련된 설명이다.
① **특정 패싯 우선탐색** : 주제에 내포된 세부개념을 분석한 뒤 패싯을 만든 후 탐색개념의 특정성이 가장 높은 패싯을 우선적으로 탐색한다.
② **블록만들기** : 온라인탐색에서 보편적으로 가장 많이 사용하는 방법으로, 탐색질문의 주제를 세부개념(블록/패싯)으로 구분한다.
④ **신속/편의 지향법** : 소수의 관련 자료 검색에 유용하며, 이미 알고 있는 문헌을 찾고자 할 때 주로 사용한다.

3 ③

점진 분할 전략 … 검색할 주제가 광범위하고 불분명할 때 효과적이다. 탐색 결과에 특정 조건을 부여하여 점차 수를 줄여가는 방법으로, 탐색 결과가 유용하나 그 양을 줄일 수 있거나 주제접근이 불가능할 경우 사용한다.

4 ②

벡터 공간 모델은 벡터 공간 안에서 문헌들의 집합을 표시하고 질의를 벡터 공간에서의 벡터로 보고 확장불리언논리 모델은 기존 불리언 모델에 순위부여 기능을 추가하기 위하여 개발되었다. 이 두 모델은 용어가중치를 사용하는 공통점을 가지고 있다.

5 ④

NEAR는 두 개의 키워드가 한 문서 내에서 인접해 있는 경우에 순서에 상관없이 검색되며, 불리언 연산자의 AND와 비슷하나 두 단어의 거리가 일정 거리 내에 인접해 있어야 한다.

6 ②

② 불리언 논리를 이용한 탐색문은 요구를 표현하는 검색어와 이 검색어들 간의 논리적 관계로 구성되므로 요구를 간단하고 정확하게 표현할 수 있는 장점을 가지고 있다.

7 ④

② NEAR 연산자로 연결된 용어들은 순서는 상관없이 나타나게 된다.

8 ①

SDI 서비스 … 특정 이용자가 즐겨 이용하는 데이터베이스의 내용을 탐색하기 위한 검색식을 입력해 놓으면 차후 그 데이터베이스가 갱신될 때마다 새로운 정보가 그 이용자에게 온라인으로 제공되도록 하는 서비스를 말한다.

9 ①

① 매뉴얼 탐색에 대한 설명이다.

※ **온라인 탐색방법**
㉠ 시간적 범위가 제한되지 않는 탐색을 요구할 때
㉡ 철저한 문헌조사가 필요할 때
㉢ 조합탐색과 자연어 탐색 등 다양한 접근방법이 필요할 때
㉣ 주제명목록이 없어 접근하기 어려울 때
㉤ 세련된 탐색패턴이 요구될 때

10 ①

② 한 도서관이 소장하지 않은 자료를 다른 도서
관으로부터 빌려 이용자의 요구에 따라 제공하
는 도서관자료의 상호 교류
③ 질문을 가진 이용자가 그룹에 들어가 공개적으
로 질문을 올리고 회원 중 관심있는 자가 동일
한 방법으로 해답을 제시하는 것
④ 특정이용자가 즐겨 이용하는 데이터베이스의 내
용을 탐색하기 위한 검색식을 입력해 놓으면 차
후 그 데이터베이스가 갱신될 때마다 새로운 정
보가 이용자에게 온라인으로 제공되는 서비스

11 ④

SDI는 새로운 정보를 입수할 경우 이용자의 정보
파일을 대조하여, 필요한 파일을 선택하여 자동으
로 배포한다.

12 ③

온라인탐색은 신속하고 정확한 최신의 정보를 원
하는 이용자에게 추천될 수 있으나, 데이터베이스
와 네트워크상의 정보이용료가 소요될 수 있다.

13 ③

SDI … 새로운 정보가 입수되면 정보파일을 이용자
의 정보요구파일과 대조하여 필요한 정보를 자동
적으로 배포해주는 최신정보 제공서비스이다.

14 ③

①②④ 불리언 연산자
③ ADJ와 함께 인접 연산자이다.

15 ②

② 미국의 초기 정보검색의 특징이다. 후에 정보의
내용에 대해서도 포함하여 유럽의 도큐멘테이션
개념에 접근하게 되었다.

16 ②

② 퍼지집합검색은 불리언검색의 단점을 보완한
것으로 불리언검색보다 융통성이 있다.

17 ③

본문검색
㉠ 전문을 축적해 놓은 데이터베이스에서 서지적 데
이터와 필요한 전문을 검색한다.
㉡ NEXIS/LEXIS 등이 속한다.
㉢ 점차 증가하는 추세이다.

18 ④

① 정보검색용어를 최초로 사용하였다.
② 1940년대 검색시스템인 광학 일치카드시스템을
고안한 사람이다.
③ 도큐멘테이션이라는 용어를 최초로 사용하였다.

19 ③

정보검색의 구분 … 텍스트 형태의 정보, 서지정보,
사실정보, 수치정보, 그림정보 등 다양한 형태의
정보가 있으므로 축적정보의 종류, 탐색하는 시점,
컴퓨터 처리방법 등에 따라 여러 가지로 구분된다.

20 ④

④ 소급탐색은 1회 탐색으로 작업이 끝나게 된다.

21 ②

①④ 데이터베이스의 일종 ③ 소급탐색

22 ②

SDI(Selective Dissemination of Information) …
정보검색의 분야로 정보를 필요로 하는 이용자의
내용을 프로파일로 등록하여 새로운 정보가 입수
되었을 때 그 정보파일을 이용자 파일과 대조하여
필요한 정보를 자동적으로 배포하는 것이다.

23 ④

④ 유니팀 간에는 개념상의 상·하 구분이 없고,
모든 유니팀은 똑같은 지위를 가진다.

24 ②

설문은 가중치에 의한 검색법에 대한 것이다.

25 ②

② 탐색자가 가중치와 기준치를 변화시킬 수 있으
므로 불리언검색보다 융통성이 있다.

26 ④

④ 소급탐색에 대한 설명이다.

27 ④

④ A XOR B는 A OR B에서 A, B 양쪽에 속하는 요소를 뺀 집합이다.

28 ②

① 도큐멘테이션을 정보를 최대한 입수하고 이용할 수 있도록 하기 위해 기록된 전문지식을 일정순서에 따라 나타내고 조직하고 전달하는 기법이라고 정의했다.
③ 도큐멘테이션을 정보학 분야의 하나로 정의하였다.
④ 도큐멘테이션을 인간 활동의 모든 분야에 있는 모든 종류의 문헌을 수집, 분류, 배포하는 과정이라고 정의하였다.

29 ②

① 색인어에 가중치를 주고 퍼지집합상의 연산을 통해 적합한 문헌을 검색한다.
③ 전문을 축적해 놓은 데이터베이스에서 서지적 데이터뿐만 아니라 필요한 전문을 검색하는 방법이다.
④ 특정 필드만을 대상으로 탐색하거나 어떤 주제어에 의해 검색된 결과를 다시 한정시켜서 탐색하는 방법이다.

30 ④

④ 무제한절단에 대한 설명이다.

※ **비절단** … 절단기호 없이 탐색어와 완전히 일치하는 색인어만 탐색하는 방법이다.

31 ④

① 검색어들을 모두 포함한 자료만을 검색한다.
② 검색어의 순서에 맞는 자료만을 검색한다.
③ NOT 이후의 검색어는 제외시킨 자료만을 검색한다.

32 ③

③ 좌측절단은 용어의 좌측을 절단하여 절단기호 뒤에 오는 문자열과 일치되는 부분을 갖는 색인어를 검색하는 것으로 다양한 접두어를 갖는 색인어의 탐색에 적합하다.

33 ②

② 탐색시간에 따라 구분한 방법이다.

34 ③

① 검색어 중 어느 하나라도 포함한 자료를 모두 검색한다.
② 인접 연산자에 해당되며 검색어의 앞·뒤 관계없이 검색어들이 인접해 있는 자료를 모두 검색한다.
④ NOT 이후의 검색어는 제외되는 자료만을 검색한다.

35 ①

불리언 연산자(논리 연산자) … AND, OR, NOT

※ **인접 연산자** … NEAR, ADJ

36 ①

① 제한절단에 속한다.

● **2. 정보검색시스템**

1 ③

데이지(DAISY) … 디지털 접근 정보 시스템(Digital Accessible Information System)의 약자로, 일반 인쇄물을 읽는 데 어려움을 겪는 시각장애인이나 독서장애인을 위한 글로벌 디지털 문서 규격이다.

2 ②

② 정보처리절차는 정보검색시스템의 종류에 따라 차이가 있다.

3 ③

정보검색시스템 구성요소 … 정보처리용 하드웨어, 소프트웨어, 정보파일, 정보처리절차로 구성된다.

4 ③

③ 전문가시스템에 속한다.

5 ①

원정보파일 … 원정보파일은 원래의 인쇄물 형태 또는 마이크로물 형태로 축소하여 소장할 수 있으며 전체를 기계가독형으로 소장하기도 한다. 그러나 본문검색시스템, 데이터검색시스템, 문장형태 그대로의 텍스트를 소장하는 질문응답시스템은 원정보파일도 기계가독형으로 소장한다.

6 ④

DBMS의 기능
㉠ 데이터의 탐색
㉡ 데이터의 축적
㉢ 데이터의 갱신·유지

7 ②

지능형시스템의 종류
㉠ 전문가시스템
㉡ 하이퍼텍스트시스템
㉢ 지능형문헌정보시스템

8 ④

④ 테이블형태의 구조를 가지고 있는 것은 관계형 모델로 관계라는 여러 개의 테이블로 구성된다.

9 ②

㉡ 관계형 모델   ㉢ 계층형 모델

10 ②

네트워크형 모델 … 한 명의 저자는 여러 편의 논문을 쓸 수 있고, 한 편의 논문은 여러 명의 저자를 가질 수 있는 것을 의미하는 다중형 구조로 표현된 것으로 TOTAL, IDMS, ADABAS 등이 있다.

※ DBMS 모델의 종류
　㉠ **계층형 모델** : 데이터베이스를 구성하는 데이터 간의 관계가 계층적 나무형태로 표현된다.
　㉡ **네트워크형 모델** : 한명의 저자는 여러 편의 논문을 작성할 수 있고 하나의 논문은 여러 명의 저자를 가질 수 있다는 데 기인한 다중 구조형태로 표현된다.
　㉢ **관계형 모델** : 데이터 간 관계가 테이블형태로 기술되는 데이터모델이다.

11 ③

③ 초기에는 과학기술분야의 서지정보만이 수록되었지만, 현재에는 거의 모든 주제에 대해 데이터베이스가 생산되어 있다.

12 ④

설문은 안내정보데이터베이스에 대한 것이다.

13 ④

정보검색시스템의 구성요소
㉠ 정보처리절차
㉡ 정보처리용 하드웨어 및 소프트웨어
㉢ 정보파일

14 ③

지문은 본문검색시스템에 대한 것이다.

15 ④

자연언어를 시스템에 알맞은 질의어로 변환하기 위해서는 질문분석, 텍스트분석, 문장형 해답생성의 3단계의 처리과정이 필요하다.

16 ③

질문분석 … 데이터베이스시스템이 수용할 수 있는 질의어로 변환하는 과정으로 구문분석과 의미분석이 필요하다.

17 ②

질문분석 단계는 구문분석 – 의미분석 – 데이터베이스 술어로 변환 – 정형질의어의 네 단계로 이루어진다.

18 ③

①②④ 지식표현기법   ③ 정보형식화기법

※ 텍스트 구조화의 방법
　㉠ **지식표현기법** : 술어논리적 표현, 의미네트워크, 개념틀, 스크립트, 생성규칙
　㉡ **정보형식화기법** : 과학기술분야의 텍스트를 데이블형식에 맞춰 구조화시키는 방법

19 ②

영어의 구문분석에는 변형생성문법, ATN(확대이동 망문법), 구절구조문법 등이 있으며 ATN이 가장 많이 쓰이고 있다.

20 ②

② G-링크는 단일어 생성관계를 구성한다.

21 ③④

정보검색시스템의 성능평가
㉠ 시스템의 소장 적합 문헌의 총수
㉡ 검색된 문헌에 대한 적합성 평가
㉢ 검색효율

22 ①

비디오텍스는 이용자, 정보제공자, 서비스업자가 삼위일체가 되어 실용화된다.

23 ①

① 의미네트워크는 지식표현기법을 이용한 텍스트의 구조화방법이다.

24 ②

② 스크립트는 일상적으로 일어나는 사건의 표현에 이용하는 정보구조이다. 설명은 생성규칙에 대한 것이다.

25 ②

② 비디오텍스는 색인에 의해 접근이 가능하다.

26 ④

④ Teletext는 TV방송국의 전파를 통해 TV수상기에 정보를 일방적으로 제공하는 시스템이다.

27 ②

① 인공지능을 응용하여 특정한 영역에서 문제해결을 위해 만들어진 시스템
③ 질문분석, 텍스트분석, 문장형 해답생성의 3단계로 처리되는 과정의 시스템
④ 2차 정보를 수록한 데이터베이스로 단행본, 논문 등의 1차 문헌에 대한 서지정보데이터베이스를 탐색하는 시스템

28 ③

③ 비디오텍스는 정보검색 기능만이 아니라 거래정보서비스, 전산처리서비스, 메시지교환서비스 등의 서비스를 제공할 수 있다.

29 ②

FRAME ⋯ 한번 스크린에 디스플레이 되는 정보의 단위로 하나의 정보페이지는 여러 개의 FRAME으로 구성될 수 있다.

30 ②

비디오텍스시스템 ⋯ TV 수상기를 단말기로 하여 각 가정에 문자, 그림정보를 제공하는 시스템으로 이용자 단말기와 정보센터 컴퓨터 간의 대화가 가능한 양방향정보시스템이다.

31 ④

④ 지능형 문헌정보검색시스템의 구성요소이다.

※ **전문가시스템의 구성요소**
㉠ 지식베이스
㉡ 추론기제
㉢ 데이터베이스(작업장소)
㉣ 설명하부시스템
㉤ 지식획득하부시스템
㉥ 이용자인터페이스

32 ①

질문응답시스템 ⋯ 컴퓨터에 의한 자연언어 처리과정으로 질문분석→텍스트분석→문장형 해답생성의 3단계를 거친다.

33 ③

③ 기존지식으로부터 새로운 지식을 추론하는 능력은 가지고 있지만 새로운 지식을 만들어내지는 않는다.

34 ①

② 인공지능을 응용한 시스템으로 특정한 전문영역에서의 문제해결을 위해 인간전문가의 사고과정을 모방하여 만든 지식기반시스템
③ 자연언어인 질의어를 질문분석, 텍스트분석, 문장형 해답생성의 3단계를 수행하여 구조화시켜 질문을 처리하는 시스템
④ 2차 정보를 수록한 데이터베이스로 단행본, 논문, 보고서 등 일차문헌에 대한 서지정보를 수록한 서지정보데이터베이스를 검색하는 시스템

35 ③

추론기제
㉠ 추론과 제어기능을 수행한다.
㉡ 이용자에게 초기 데이터를 입력받아 적합한 규칙을 탐색하고 문제해결에 필요한 지식을 찾아낸다.

36 ②

② 혈액감염증진단을 위한 것은 초기전문가시스템인 MYCIN이다. XCON은 컴퓨터시스템 구조결정을 위한 시스템이다.

37 ②

지능형시스템 … 지식을 이용하여 논리적인 추론을 하여 복잡한 문제를 해결한다. 지식을 이용한 논리적 추론을 하기 때문에 프로그램 기능들을 비연속적으로 접근하게 된다.

38 ③

설문은 지식공학에 대한 것이다.

39 ①

전문가시스템에서 가장 중요한 구성요소는 지식이며, 이 중에서도 가장 가치있는 구성요소는 경험적 지식이다.

40 ③

이용자 … 단말기로 디코더, TV수상기, 개인용 컴퓨터 등을 소장한다.

41 ④

전문가시스템의 응용분야 … 예측(Prediction), 진단(Diagnosis), 교습(Instruction), 설계(Design), 계획(Planning), 제어(Control), 모니터링(Monitoring) 등이 있다.

42 ④

④ 지능형 정보검색시스템은 비직선적이고 비연속적인 정보처리에 적합해야 한다.

43 ④

① 문헌의 전문을 소장한 데이터베이스로부터 전문이나 전문의 일부를 검색하는 시스템
② 가장 간단하고 기본적인 형태의 검색시스템

③ 자연언어인 질의어를 질문분석, 텍스트분석, 문장형 해답생성의 3단계를 수행하여 구조화시켜 질문을 처리하는 시스템

44 ②

지문은 전단시스템에 대한 설명이다.

45 ②

게이트웨이시스템 … 여러 개의 다른 정보서비스에 대한 접근 기능을 제공하는 시스템으로 단일이용자용과 복수이용자용으로 나뉜다.

46 ④

④ 복수이용자용 게이트웨이시스템이다.

47 ③

하이퍼텍스트시스템은 노드와 링크로 구성된다.

48 ②

하이퍼미디어 … 텍스트 이외의 음악, 영상, 애니메이션 또는 다른 요소의 다양한 정보매체를 포함하는 하이퍼텍스트이다.

49 ①

정보검색시스템의 평가기준
㉠ 검색효율 : 이용자가 요구하는 수준의 정보서비스를 제공하는 시스템의 능력을 측정하는 것으로 서비스질의 척도이다.
㉡ 신속성 : 일련의 정보검색작업이 소요되는 시간을 측정한 것이다.
㉢ 경제성 : 일련의 정보검색작업에 사용되는 경비를 측정한 것이다.

50 ②

DBMS 모델의 종류
㉠ 계층형 모델 : 데이터베이스를 구성하는 데이터 간의 관계가 계층적인 나무형태의 구조로 표현된 것
㉡ 네트워크형 모델 : 한 명의 저자는 여러 편의 논문을 쓸 수 있고 하나의 논문은 여러 명의 저자를 가질 수 있는 것을 의미하는 다중형 구조로 표현된 것
㉢ 관계형 모델 : 데이터간 형태가 데이블형태로 기술된 데이터모델

51 ④

④ 하이퍼텍스트시스템은 비직선적이고 비연속적인 형태로 문헌을 조직하고 이용할 수 있도록 한 정보시스템이다.

52 ②

② I³R시스템에 대한 설명이다.

53 ②

① 비직선적이고 비연속적인 형태로 문헌을 조직·이용할 수 있는 새로운 형태의 정보시스템
③ 텔레비전 수상기를 단말기로 하여 각 가정에 문자 및 그림정보를 배포하는 정보시스템
④ 문헌의 전문을 소장한 데이터베이스로부터 전문이나 일부를 검색하는 정보시스템

54 ③

③ 스파크 존스는 지능형 정보검색의 개념을 처음으로 정립한 사람이다. 이용자에 대한 지식의 활용을 강조한 사람은 브룩스이다.

55 ③

정보검색시스템은 검색효율, 신속성, 경제성 측면에서 측정하여 평가한다.

56 ③

① 비직선적이고 비연속적인 형태로 문헌을 조직하여 이용하는 시스템
② 문헌의 전문을 소장한 데이터베이스로부터 전문의 일부를 검색하는 시스템
④ 2차 정보를 수록한 데이터베이스로 단행본, 논문, 보고서 등 1차 문헌에 대한 서지정보를 수록한 데이터베이스를 검색하는 시스템

57 ②

비디오텍스 시스템의 구성요소
㉠ **이용자** : 단말기(디코더, TV수상기, 개인용 컴퓨터 등)를 소장하고 정보를 받는다.
㉡ **서비스업자** : 컴퓨터와 데이터베이스를 소장한다.
㉢ **정보제공자**
 • 데이터 입력용 단말기를 통해 서비스 본부의 데이터베이스에 정보를 제공한다.
 • 자체 컴퓨터를 통해 데이터베이스를 제작하여 제공한다.

---

1 ③

• 정확률 :
$$\frac{검색된\ 적합문헌\ 수}{검색된\ 문헌\ 총수} \times 100 = \frac{50}{150} \times 100 = 약\ 33\%$$

• 재현율 :
$$\frac{검색된\ 적합문헌\ 수}{적합문헌\ 총수} \times 100 = \frac{50}{120} \times 100 = 약\ 42\%$$

2 ③

정보검색시스템 내 여러 정보 간의 관계

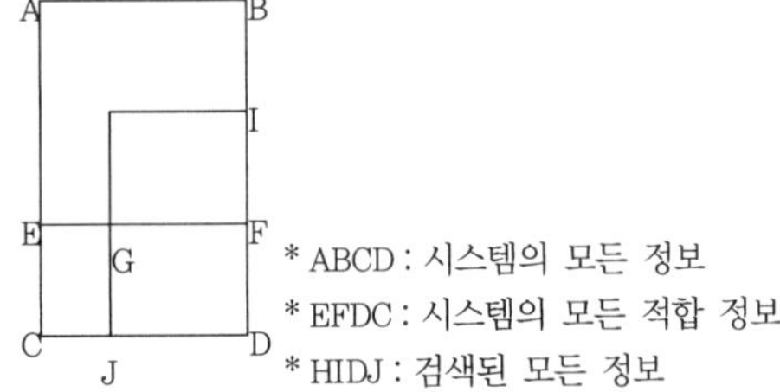

• 잡음률(noise ratio) : 검색된 모든 정보 중에서 부적합 정보가 차지하는 비율=HIFG/HIDJ
• 누락률(omission ratio) : 시스템의 모든 적합 정보 중에서 검색되지 않은 적합 정보의 비율=EGJC/EFDC
• 재현률(recall ratio) : 시스템의 모든 적합 정보 중에서 검색된 적합 정보가 차지하는 비율=GFDJ/EFDC
• 정확률(precision ratio) : 검색된 모든 정보 중에서 적합 정보가 차지하는 비율=GFDJ/HIDJ

3 ③

③ 퍼지탐색은 정확하게 원하는 정보에 대응하지 않는 경우에도 관련될 가능성이 있는 결과를 찾아 보여준다. 따라서 재현율을 향상 시킬 수 있다.

4 ②

$$배제율 = \frac{검색되지\ 않은\ 부적합\ 문헌\ 수}{부적합\ 문헌\ 총수} \times 100$$

따라서 $\dfrac{20}{30+20} \times 100 = 40\%$

5 ③

적합성의 평가 ··· 참고사서가 조사과정을 통해 얻어진 해답을 제공할 때 그 정보의 유용성에 관한 이용자의 최종적 평가로 이용자가 만족하지 않을 경우 이용자의 정보요구단계로 되돌아가야 한다.

6 ④

재현율 향상을 위해서는 OR을 이용하여 탐색하는 것이 좋으며 인접연산기호의 엄격한 사용을 자제해야 한다.

7 ④

㉠ **재현율** : 적합 문헌의 총수에 대하여 실제로 올바르게 검색된 건수의 비율
$$\left(\frac{\text{검색된 적합문헌의 수}}{\text{적합문헌의 총수}}\right)$$
㉡ **배제율** : 부적합 문헌의 총수에 대한 검색되지 않은 부적합 문헌수의 비율
$$\left(\frac{\text{검색되지않은 부적합문헌의 수}}{\text{부적합 문헌의 총수}}\right)$$
∴ 검색효율$[\%]$ = (재현율 + 배제율 − 1) × 100 =
$$\left(\frac{15}{15+5}+\frac{70}{10+70}-1\right)\times 100 = 62.5\%$$

8 ④

재현율은 전체 중에서 적합한 문헌의 검색결과의 비율을 말하는데 정보검색에서 재현율을 높이기 위한 방법으로는 자연어의 사용, 동의어 또는 유의어 검색, 그리고 AND 연산자를 적게 사용하는 방법 등이 있다. 서명필드에서 탐색용어를 사용하는 검색방법은 재현율을 떨어트리고 정확율을 향상시키는 방법이다.

9 ③

정보검색효율척도 가운데 널리 사용되는 것이 정확률과 재현율이다. 정확률은 검색된 문헌들이 얼마나 적합한지, 즉 시스템이 부적합 문헌을 검색해 내지 않는 능력을 나타내며, 재현율은 적합 문헌이 얼마나 많이 검색되었는지, 즉 시스템이 적합 문헌을 검색해 내는 능력을 나타낸다.

10 ②

㉠ **누락률** : 전체 적합 문헌 중에서 검색되지 않은 적합 문헌의 비율
㉡ **잡음률** : 전체 검색 문헌 중에서 검색된 부적합 문헌의 비율

㉢ **부적합률** : 전체 부적합 문헌 중에서 검색된 부적합 문헌의 비율

11 ②

② 가장 이상적인 검색시스템의 효율성은 재현율과 정확률이 각각 100%가 되는 것이나 실제로 재현율과 정확률은 어느 한쪽이 높으면 다른 쪽이 낮은 상반관계에 있으므로 동시에 100%가 되는 경우는 없다.

12 ②

검색된 문헌의 수가 증가할수록 적합한 문헌도 많이 검색되므로 검색의 완전성을 말하는 재현율은 증가하고, 부적합 문헌이 포함되므로 검색의 정확성을 말하는 정확률은 낮아진다.

13 ②

재현율 ··· 시스템이 소장하고 있는 적합 문헌들 중에서 검색된 적합 문헌의 비율을 이용하여 적합 문헌이 얼마나 많이 검색되었는가를 측정하는 것으로, 시스템의 적합 문헌을 검색해 내는 능력을 말한다.

14 ③

검색효율은 평가기준 가운데 가장 중요한 것으로 이용자가 요구하는 수준의 정보서비스를 제공하는 시스템의 능력을 측정한다.

15 ①

① 신속성, 경제성은 시스템 운영자의 입장에서 관심을 갖는 평가기준이다.

16 ④

④ 검색효율은 이용자의 정보요구 만족도를 측정하는 평가기준이다.

17 ②

정보검색시스템은 검색효율, 신속성, 경제성의 3가지 측면에서 평가한다.

18 ③

경비 ··· 인건비, 통신비, 기계비, 시스템경상비, 문헌복사비, 비품비 등이 포함된다.

19 ①

① 적합성은 질문을 제시한 이용자의 주관적인 판단에 의해 평가된다.

20 ②

정확률을 향상시키는 기법 … 연결기호, 역할기호, 관계기호, 가중치부여, 개념조합, 개념연결 등

21 ④

적합 문헌의 총수 … 데이터베이스 내에 포함되어 있는 적합 문헌의 레코드 수를 말하는 것으로 재현율 측정에 필요하다.

22 ②

② 데이터베이스에서 임의로 문헌표본을 선택하여 적합성을 판정한다.

23 ②

② 주관적 적합성에 대한 설명이다. 주관적 적합성은 검색 시 이용자의 정보요구를 만족시키는 문헌만을 의미하는 것으로 필요성이라고도 한다.

24 ①

재현율 … 시스템이 소장하고 있는 적합 문헌들 중에서 검색된 적합 문헌의 비율을 이용하여 적합 문헌이 얼마나 많이 검색되었는가를 측정하는 것으로, 시스템의 적합 문헌을 검색해 내는 능력을 말한다.

25 ①

정보검색시스템의 평가기준
㉠ **검색효율** : 이용자의 정보요구 만족도를 측정하는 평가기준이다.
㉡ **신속성과 경제성** : 시스템운영자의 입장에서 관심을 갖는 평가기준이다.
㉢ 검색효율이 검색시스템의 능력평가에 가장 중요하다.

26 ③

③ 재현율 향상수단에 해당한다.

※ **정확률 향상수단**
㉠ 개념의 조합
㉡ 개념의 연결
㉢ 연결기호
㉣ 역할기호

㉤ 관계기호
㉥ 가중치부여

27 ③

정확률은 검색된 문헌들 중에서 적합 문헌의 비율로 검색된 문헌이 얼마나 적합한가를 나타내는 것으로, 시스템이 부적합 문헌을 검색해 내지 않는 능력을 말한다. 정확률이 높을수록 정보요구에 가까운 문헌이다.

28 ③

보편율
㉠ 전체 문헌 중의 적합 문헌의 비율을 말한다.
㉡ 장서 내의 적합 문헌의 밀도를 나타낸다.
㉢ 전체 적합 문헌 수가 적어지거나 전체 장서의 크기가 증가할수록 보편율은 낮아진다.

29 ④

④ 부적합률은 전체 부적합 문헌 중에서 검색된 부적합 문헌의 비율을 나타낸다.

30 ①

① 재현율이 높을수록 좋은 성능의 시스템이다.

31 ④

좋은 성능의 시스템
㉠ 재현율, 정확률, 배제율은 높을수록 좋다.
㉡ 누락률, 잡음률, 부적합률은 낮을수록 좋다.

32 ①

검색효율 … 이용자의 정보요구 만족도를 측정하는 평가기준으로 서비스의 질을 평가하며, 재현율과 정확률을 널리 사용한다. 재현율은 시스템이 적합 문헌을 검색해 내는 능력을 말하며 정확률은 검색된 문헌들 가운데 적합 문헌의 비율로 검색된 문헌들이 적합한지를 측정하는 것이다. 검색문헌의 수가 증가할수록 재현율이 증가하고 정확률은 떨어지는 반비례관계에 있다.

33 ③

③ 배제율은 전체 부적합 문헌 중에서 검색되지 않은 부적합 문헌의 비율을 구하는 것으로 $\dfrac{d}{(b+d)}$ 로 구한다.

34 ③

③ 누락률은 전체 적합 문헌 중의 검색되지 않은 적합 문헌의 비율을 나타낸 것으로 누락률과 재현율의 합은 1이다.

35 ①

재현율과 정확률의 향상수단
㉠ 재현율 : 용어절단, 어형통제, 동등 · 연관 · 계층 관계표시, 탐색어확장
㉡ 정확률 : 개념의 조합 · 연결, 가중치부여, 연결기호, 역할기호, 관계기호

36 ②

설문은 질문지향적 방법에 대한 것이다.

37 ②

② 질문지향적 방법은 평균을 평균적인 이용자가 시스템으로부터 기대할 수 있는 성능으로 보는 것으로 이용자지향적 방법이라고 한다.

38 ①

① 일반적인 질문에 대한 탐색은 재현율과 정확률이 높아진다.

39 ③

검색된 문헌의 적합성 판정결과에 따라 시스템의 검색효율이 결정되므로 검색효율의 측정 시 가장 중요한 개념은 적합성이다.

40 ③

주제의 망라성 … 한 문헌이 다루고 있는 주제개념을 얼마나 많은 색인어로 표현해주느냐 하는 정도를 나타낸 것으로 재현율에 영향을 준다.

41 ④

문헌이 다루고 있는 핵심적 주제개념과 주변적 개념까지 모두 색인어로 변환시킬 경우에는 망라성이 높아지기 때문에 재현율은 높아지고 주변적 개념을 다룬 문헌까지 모두 검색되므로 정확률은 낮아진다.

42 ④

정확률 향상수단 … 개념의 조합, 연결기호, 역할기호, 관계기호, 가중치부여, 개념의 연결

43 ②

② 특정성이 높을수록 개념의 구체적 표현이 가능하여 특정한 질문에 맞는 문헌만을 검색할 수 있으므로 정확률은 높아지는 반면에 질문내용과 관련이 적은 문헌은 검색되지 않으므로 재현율은 낮아진다.

44 ④

④ 전통적인 불리언검색은 각 개념의 상대적인 중요도를 나타내지 못하는 단점을 가지고 있다.

45 ①

① 정확률 향상수단에 해당한다.

※ **재현율 향상수단** … 계층관계표시, 연관관계표시, 동등관계표시, 어형통제, 용어절단, 탐색어확장

46 ②

② 유사계수의 값이 큰 문헌부터 작은 문헌의 순으로 출력한다.

47 ③

③ 두 가지 척도만을 사용하여 검색효율을 측정하는 것은 문제가 있으므로 복합적인 값을 척도로 사용하여야 한다.

48 ④

④ 탐색질문의 일반성에는 영향을 받지 않는다.

49 ①

쿠퍼의 예상탐색길이척도 … 질문과의 유사도에 따라 출력문헌의 순위가 주어지는 검색시스템에 적합한 효율척도로 원하는 수의 적합 문헌을 발견하기 위해 탐색해야 할 부적합 문헌의 수를 이용한다.

50 ②

② 예상탐색길이 감소인자는 정확률을 대신한다.

1 ②

레틱의 참고과정모델에서 발생하는 소음은 의미적 소음(semantic noise)로 피드백을 일으키는 필수 요소로 작용하며 피드백이 계속되면 소멸된다.

2 ④

특정 자료로 관련 자료를 탐색하는 효과적 검색방법
㉠ **목록이용** : 특정 자료의 목록을 이용하여 분류기호나 주제명 등으로 재탐색
㉡ **색인이용** : 색인지, 초록지 등을 활용하여 관련 범위 자료를 탐색
㉢ **인용문헌 이용** : 인용색인데이터베이스 등을 통해 인용문헌을 확장 탐색
㉣ **특정 어휘 이용** : 전문용어나 고유명사 등 특정 어휘를 바탕으로 확장 탐색

3 ④

의미형성이론 … 변화하는 환경 속에서 정보요구를 해결하는 과정으로 'Situation(정보환경, 상황) - Gap(격차) - Use(이용)'의 모형을 통해 접근하는 것으로 정보환경에서의 격차를 인식한 후 정보획득을 위한 의식적 노력을 통해 정보를 이용하여 새로운 의미를 형성해가는 과정이다.

4 ①

Eisenberg와 Berkowitz의 Big6 모형
㉠ **과제확인** : 과제를 해결하기 위해 필요한 정보가 무엇인지 확인한다.
㉡ **탐색전략 수립** : 문제해결에 필요한 자원을 탐색한 후 가장 최선의 자원을 선택한다.
㉢ **정보의 식별과 접근** : 자료의 위치를 확인하고 자료 내에서 필요한 정보를 찾는다.
㉣ **정보이용** : 적합한 정보원으로부터 필요한 정보를 추출한다.
㉤ **통합** : 다양한 정보원으로부터 정보를 조직하고 제시하여 발표한다.
㉥ **평가** : 모든 과정의 효율성을 평가하고 결과물의 효과성을 평가한다.

5 ③

쿨다우(C.C. Kuhlthau)의 정보탐색과정(ISP) 모형의 6단계
㉠ 제1단계 : 과업 시작(Task Initiation)
㉡ 제2단계 : 주제 선정(Topic Selection)
㉢ 제3단계 : 탐색 조사(Prefocus Exploration)
㉣ 제4단계 : 초점 형성(Focus Formulation)
㉤ 제5단계 : 정보 수집(Information Collection)
㉥ 제6단계 : 탐색 종료(Search Closure)

6 ①

참고면담과정이 끝나면 참고사서는 자신이 가진 전문적 지식과 기술을 배경으로 해답을 찾아내기 위한 탐색의 과정을 머릿속에서 구상하게 된다. 이 과정을 일반적으로 탐색전략이라 하며, 이 과정은 질문의 변환, 전략의 설정을 포함한다.

7 ③

게임의 규칙
㉠ 해답이 어느 자료에 포함되어 있는지 알고 있다면, 일반적으로 그것은 맞다.
㉡ 동료 직원들이 선행 조사한 결과의 정확성이나 완전성에 의존하지 마라.
㉢ 사서 자신이 탐색한 리스트를 가지고 있어라.
㉣ 시간을 가져라.
㉤ 다양한 검색요소들을 시도해라.

8 ③

정보의 탐색과정은 이용자 상담 - 데이터베이스 선택 - 탐색전략 수립 - 검색기법의 4단계를 거친다.

9 ④

④ 고도의 정확률을 요하는 경우에 적합한 방법이다.

10 ②

점진적 분할전략 … 일반적인 주제에서 세분화된 주제로 점진적으로 발전시켜 최종결과에 이르게 하는 전략으로 출판연도, 문헌형태 등의 특정조건을 부여하여 그 수를 줄여간다.

11 ③

③ 특정패싯우선전략은 전문가용으로 높은 정확률이 요구될 때 사용된다.

12 ⑤

탐색전략 수립과정은 이용자의 정보요구에 따라 온라인 탐색을 시작하기까지의 준비과정으로 주제 개념의 분석 - 용어선정 - 탐색식 작성 - 탐색전략수립의 단계로 이루어진다.

13 ③

간략탐색전략은 Fast batch 탐색방법으로 2개 이상의 패싯을 한 개의 탐색식으로 표현하여 신속하게 일괄처리한다.

14 ②

블록설정전략
㉠ 탐색주제를 몇 개의 블록으로 나눈 다음, 블록 내 개념에 해당하는 관련 용어들을 OR로 조합하여 개념을 확장하고, 각 블록의 탐색결과를 AND로 조합하여 탐색한다.
㉡ 용어에 대한 개념확장을 위해 시소러스나 용어사전을 참고한다.

정보의 축적

● 1. 정보소장장치 및 파일조직

1 ①

① 도치파일은 각 색인어에 대해 그 색인어가 부여된 문헌의 문헌번호를 수록하고 있다.

2 ②

② 자기테이프는 직접접근이 불가능하다는 단점을 가지고 있다.

3 ④

④ 레코드의 길이가 길고 가변장이다.

4 ②

② 자기디스크는 직접접근이 가능한 장치로 파일조직 선택에 제한이 없다.

5 ③

③ 자기테이프의 단점에 해당하는 내용이다. 자기디스크는 파일갱신 시 파일재복사가 필요 없다.

6 ③

③ 자기디스크의 장점에 대한 설명이다.

※ **자기테이프의 장 · 단점**
  ㉠ **장점**
  • 파일의 작성과 보관이 용이하다.
  • 일괄처리시간이 빠르고 경제적이다.
  • 가격이 저렴하다
  ㉡ **단점**
  • 갱신 시 전체파일을 복사해야 한다.
  • 연속파일과 순차파일조직만 가능하다.
  • 직접접근이 불가능하다.

7 ①

WORM … 정보를 기록할 수 있으나 한번 기록된 정보는 지우거나 수정할 수 없고 읽을수만 있는 추가기록형 장치이다. OROM, DRAW 광학카드가 있다.

8 ②

② 추가기록형에 대한 설명이다.

※ **재생전용형 광디스크** … 정보나 프로그램을 소장하며 단지 읽기만 할 수 있다.

9 ④

① 문헌파일과 도치색인파일로 구성되며 대규모 정보검색시스템에서 신속한 검색을 위해 채택되어 있다.
② 순차파일로 조직된 데이터파일과 색인이 결합된 파일조직이다.
③ 가장 간단하고 초보적인 파일기법으로 융통성이 작은 파일조직기법이다.

10 ②

항목(Field)이 모여서 레코드(Record)가 되고, 레코드가 모여 파일(File)이 되며, 관련 있는 파일이 모여서 데이터베이스(Database)가 된다.

11 ①

① 물리적 파일조직의 목적이다.

12 ④

클러스터파일의 장 · 단점
㉠ 장점
• 탐색 건당 탐색문헌의 집단 수가 적으므로 탐색이 신속하다.
• 모든 색인어에 부여된 색인어는 벡터형태로 표현되므로 이용한 질문의 수정이 용이하다.

ⓛ 단점
• 대규모 파일일 경우 전체 문헌의 클러스터링이 어렵다.
• 센트로이드파일을 위한 별도의 소장장소가 필요하다.
• 주 문헌파일의 갱신에 따라 센트로이드파일의 변경이 필요하다.

13 ②

② 논리적 파일조직에 대한 설명이다.

14 ②

② 융통성이 적은 기법으로 자기테이프에 많이 쓰인다.

15 ④

④ 순차파일은 레코드에 신속히 접근할 수 있는 장점을 가지고 있다.

16 ④

① 일반적으로 직접파일은 랜덤파일을 의미한다.
② 직접파일은 특정 레코드의 위치가 다른 어떤 레코드의 위치와도 무관하다.
③ 색인순차파일에서 색인은 특정 레코드의 물리적 위치를 지시하는 것이다.

17 ③

색인순차파일 … 순차파일로 조직된 데이터파일과 색인이 결합된 파일조직으로 색인도 데이터파일과 같이 순차파일로 조직되며 레코드의 직접접근이 가능하다.

18 ②

② 레코드가 키의 순서대로 연속적으로 소장되기 때문에 새로운 레코드의 추가가 용이하지 않다.

19 ③

③ 자기테이프에 대한 설명이다.

※ **자기디스크의 장점**
　㉠ 특정 레코드의 직접접근이 가능하므로 검색이 신속하다.
　㉡ 모든 형태의 파일조직이 가능하다.
　㉢ 파일갱신 시 파일재복사가 필요 없다.

20 ①

색인순차파일의 디스크파일에서는 트랙색인, 실린더색인, 마스터색인의 3단계 색인이 만들어진다.

21 ③

③ 색인은 마스터색인, 실린더색인, 트랙색인으로 구성된다.

22 ①

① 색인테이블에 의해 접근하는 방법을 색인파일이라고 한다. 랜덤파일은 키변환공식에 의한 파일조직이다.

23 ②

도치파일의 단점
　㉠ 파일의 갱신이 어렵다.
　㉡ 피드백을 이용한 검색절차를 사용하기 힘들다.
　㉢ 파일의 크기가 커서 장소를 많이 차지한다.
　㉣ 검색된 문헌번호리스트의 논리관계 처리를 위한 별도의 작업장소가 필요하다.

24 ①

① 해싱방법은 해싱공식의 선택과 번지충돌의 처리가 어렵다는 단점을 가지고 있다.

25 ③

해싱의 기본요소는 소장번지의 수, 소장장소의 크기, 소장장소의 시작번지이다.

26 ①

② 색인파일을 사용하여 원하는 레코드만을 검색할 수 있고 탐색이 빠르다.
③ 파일 내의 특정 레코드의 위치가 다른 어느 레코드의 위치와 무관한 파일조직이다.
④ 도치색인파일과 접근점이 다양한 온라인 검색시스템 탐색용 파일에 적합하다. 프로그래밍이 용이하며 갱신이 간단하다.

27 ④

클러스터파일의 특징
　㉠ 장점
• 탐색작업 건당 탐색할 문헌집단의 수가 적다.
• 신속한 탐색이 가능하다.

• 색인어에 부여된 색인어는 벡터형태로 표현되므로 질문의 수정이 용이하다.
ⓛ 단점
• 대규모 파일일 경우 문헌 전체의 클러스터링이 어렵다.
• 센트로이드파일을 위한 소장장소가 별도로 필요하다.
• 주 문헌파일의 갱신에 따라 센트로이드의 변경이 있어야 한다.

28 ④

④ 해싱과정은 레코드를 소장할 경우뿐만 아니라 검색 시에도 적용된다.

29 ③

리스트형태파일 … 논리적으로 관련된 레코드들을 물리적인 위치에 관계없이 연결시켜주는 파일조직으로 도서관파일이나 정보검색용 파일에서 많이 채택하고 있다.

30 ④

④ 다중리스트파일은 도치파일에 비해 프로그래밍과 파일갱신이 용이하지만 검색시간이 길다는 단점을 가지고 있다.

31 ④

④ 리스트파일은 정보검색에서 계층적 분류체계, 계층적 시소러스, 검색용 사전파일과 같이 논리적으로 계층관계를 갖는 구조를 다중링크리스트형태로 소장한다.

32 ②

리스트형태파일은 포인터 수에 따라 단일링크리스트, 이중링크리스트 등으로 구분된다.

33 ③

③ 디스크립터의 수가 많고 새로운 디스크립터의 추가가 빈번한 대규모 온라인시스템에서는 해싱에 의해 디스크립터의 소장번지를 결정하여 신속한 검색을 할 수 있는 랜덤파일조직이 적합하다.

34 ④

④ 디스크파일의 경우이다.
※ 색인순차파일의 특성
ⓐ 순차파일로 된 데이터파일과 색인이 결합된 파일조직기법으로 되어 있다.
ⓑ 색인이 방대하여 효과적인 탐색이 불가능할 경우 이 색인은 다시 색인되어 여러 색인으로 만들어진다.
ⓒ 디스크파일에는 트랙색인, 실린더색인, 마스터색인 단계의 색인이 만들어진다.
ⓓ 레코드 순차처리에 랜덤처리가 동시에 이루어질 수 있다.
ⓔ 색인의 키는 순차파일의 키와 동일하다.

35 ③

③ 클러스터파일을 이용한 시스템이다.

36 ①

도치파일은 기본파일인 문헌파일과 도치색인파일로 구성된다.

● **2. 데이터베이스**

1 ②

메타데이터의 유형
㉠ 기술적 메타데이터 : 고유식별자, 물리적·서지적 속성 등
㉡ 관리적 메타데이터 : 스캐너 유형, 해상도, 컬러, 압축정보 등
㉢ 구조적 메타데이터 : 서명, 목차, 페이지, 색인 등
㉣ 보존적 메타데이터 : 디지털 자원의 이력 및 출력정보, 진본성 인증 등

2 ①

Open Access 디지털 아카이브
㉠ 골드로드 : 오픈 액세스 잡지(Open Access Journal)
㉡ 그린로드 : 셀프 아카이빙
• 저자 셀프 아카이빙
• 기관 리포지토리

3 ①

① 전자저널관리시스템 Gold Rush는 CARL(The Colorado Alliance of Research Libraries)에서 제공하는 서비스이다.

4 ④

④ 정부 관련 및 법률

5 ④

④ 데이터베이스는 포맷이 표준화되어 있지 않아 모든 시스템에서 사용하지는 못한다.

6 ②

scopus … Elsevier가 2004년 9월부터 서비스하기 시작한 과학, 기술, 의학연구 정보의 초록·색인 데이터베이스이다.

7 ③

PQDD는 전 세계의 학위논문을 수집 제공하는 DAO의 향상된 서비스로 인터넷을 통해 색인, 초록, 원문검색, 주문이 가능한 데이터베이스이다.
① 북미 및 유럽 상위 30위 대학의 박사학위 논문 정보를 무제한 제공하는 데이터베이스이다.
② ISI사의 인용색인 데이터베이스인 SCIE, SSCI, A&HCI의 인용색인 데이터를 바탕으로 각 저널에 대한 인용통계정보를 제공하는 저널평가 데이터베이스이다.
④ 1966년 이후부터 현재까지의 ERIC 문헌에 대한 색인 및 초록 검색과 1996년 이후부터 현재까지의 ERIC 문헌에 대한 원문(Full-Text) 검색까지 가능한 데이터베이스이다.

8 ②

② 데이터베이스마다 포맷방법이나 검색방법이 다르므로 검색시스템의 이용이 어렵다.

9 ③

③ 데이터베이스는 갱신이 용이하여 정보의 최신성을 유지할 수 있다.

10 ②

온라인 데이터베이스
㉠ 이용자가 자기테이프, 자기디스크 등에 축적된 정보를 자기 단말기에서 통신망을 통하여 온라인으로 직접 탐색할 수 있는 데이터베이스이다.
㉡ 데이터베이스의 크기, 데이터뱅크의 수, 갱신빈도 등이 다양하다.

11 ②

데이터베이스는 대량의 정보를 체계적으로 정리하여 필요한 정보를 신속하게 검색할 수 있도록 한 것으로 궁극적인 목적은 자원의 공유에 있다.

12 ④

㉠ 데이터베이스는 포맷이 표준화되어 있지 않아 모든 시스템에서 사용하지는 못한다.
㉣ 데이터베이스는 정보를 신속하게 검색하여 처리속도를 향상시킨다.

13 ③

설문은 데이터베이스에 대한 것이다.

14 ②

설문은 데이터베이스에 대한 것으로 필드가 모여 레코드가 되고 레코드가 모여 파일이 되고 파일이 모여 데이터베이스가 된다.

15 ④

데이터베이스의 장점
㉠ 중복성의 감소
㉡ 데이터의 공유 가능
㉢ 데이터의 압축성
㉣ 데이터 처리속도의 향상
㉤ 정보의 최신성을 유지
㉥ 데이터의 형식을 표준화
㉦ 데이터의 보안을 유지
㉧ 데이터의 독립성을 유지
㉨ 데이터의 무결성을 유지
㉩ 이용자간의 요구사항의 충돌 해결

16 ③

①②④⑤ 소스데이터베이스이다.
③ 참조데이터베이스이다.

17 ②

② 미디어별로 데이터베이스를 분류한 유형이다.

18 ③

③ 설명은 PAIS에 대한 것이다. DAO는 전세계 약 1,000여개 이상의 대학에서 수여된 석·박사학위 논문에 대한 정보를 제공하는 서지 및 초록 데이터베이스이다.

19 ②

문자데이터베이스의 종류
㉠ 서지 데이터베이스
㉡ 디렉터리 데이터베이스
㉢ 특허/상표 데이터베이스
㉣ 전문(본문) 데이터베이스

20 ①

참조 데이터베이스 … 이용자가 원하는 정보로 안내해 주는 데이터베이스로, 1970년까지 데이터베이스의 주류를 이루었던 서지정보 데이터베이스(Bibliographic database)가 여기에 속한다.

21 ①

CD-ROM … 광디스크의 일종으로 직경 120mm, 두께 1.2mm인 원판에 최소 550Mb 이상의 데이터를 저장할 수 있는 정보저장매체이다. 기억용량, 처리속도, 매체의 크기, 편리성이 뛰어나며 가격도 저렴하다.

22 ④

소스 데이터베이스 … 데이터베이스를 소장되어 있는 정보의 유형에 따라 구분한 것으로 수치정보나 전문정보와 같은 원정보를 수록하고 있다.

23 ④

④ 경비의 예측이 가능하고 경제성이 우수하다.

24 ③

③ WWW는 World Wide Web으로 1992년에 시작되었다.

25 ①

데이터베이스의 제작자는 데이터파일 생성자, 탐색 소프트웨어 생성자, 데이터출판사 등이 있다.

26 ②

필드가 모여서 레코드가 되고, 레코드가 모여 파일이 되고, 파일이 모여 데이터베이스가 된다.

27 ③

설문은 데이터뱅크에 대한 것이다.

참고정보원

● 1. 참고정보원과 서지

1 ②

② 기술의 정확성, 객관성, 표현 형식은 취급에 대한 설명이다. 배열은 적절성, 유용성 등과 관련 있다.

2 ②

② Familiar Quotations – 인용서, World Book of Encyclopedia – 청소년용 백과사전

※ 최신의 정보에 관한 질문에 적절한 참고정보원은 Current Contents Connect, OCLC ArticleFirst 등이 있다.

3 ④

Ulrich's Periodical Directory … 전 세계에서 출판 되는 정기, 비정기 간행물에 대해 주제별로 구분하 고 서명색인 및 출판사 정보를 제공하고 있는 참 고정보원
① JCR(Journal Citation Report) : 각종 통계 정 보원
② DIALOG : 상용 정보검색
③ SCOPUS : 과학기술, 의학, 생명과학, 사회과학 분야 학술지 초록 및 인용DB

4 ②

학술지, 신문, 잡지 등의 연속간행물은 1차자료에 해당한다.

5 ③

③ 비공식 정보원은 공식적 정보원에 비해 신뢰성 과 객관성이 입증되지 않았다는 단점이 있다.

6 ②

② 사전, 백과사전, 연감 등은 2차정보에 해당한다.

7 ①

① Book Review Digest는 서평색인이다.

8 ①

2차 참고정보원에는 서지, 목록, 초록, 색인 등이 있다. 연감과 백과사전은 1차 참고정보원에 해당한다.

9 ①

① Roget's International Thesaurus는 동의어 사 전, 작문이나 회화에서 다양한 어휘를 구사하는데 활용도가 높다.

10 ①

권위는 편저자와 출판사의 권위와 참고문헌 및 서 명의 유무의 관점에서 평가된다.

11 ②

② Guide to Reference Books(Balay) … 큰 도서 관에 필수적이라고 생각되는 참고자료들에 대해 기고자들이 주해하고 있으며, 범위는 국제적이나 미국과 캐나다에서 영문으로 출판된 자료에 중점 을 두고 있는 소급 선택도구이다.

12 ②

② Biography Index는 각 분야 저명인사들에 대 한 전기 정보 색인집이다.

13 ④

④ 기술의 최신성이 아닌 내용의 최신성이 기준이 된다.
※ 웹사이트 적합성 평가의 일반적 기준
　㉠ 정확성
　㉡ 통용기간
　㉢ 권위
　㉣ 객관성
　㉤ 내용의 범위

14 ④

① 적합한 문헌이 검색되지 않은 경우를 의미한다.
② 참고문헌을 의미한다.
③ 문헌의 집단화를 의미하는 것으로 탐색시간을 줄이는 파일조직기법이다.

15 ③

JCR(Journal Citation Report) … 저널 인용실태 보고서

16 ②

한국학술진흥재단의 주요기능
㉠ 학술활동 지원방안의 수립 · 정책
㉡ 학술연구보조금의 집행 관리
㉢ 학술연구단체에 대한 운영비 등의 보조
㉣ 국내외 학술교류 및 협력 지원
㉤ 학술활동을 위한 시설 및 편의 제공
㉥ 학술정보자료의 조사 · 수집 및 관리
㉦ 학술진흥에 관련된 연구수행
㉧ 학술연구 결과의 평가 · 관리 및 활용
㉨ 대학 연구지원 및 관리에 관한 조사 · 분석 · 평가 및 통계관리
㉩ 기타 학술활동 지원 · 육성에 관한 사항
㉪ 장학기금의 조성 · 운용 및 관리
㉫ 학자금의 무상지급 및 대여

17 ③

참고정보원의 평가요소 … 형식, 권위, 범위, 최신성, 취급, 배열, 다른 저작과의 관계, 비용 등

18 ②

① 특정 개인의 저작을 수집하여 리스트화 한 서지
③ 피수록자료의 간행형식, 출판자, 취급방법 등이 특수하거나 특수이용목적을 위해 편집된 서지
④ 2차 자료의 존재를 밝히거나 알려주는 서지

19 ③

정보서비스 수행의 3대 요소
㉠ 참고사서
㉡ 시설 및 설비
㉢ 참고정보원

20 ④

참고정보원의 기본요소
㉠ 포괄적인 내용일 것
㉡ 내용이 요약될 것
㉢ 신속, 정확한 검색이 되어야 할 것

21 ⑤

문헌의 서지적 요소 … 저자, 서명, 출판사항, 페이지수, 판차, 가격, ISBN, ISSN, 출판사 주소 등

22 ④

2차 참고자료 … 서지, 목록, 색인, 초록 등

23 ④

④ CD-ROM에 대한 설명이다.

※ 인쇄본 참고정보원의 장 · 단점
　㉠ 장점
　　• 바로 이용할 수 있다.
　　• 구입 비용을 예상할 수 있다.
　　• 여러 권의 도서는 다수가 동시에 이용할 수 있다.
　㉡ 단점
　　• 보존 공간이 필요하다.
　　• 최신성 유지가 어렵다.
　　• 탐색 전략을 다양하게 세울 수 없다.

24 ④

참고정보원의 최신성 … 인쇄본 < CD-ROM < 온라인의 순으로 온라인이 가장 최신성이 좋다.

25 ①

① 질문과 해답을 전달하기 위한 수단으로 활용한다.
② 자신의 취향에 맞게 원하는 시간, 장르를 선택하여 볼 수 있다.
④ 특정정보의 소재, 대차, 복사신청, 결과확인, 해답자료의 전자적 전송수단으로 활용한다.

26 ④

가상참고데스크의 결과 도서관을 유용한 기관으로 인식시켜 도서관에 대한 지지도를 높이며, 미래의 정보환경 하에서 도서관이 계속적인 지지를 확보할 수 있게 된다.

27 ④

④ 타도서관 소장자료 및 이용가능 자원을 파악해
야 한다. 거액의 정기간행물, 서지 등은 구입 전
타도서관의 이용가능 여부를 판단하고 그 자료가
쉽게 이용가능하면 구입을 강행하지 않아도 된다.

28 ⑤

과거 문헌의 외적 정보를 다루는 리스트는 서지로
분류하고 문헌의 내적 정보를 다루는 2차 자료는
색인 · 초록으로 분류하였으나 전자적 형태의 서지
가 등장하면서 형태적 관점의 문헌의 분류는 없어
지게 되었다.

29 ③

③ 2차 서지에 해당한다.

※ 2차 서지의 종류 … 선택서지, 저자서지, 주제서
지, 특수서지 등

30 ①

② 2개 이상의 집서, 도서관에 소장하고 있는 자
료를 하나의 목록조직에 따라 편성하고 그 자
료의 소재를 지시함으로써 서지정보의 확인과
상호대차를 용이하게 해주는 목록
③ 특정 주제를 설정하고 그 주제의 관점에서 자료
를 수록한 서지
④ 2차 자료의 존재를 밝히거나 알려주는 서지

31 ④

서지의 평가기준 … 목적과 권위, 범위, 서지기술형
식과 정확성, 조직과 배열, 최신성, 비용

32 ③

특수서지의 종류 … 고서, 학위논문, 마이크로자료,
시청각자료, 정기간행물, 정부간행물 등

33 ①

② 대한출판문화협회가 만든 대표적 상업서지이다.
③ 우리나라 잡지에 대한 서지로 한국잡지협회가
만든 정기간행물로 특수서지에 해당한다.
④ 한국 최초의 고서종합목록으로 고서를 토대로
국회도서관에서 만든 특수서지이다.

34 ②

①③④ 특정 주제의 개념이나 과정, 사물이나 사건
의 배경에 관한 질문의 경우 이용할 수 있는
정보원이다.
② 최신의 정보에 관한 질문에 이용할 수 있는 정
보원이다.

35 ③

③ 국가서지에 대한 설명이다.

1 ①

Compton's Encyclopedia … 미국 시카고의 Compton
에서 발행한 백과서전으로 전 26권이다. 이 백과사
전은 초등학교 상급학년부터 고등학교에 이르기까지
널리 사용할 수 있도록 교육과정에 적합한 항목을
잘 선택하여 편집 · 발행하고 있다.

2 ④

④ 사전과 백과사전을 구분하고 있다.

3 ①

고사촬요 … 16세기 중엽 명종 때 어숙권이 편찬한
백과사전으로 조선 전기 사대교린에 관한 사항, 관
직, 제도, 풍속, 지리 등 80여개의 항목으로 기술
되어 있는 소형 백과사전 형태로 서지학자들은 최
초의 백과사전으로 삼고 있다.

4 ④

① 최근 생성되어 사용되고 있는 어휘를 중심으로
수록한 사전
② 낱말의 일부를 간략한 말, 두 문자를 종합하여
만든 글자를 수록한 사전
③ 문장을 사용하거나 독서하는 데 참고하도록 만
들어진 사전
⑤ 표출어에 해당하는 타국어를 해설한 사전

5 ③

사전의 목적 … 언어에 관한 질문은 해답의 성격에
따라 어휘의 정의, 해석, 역사적 과정 등으로 분리
될 수 있으므로 사전의 목적은 규범성 또는 규정
성, 기록성 또는 역사성으로 분류할 수 있다.

6　①

동국정운 … 조선조 세종대에 만든 우리나라 최초의
운서로 고대 한자음 연구, 우리나라 음운서 연구,
중국 · 일본 한자음 연구 및 훈민정음 창제의 배경
연구에 귀중한 자료이다.

7　⑤

사전의 평가요소
㉠ **권위** : 사전을 출판하고 있는 출판사의 권위
㉡ **어휘** : 수록된 낱말의 포함 범위
㉢ **속어 및 비속어** : 사회적으로 받아들이기 어려워
　도 널리 사용
㉣ **최신성** : 7~10년 간격으로 갱신, 빈번한 개정을
　피해 보유판 발행
㉤ **형태** : 크기, 인쇄상태, 줄, 단어간격, 삽도
㉥ **백과사전적 정보** : 사실적 정보의 수록
㉦ **철자** : 철자법의 명확한 표기
㉧ **어원** : 어원표기
㉨ **정의** : 단어의 정확성
㉩ **발음표시** : 영어사전에서의 발음표기
㉪ **음절법** : 단어의 음절
㉫ **동의어 · 반의어** : 단어의 의미 차이
㉬ **문법정보** : 어휘의 문법
㉭ **용법 · 어법** : 용법

8　④

④ 분류사전에 해당한다.

※ 우리나라의 완전판사전의 종류
　㉠ 표준국어대사전(국립국어연구원/두산동아출
　　판사)
　㉡ 우리말 큰사전(한글학회/어문각)
　㉢ 국어대사전(이희성/민중서림)
　㉣ 새우리말 큰사전(신기철, 신용철/삼성출판사)
　㉤ 조선말대사전(사회과학원 언어학연구소/여강
　　출판사)
　㉥ 연세한국어사전(연세대 언어정보개발연구원/
　　두산동아)
　㉦ 한국어대사전(남영신/성안당)
　㉧ 국어대사전(한국어사전편찬회/삼성문화사)

9　③

③ 소사전은 한정된 어휘와 취급방법 때문에 또
다른 사전을 필요로 하므로 도서관에는 적합하지
않다.

10　④

④ CD−ROM 사전에 대한 설명이다.

11　④

④ 우리말 큰사전에 대한 설명이다.

※ **우리말 큰사전** … 1957년판 큰사전을 수정 · 보완
　한 것으로 문학작품에서 용례를 채택하고 남북
　방언, 북한의 문화어, 옛말, 이두 등을 보충 ·
　수록하였다. 백과사전적 정보와 참고문헌목록도
　포함되어 있다.

12　⑤

⑤ 외국의 특수사전에 해당한다.

※ 우리나라 특수사전의 종류
　㉠ 고사성어사전
　㉡ 방언 · 관용어사전
　㉢ 고어사전
　㉣ 분류사전
　㉤ 맞춤법 · 표기법사전
　㉥ 유의어 · 반의어사전
　㉦ 발음사전
　㉧ 속어 · 은어사전
　㉨ 어원사전
　㉩ 속담사전

13　③

백과사전의 종류
㉠ **편찬목적 및 기술형식에 따른 분류**
　• 대항목중심사전
　• 소항목중심사전
　• 대 · 소항목사전의 장점만을 종합한 사전
　• 정보중심사전
㉡ **주제범위에 따른 분류**
　• 일반백과사전
　• 주제백과사전
　• 전문사전

14　②

① 낱말을 일정한 순서로 배열하고 각 낱말의 발
　음, 의미, 어원, 용법 등을 해설한 것이다.
③ 특정한 개인의 전기적 정보를 수록한 것이다.
④ 특정한 지명에 대해 체계적으로 요약 기술한 것
　이다.
⑤ 참고사서가 질의내용에 대해 생각하지 않고 즉
　시 해답을 할 수 있도록 사실형 질문에 해답할
　목적으로 편성된 것이다.

15　④

④ 인명사전에 대한 설명이다.

16 ③

①④ 일반백과사전에 대한 설명이다.
② 전문사전에 대한 설명이다.

17 ⑤

전자백과사전의 장점
㉠ 정보검색 시 빠르고 정확하다.
㉡ 멀티미디어적 특성을 지닌다.
㉢ 대화식 기능을 가진다.
㉣ 대용량이며 융통성이 있다.
㉤ 자주 갱신할 수 있다.
㉥ 제작비용, 판매가격이 저렴하다.
㉦ 인쇄, 저장, 편집이 용이하다.
㉧ 분실, 파손의 염려가 없고 다수 이용자가 동시에 접근할 수 있다.
㉨ 최소의 보존공간이 필요하다.

18 ⑤

⑤ 접근성에 대한 설명이다.

19 ③

CD-ROM 백과사전과 온라인 백과사전

구분	CD-ROM 백과사전	온라인 백과사전
이용요금	무료	사용빈도에 따라 부과
최신성	연간 갱신	수시 갱신
특징	멀티미디어정보 제공	멀티미디어정보 제공

20 ②

① 영조시대 실학자 성호 이익이 편찬한 백과사전으로 천지, 만물, 인사, 경사, 사문 등으로 나누어 중국의 학술, 사상, 제도, 풍속 등에 고증을 가하고 우리나라의 역사, 정치, 사회, 경제, 풍속, 언어에 관해 해박한 지식을 쌓을 수 있도록 해설한 것이다.
③ 지봉 이수광이 편찬한 우리나라 최초의 백과사전으로 모두 3,435개의 항목을 수록하여 천문, 지리, 경서, 문장, 기예, 궁실, 식물 등 25개 부문으로 나누어 내용을 설명하고 있는 당대 대표적 백과사전이다.
④ 명종시대 어숙권이 편찬한 것으로 조선전기 사대교린에 대한 사항, 관직, 제도, 풍속, 지리 등 80개의 항목으로 나누어 기술하고 있는 소형 백과사전 형태를 띠고 있다. 서지학자들은 최초의 백과사전으로 보고 있다.

21 ⑤

⑤ 사전의 평가요소에 해당한다.

※ **백과사전의 평가요소**
　㉠ 편찬목적과 범위
　㉡ 권위
　㉢ 접근성
　㉣ 최신성
　㉤ 기술형식
　㉥ 형태적 특징
　㉦ 특징 및 가격

22 ④

④ 인물정보원의 기능에 대한 설명이다.

※ **백과사전의 기능**
　㉠ 사전적 정보제공
　㉡ 일반적인 배경정보제공
　㉢ 사실확인 자료제공

23 ②

① 국내 검색엔진이나 포털사이트에서 무료로 이용할 수 있는 것
③ 현대인들에게 필요한 모든 분야의 지식을 짧고 간단하게 설명하고 있는 것
④ 모든 지식을 체계적이고 조직적으로 설명하고 있는 것

● 3. 인물 · 지리정보원

1 ①

지명사전 ⋯ 지명, 도시명, 지역명, 건조물명 등의 고유명사를 표출하여 위치, 교통, 연혁 등을 해설하고 있는 사전으로 지명의 발음을 비롯하여 위치, 교통, 행정, 인구, 상업, 관광상의 특색을 설명하고 있는 정보원이다.

2 ①

② 특정 지명에 대해 체계적으로 요약하여 기술한 참고정보원
③ 참고사서가 질문내용에 대해 즉시 해답할 수 있는 사실형 질문에 해답할 목적으로 편성된 참고정보원
④ 낱말을 일정순서에 맞게 배열하고, 낱말의 발음, 의미, 어원, 용법 등을 해설하여 놓은 참고정보원

3 ①

인물정보원에는 모든 사람의 정보가 수록되는 것은 아니다.

4 ④

인물의 정보 … 생년월일, 경력, 저서, 교우, 사업, 관계단체, 사상, 학술 등

5 ④

인명사전은 전기적인 요소를 완전하게 갖추지 못하기 때문에 한 개인의 일생에 관한 모든 면을 완벽하게 나타내진 못한다.

6 ④

Katz의 참고정보원으로서 인물정보의 효용성
㉠ 특정 직업, 전문분야의 유명인사 정보 제공
㉡ 다양한 이유의 특정 개인에 대한 자료 제공
㉢ 아기에게 지어줄 이름 제공

7 ⑤

⑤ 백과사전의 기능에 대한 설명이다.

※ **인물정보원의 기능** … 한 인물의 생애 기술, 당대 배경정보의 제공, 교육적 기능 제공, 흥미로운 읽을거리 제공, 부차적 기능 제공

8 ④

④ 전기색인에 대한 설명이다.

9 ③

① 자신이 직접 자기의 생활을 회고하는 형식으로 기록한 전기
② 전기작가가 쓴 대표적 전기
④ 전기작가가 한 인물의 삶, 업적 등을 포괄적이면서 평가적으로 기술한 전기

10 ③

전기의 분류
㉠ 주관적 전기
 • 자서전
 • 일기
 • 고백록
 • 회고록
 • 명상록
 • 여행기

㉡ 객관적 전기
 • 개인전
 • 총전
 • 평전

11 ⑤

⑤ 지리정보원의 평가기준에 해당한다.

※ **인물정보원의 평가기준**
 ㉠ 인물 선정기준
 ㉡ 권위
 ㉢ 정확성
 ㉣ 최신성
 ㉤ 데이터베이스의 규모와 질
 ㉥ 검색효율성
 ㉦ 기타 평가요소

12 ③

③ 인물의 전문분야를 알고 있을 경우 전문인명사전을 조사한다.

13 ④

④ 전자적 인물정보원에 해당한다.

14 ③

지리정보원은 일반 참고정보원과 달리 관리하고 이용하는 데 특별한 주의가 요구된다. 지도는 낱장으로 되어 있고 크기도 다르기 때문에 별도의 보존장치를 필요로 하며 지도책은 크기가 크기 때문에 별도의 서가를 필요로 한다.

15 ④

CD-ROM은 갱신주기가 연간, 반년간, 월간 등으로 이루어지므로 온라인데이터베이스보다 최신성과 멀티미디어정보면에서 취약하다.

16 ④

④ 백과사전의 기능에 대한 설명이다.

17 ③

① 일정한 어형과 어의, 표기의 세 요소를 갖춘 장소 표시의 언어기호
② 지도책, 지명사전 등에 포함되지 않은 잘 알려지지 않은 지명에 대한 상세한 정보가 수록된 것
④ 지명의 위치확인 및 식별의 목적으로 지도를 묶은 것

18 ②

현대지도와 옛지도

구분	현대지도	옛지도
특징	• 과학적 측량으로 정확한 거리와 높이 표기 • 평면지도	• 입체성 뚜렷 • 생명체적 요소 강조 • 입체적, 회화적

19 ④

④ 대한제국시대에는 최초의 현대식 지도인 대한전도가 발간되었다.

※ **동국지도** … 조선시대전기 양성지가 과학기기로 실측한 자료를 바탕으로 제작한 과학적인 전국지도이다.

20 ②

① 17세기 마테오리치가 만든 세계지도
③ 우리나라 최초의 대형축적전도로 전국의 지리를 사실적으로 표시한 지도
④ 측량 담당기관인 양지아문에서 제작된 것으로 최초로 경위선을 좌표로 사용한 지도

21 ①

② 지구의 자연현상, 인간 활동의 결과를 지구와 관련하여 표현한 지도
③ 특수 이용목적에 맞게 만들어진 지도
④ 과학적 측량법을 사용하여 정확하게 표현한 것으로 평면적 지도

22 ③

③ 기호에 대한 설명이다.

23 ②

① 지도 제작 시 공간의 상황을 실제보다 축소한 정도
③ 사물, 장소를 설명하고 차별화시켜 2차원의 지리적 틀 속에 자료를 저장하기 위한 그림 규약
④ 지도의 지리적 범위

24 ⑤

⑤ 본문의 내용을 보완하는 데 사용되며 즉답형정보원의 평가요소에 해당한다.

※ **지도의 평가기준요소**
  ㉠ 발행자
  ㉡ 축척
  ㉢ 도법
  ㉣ 기호
  ㉤ 범위 및 배열
  ㉥ 최신성
  ㉦ 색인
  ㉧ 형식
  ㉨ 비용

25 ④

제작목적에 의한 축척지도의 분류
  ㉠ 대축척지도 : 도시계획, 군사작전, 학술연구
  ㉡ 중축척지도 : 게시용, 산업, 교통망도, 행정용
  ㉢ 소축척지도 : 교육용, 괘도제작용

26 ①

② 임진왜란 후 쓰여진 최초의 계통적 지리서로 역사지리서의 효시이다.
③ 세종 7년 경상도 전체의 총설, 4도 및 군·현의 자연과 인문지리정보가 상세히 수록되어 있는 것으로 삼국사기에 나오는 지리지 다음으로 가장 오래된 지리서이다.
④ 세종시대에 편찬한 것으로 조선 인문지리학의 학문적 체계를 세우는 데 공헌하였으며 조선시대 모든 지리지의 바탕이 되었다.

27 ③

① 지도 ② 지도책 ④ 여행안내서

28 ③

③ 지명사전에 대한 설명이다.

29 ⑤

인명록의 유형
  ㉠ 일반인명록
  ㉡ 전문인명록
  ㉢ 특정지역인명록
  ㉣ 특정기관 및 단체인명록
  ㉤ 기관명감

30 ⑤

①②③ 전문적 인물정보원으로 전기적 정보를 직접적으로 제시한다.
④ 주기능인 인물정보보다 사전 혹은 신문기사 내의 부수적 인물에 대한 정보를 수록하고 있다.

1 ③

③ 인터넷 참고정보원에 대한 설명이다.
※ **가상참고서가** … 인터넷상 각종 참고정보원 가운데서 참고질문에 대한 해답자원으로서 활용 가치가 높은 자원을 수집하여 자관의 홈페이지에서 재조직, 배열함으로써 해당 사이트로 직접 이동할 수 있도록 만든 하이퍼링크서비스로 가상참고서가의 특징으로는 정보의 신뢰성, 주제의 다양성, 정보의 국제성, 정보 유형의 다양성과 풍부함, 접근의 용이함, 탐색의 전문화, 저렴한 비용 등이 있다.

2 ③

IPL(Internet Public Library) … 문헌정보학과 및 학생들, 사서들, 자원봉사자, 기타 기관들이 함께 협력하여 디지털 도서관을 구축하고 전 세계에 참고서비스와 자료를 제공하는 인터넷 공공도서관. 질적 수준이 높은 정보원을 발견, 평가, 선정, 조직, 기술하여 제공하며, IPL의 참고서비스를 통해 질적 수준이 높은 정보원을 일반 대중에게 제공한다.

3 ②

② 전자우편은 비동시성으로 인하여 실시간 상호작용이 부족하며 즉시 해답을 얻을 수 없다.

4 ④

① 특정 주제에 대해 보기 좋게 간추린 것
② 인간 활동에 관한 모든 지식을 축약하여 분류하여 자모순으로 배열하고 풀이한 것
③ 1년 동안 발생한 사회전반의 모든 사항에 대한 자료 및 통계 등을 요약하여 정리한 정기간행물

5 ①

즉답형 정보원의 일반적인 평가요소
㉠ 배열과 접근성 : 인쇄물은 항목의 신속한 검색을 위해 색인이 절대적으로 필요했으나 디지털 정보원에서도 검색도구의 유용성을 살펴보아야 한다.
㉡ 최신성 : 사건, 인물, 단체나 조직, 통계 등을 모두 최신의 정보를 요한다.
㉢ 삽화 : 삽화는 본문 내용을 보완하는데 사용되어 왔지만, 최근의 인터넷상에서는 그 자체가 중요하다.
㉣ 권위 : 정보의 정확성과 신뢰에 바탕을 둔다.

6 ④

전자적 즉답형 정보원
㉠ CD-ROM
㉡ DVD
㉢ 온라인데이터베이스
㉣ 인터넷
㉤ 가상참고데스크

7 ③

① 질문과 해답을 전달하기 위한 수단으로 활용한다.
② 영화와 음악을 자신의 취향에 따라 선택하고 원하는 시간에 볼 수 있다.
④ 원격지에 있는 특정 이용자가 도서관의 이용자교육 프로그램을 혼자 마스터할 수 있도록 만든 프로그램이다.

8 ④

④ 이용자의 질문내용이 한 가지에 국한되는 경우에는 더 많은 데이터를 요구하지 않기 때문에 몇 분 이내 해답이 가능하므로 상위의 질문으로 발전될 수 없다.

9 ⑤

⑤ 지도의 평가요소에 해당한다.

10 ①

연감은 서명에서 밝히고 있는 연대보다 전 해 동안에 발생한 내용을 수록하고 있기 때문에 2005년 중반 또는 후반의 연감에서는 2005년도 자료를 찾을 수 없다.

11 ④

④ 일반연감에 대한 설명이다.

12 ④

주제연감의 발행자
㉠ 국제연합 및 각국 정부의 공적기관
㉡ 연구소 및 기타 학회, 협회
㉢ 출판사, 신문사 및 각 보도기관

13 ③

③ 사전의 평가요소에 대한 설명이다.

14 ⑤

⑤ 연감에 대한 설명이다.

※ **명감의 용도**
- ㉠ 개인, 기관의 주소 및 전화번호 검색
- ㉡ 개인, 회사, 기관의 완전한 명칭 검색
- ㉢ 특정 회사의 주력 생산품 및 서비스 활동 검색
- ㉣ 인명 확인 검색
- ㉤ 특정 단체에 속하는 인물의 전기적 정보 검색
- ㉥ 기관, 회사의 연혁 및 데이터 검색
- ㉦ 특정 분야의 우편물 발송을 위한 개인, 회사, 기관 리스트 선정
- ㉧ 상업적 또는 사회 조사의 표본 선정

15 ⑤

명감의 종류에는 지역명감, 정부명감, 전문명감, 상업명감, 기관명감, 투자서비스가 있으며, 기관명감은 학교, 재단, 도서관, 병원, 박물관, 기타 유사기관에 대한 안내서이다.

※ **투자서비스** … 상업·비즈니스 명감과 관련되는 것으로 공·사립기업 및 회사의 상세한 보고서들을 제공하는 서비스이다.

16 ④

④ 연감의 평가요소인 색인에 대한 설명이다.

※ **명감의 평가요소**
- ㉠ **범위** : 해당기관, 개인 등 수록대상이 모두 수록되어야 하고 정보는 완전해야 한다.
- ㉡ **최신성** : 기관, 개인에 대한 최신정보가 요구되므로 최신성이 중요하다.
- ㉢ **권위** : 명감 발행을 주로 해 온 출판사가 권위있는 곳이다.
- ㉣ **정확성** : 명부의 내용이 최신 정보로 갱신되어야 하고 서문에는 수록범위, 최신성, 정확성 등에 대한 내용이 제시되어 있어야 한다.

17 ⑤

⑤ 지역명감에 해당한다.

※ **사실적 정보원** … 사실 관계 자료에 대한 정보를 제공하는 도서로 기네스북, 지식 속의 지식, 누가 처음 시작했을까?, 상식의 오류사전, 리더스 다이제스트 잡학사전 등이 이에 속한다.

18 ③

③ 학습용 백과사전에 해당한다.

19 ③

① 우리 주변의 사물에 얽힌 신기하고 재미있는 이야기와 그에 따른 박스기사를 싣고 있다.
② 정치, 역사, 기술, 경제, 의학 분야의 오류와 통속적 신화, 논리적으로 틀린 추론, 신문의 오보 등 잘못된 상식을 바로 잡은 것이다.
④ 지적 호기심 충족을 위한 사물, 풍속, 용어의 역사적 유래와 어원에 대한 설명을 담은 것이다.

20 ④

출처가 불명확하거나 없으면 신뢰성에 의문을 갖기 때문에 인용서에는 인쇄본의 출처를 명시하고 있다.

21 ④

삽화의 평가요소
- ㉠ 본문과의 관계
- ㉡ 삽화의 위치
- ㉢ 삽화의 질
- ㉣ 다운로드의 가능유무

22 ④

④ 명감을 통해 확인할 수 있는 사항에 해당한다.

※ **연감을 통해 확인할 수 있는 사항**
- ㉠ 특정 주제분야의 현황·추이·전망
- ㉡ 단체 및 기관의 동향
- ㉢ 사회의 변동

23 ④

색인 … 정보의 소재를 지시하는 것으로 기록 자료에 대한 리스트를 의미한다.

※ **즉답형 정보원의 유형** … 연감, 연보, 편람, 명감

24 ③

① 사실 관계 자료에 대한 정보를 수록하고 있는 정보원
② 특정 개인의 전기적 정보를 수록하고 있는 정보원
④ 지명에 대한 위치, 교통, 인문지리적 정보를 수록하고 있는 정보원

네트워크와 인터넷

● **1. 네트워크**

1 ①

제시된 내용은 클라우드 컴퓨팅에 대한 설명이다.

2 ③

③ 국내의 경우 네트워크의 기반조직이라 할 수 있는 지방 또는 지역시스템이 없이 바로 전국을 통합하는 국가적 네트워크를 지향하는 경우가 많다.

3 ③

우리나라는 한국과학기술정보연구원이 주축이 되어 국내 협력그룹을 구성하여 Question point+라는 명칭으로 서비스한다.

4 ①

① 협동수서 기능은 전통적 기능으로 분담수집, 공동구입 등의 개념이다. 미국의 파밍턴 플랜(Farmington plan)이 초기 협동 프로그램으로 성공한 대표적인 사례이다.

5 ③

① 전 세계의 협력도서관들의 지원으로 운영되고 있는 가상참고서비스이다.
② OCLC의 온라인 종합목록으로 세계적인 콘텐츠를 링크하고 있다.
④ 온라인 참고서비스로 학술지, 대중잡지, 백과사전, 비즈니스 디렉터리 등의 초록과 서지정보를 제공한다.

6 ④

Question Point … 2002년 미국의회도서관에서 CDRS의 차세대 버전으로 개발하여 발표한 것이다. 질문을 받은 사서는 정보원을 활용하여 답변할 수 있으며, 도서관 내 참고사서나 다른 곳에 있는 사서들에게도 질문을 할 수 있다. 이는 국가에 한하지 않고 글로벌 참고네트워크로 연결할 수 있다.

7 ④

④ World Cat에 대한 설명이며, First Search는 50~60여 종의 데이터베이스를 통해 검색하는 시스템을 지칭한다.

8 ③

도서관 네트워크의 기능(Williams와 Flynn) … 경영기능, 행정기능, 수서기능, 분류 편목 및 카드생산기능, 정리기능, 정보검색기능, 대출기능, 연속간행물통정기능, 상호대출기능, 문헌배달기능, 보관기능, 안내기능, 커뮤니케이션기능, 교육기능, 표준화기능, 마케팅기능, 시스템개발 및 지원기능 등

9 ③

OCLC의 서비스
㉠ First Seaech : 50~60 종의 데이터베이스를 통해 검색하는 시스템
㉡ World Cat : 3천 만 권 이상의 레코드를 검색하고 서지정보 및 소장처를 확인할 수 있다.
㉢ Library Network : 정보교환을 위한 지역네트워크

10 ④

LAN을 사용한 인터넷 접속 시에는 이미 할당되어진 고정 IP 주소를 이용한다.

11 ②

① 중앙의 대용량 컴퓨터를 뜻하며 인터넷에 연결되어 주요 역할을 하는 각각의 독립적인 컴퓨터로 여러 사람이 동시에 사용할 수 있는 다중 사용자 시스템을 의미한다.
③ 네트워크에 속하는 모든 장치를 의미한다.
④ 전화, 팩스, 데이터통신, 비디오텍스 등 통신관련 서비스를 종합하여 다루는 통합서비스 디지털 통신망이다.
⑤ 네트워크에서 각 단말기의 집선장치이다.

12 ③

다중노드의 종류
㉠ Star형 ㉡ Ring형 ㉢ Bus형 ㉣ Tree형

13 ④

① 여러 종류의 케이블을 연결하여 혼잡한 네트워크 상에서 수송량을 분리한다.
② 다른 종류의 프로토콜 또는 다른 종류의 네트워크와 연결하여 데이터의 전달통로를 제공한다.
③ 네트워크에서 각 단말기의 집선장치를 의미한다.

14 ④

① 회선 교환방식의 단점을 보완한 것으로 데이터 크기에 제한이 없고 디지털 교환에 적합하다.
② 중앙 컴퓨터와 단말기간의 통신회선을 설정하여 미리 정해진 경로에 따라 데이터를 교환한다.
③ 패킷 형태의 데이터를 송신측 패킷교환기에 저장하였다가 수신측의 요청에 의해 수신측 패킷교환기에 전송한다.
⑤ 중앙 컴퓨터와 단말기가 1대 1로 독립적이고 직접적으로 연결되어 있다.

15 ④

데이터 전송 제어의 종류
㉠ **중앙집중식 제어** : 데이터의 전송을 중앙에서 통제한다.
㉡ **임의 제어** : 모든 노드에 전송 권한 충돌 감지 기능이 있으며 이더넷에 사용된다.
㉢ **분산 제어** : 한 번에 한 노드씩 전송권한이 있으며 Token Ring 방식에 적합하다.

16 ⑤

네트워크의 종류
㉠ LAN : 일정범위 내 근거리 통신망
㉡ MAN : 거대도시 지역 통신망
㉢ WAN : 원거리 데이터 전송 통신망
㉣ VAN : 부가가치 통신망
㉤ ISDN : 종합정보 통신망

※ **네트워크의 크기 순서** … LAN < MAN < WAN

17 ①

② Point to Point로 연결되고 인접한 Terminal에 데이터를 직접 전달한다. 이렇게 전달된 데이터를 다음 단계의 Terminal에서 인접 Terminal을 통해 중계하여 전달하는 단방향 전송방식이다.
③ 모든 Node가 한 줄로 연결되어 있으며 Node의 수가 많아지면 전송력이 약해지기 때문에 중계 장치가 필요하다.
④ Bus형 네트워크의 변형 형태로 여러 개의 Bus형 네트워크를 계층적으로 연결한 것이다.

18 ①

② 64kbps의 전송속도로 사용자가 보내고자 하는 데이터를 전송하는 데 사용하는 정보용 채널이다.
③ 다이얼링 신호 등과 같은 회선 접속 신호정보를 전송하는 신호용 채널이다.
④ 고속 팩시밀리, 동영상 등과 같은 고속의 사용자 정보를 전송하는 정보용 채널이다.

19 ①

② 네트워크 상에서 어떠한 형식으로 데이터를 주고받을 것인가에 대해 약속한 규약이다.
③ 대규모 네트워크에 사용되는 초지능형 브리지를 의미한다.
④ 전송매체 상에 흐르는 신호를 증폭하여 중계하는 장치로 전기적·광학적 신호를 대상으로 하므로 서로 다른 구조의 네트워크에는 사용할 수 없다.

20 ④

① 충돌을 감소시키기 위해서 패킷의 송출을 시작하기 직전에 채널이 사용중인지 아닌지를 신호 검출에 의해 조사하고 사용중이면 그 신호가 없어질 때까지 송신의 캐시를 연기하는 방식이다.
② 루프를 초기화하고 토큰패스를 개시하기 위한 제어로 토큰의 분실, 중복을 검출하고 회복하는 기능을 제어한다.
③ 논리적으로 링을 구성한 것으로 노드의 신규참여와 제거에 따라 논리적 링의 보수를 위한 프로토콜이 필요하다.

21 ①

② 동일한 빌딩 또는 구내, 기업 내의 비교적 좁은 지역에 분산 배치된 각종 단말장치

③ 회선을 직접 보유하거나 통신사업자의 회선을 임차 또는 이용하여 단순한 전송기능 이상의 정보의 축적이나 가공, 변환 등의 부가가치를 부여한 음성, 데이터 정보를 제공해 주는 매우 광범위하고 복합적인 서비스의 집합

④ LAN의 서비스 영역 협소와 WAN의 능률저하 및 일정 지역에 대한 비경제성을 극소화한 네트워크

22 ②

① 가입자 간 정보의 전달기능 제공

③ 모든 계층의 표준화된 서비스 제공

④ 기본 서비스에 추가된 새로운 서비스 제공

23 ②

① 회선을 직접 보유하거나 통신사업자의 회선을 임차 또는 이용하여 단순한 전송기능 이상의 정보의 축적이나 가공, 변환처리 등의 부가가치를 부여한 음성, 데이터 정보를 제공해 주는 매우 광범위하고 복합적인 서비스의 집합

③ 하나의 전화회선을 통해 음성, 데이터, 화상 등의 정보를 동시에 주고받을 수 있는 미래형 통신망

④ 전화, 데이터통신, TV 수상기 등을 이용하여 도형 정보를 제공하는 쌍방향 통신기능을 가진 회화형 정보통신

24 ①

① 라우터에 대한 설명이다.

※ **라우터** … Protocol의 전환이 없거나 Protocol이 다른 3개 이상의 네트워크를 연결하여 데이터 전달통로를 제공해 주는 Host LAN을 WAN에 접속시킬 때 사용하는 장치이다.

25 ④

① 제어와 오류 해결을 중앙의 한 지점에서 수행하지만 분산처리능력에 제한이 있다.

② 제어와 오류 해결을 중앙의 한 지점에서 수행하고 제어가 간단하여 관리 및 확장이 용이하다.

③ 현재의 인터넷망 형태로 가장 융통성이 있고 병목과 고장에 면역성이 있다.

26 ③

① 제어 · 오류 해결을 중앙의 한 지점에서 해결하지만 분산처리능력에 제한이 있다.

② 제어 · 오류 해결을 중앙의 한 지점에서 수행하고 제어가 간단하여 관리 및 확장이 용이하다.

④ 현재의 인터넷망의 형태로 융통성이 가장 크고 병목과 고장에 면역성이 있다.

27 ④

LAN의 특징

㉠ 전송거리가 짧아서 전송로 비용이 부담되지 않는다.

㉡ 전송 지연시간이 짧기 때문에 패킷지연이 최소화된다.

㉢ 고속전송이 가능하고 전송 오류율이 낮다.

㉣ 외부망의 제약을 받지 않는다.

㉤ 방송형태의 이용이 가능하다.

㉥ 망 내의 어떤 기기와도 통신이 가능하다.

㉦ 패킷망의 필수적인 경로선택이 필요없어 망 제거가 용이하다.

28 ③

① 하나의 전화회선을 통해 음성, 데이터, 화상 등의 정보를 동시에 주고받을 수 있는 미래의 통신망

② 텍스트 이외에 음성을 넣어 보내는 메일

④ 전화회선을 이용하여 음성신호를 보내면서 동시에 손으로 직접 쓰고 그리는 문자나 도형을 즉시 전송하는 통신미디어

29 ②

근거리 통신망(LAN)의 구조형태 … 버스형, 고리형, 망형

30 ②

① 거대 도시 지역의 네트워크로 도시 내의 여러 개의 LAN을 합한 것

③ 부가가치 통신망으로 정보의 축적 및 제공, 통신속도와 형식의 변화, 통신경로의 선택 등의 여러 정보서비스가 부가된 것

④ 원거리 데이터 전송 통신망으로 광역 네트워크로 구성된 여러 개의 LAN으로 구성된 것

31 ④

① 혼잡한 네트워크상의 수송량을 분리하는 장치

② IP 주소와 도메인 이름 사이의 변환작업 시스템

③ 네트워크상 각 단말기의 접선장치

32 ③

① Terminal ② Talk ④ Host

33 ③

③ LAN에 대한 설명이다.

34 ①

ISDN … Integrated Services Digital Network.
디지털 전송방식과 광섬유 케이블을 사용하여 전
화, 팩스, 데이터 통신, 비디오텍스 등 통신관련
서비스를 종합하여 다루는 통합서비스 디지털 통
신망이다.

35 ③

① 패킷형태의 데이터를 송신측 패킷교환기에 저
  장하였다가 수신측의 요청에 의해 수신측 패킷
  교환기에 전송하는 방식
② 한 개의 회선에 여러 개의 단말기를 연결한 방식
④ 중앙 컴퓨터와 단말기를 1대 1로 독립적, 직접
  적으로 연결시키는 가장 단순한 교환방식

36 ④

④ 고리형 네트워크에 대한 설명이다.

※ 버스형 네트워크의 특징
  ㉠ 양방향 전송이 가능하다.
  ㉡ 노드 수가 증가할수록 전송력이 약해지므로
    자동중계장치가 필요하다.
  ㉢ 모든 노드가 한 줄로 연결되어 있다.
  ㉣ 각 노드는 고유의 주소를 가지므로 지정된
    노드에만 메시지가 전달된다.

37 ①

② 광섬유를 이용한 통신선로이다.
③ 프로토콜의 전환이 없거나 프로토콜이 다른 3개
  이상의 네트워크와 연결하여 데이터 전달통로를
  제공해 주는 호스트이다.
④ 프로토콜이 전환되거나 전혀 다른 네트워크와
  연결하여 데이터 전달통로를 제공해 주는 호스
  트이다.

38 ②

① 데이터의 논리적 단위를 교환하는 방식으로 회
  선 교환방식의 단점을 보완한 것
③ 하나의 회선을 여러 개의 단말기로 연결한 방식
④ 중앙 컴퓨터와 단말기 간에 통신회선을 설정하여
  미리 정해진 경로에 따라 데이터를 교환하는 방식

39 ③

① 데이터의 논리적 단위를 교환하는 것으로 회선
  교환방식의 단점을 보완하였다. 데이터 크기에
  제한이 없고 디지털 교환에 적합하다.
② 패킷형태의 데이터를 송신측 패킷교환기에 저장
  하였다가 수신측 요청으로 수신측 패킷교환기에
  전송하는 방식이다.
④ 중앙 컴퓨터와 단말기 간에 통신회선을 설정하
  여 미리 정해진 경로에 따라 데이터를 교환하는
  방식이다.

40 ①

② 프로토콜이 전환되거나 공통점이 전혀 없는 네
  트워크와 연결하여 데이터 전달통로를 제공하
  는 호스트
③ 네트워크에서 각 단말기의 집선장치
④ 프로토콜의 전환이 없거나 프로토콜이 다른 3개
  이상의 네트워크를 연결하여 데이터 전달통로를
  제공하는 호스트

41 ①

② Integrated Services Digital Network의 약어
  로 전화, 팩스, 데이터 통신, 비디오텍스 등 통
  신 관련 서비스를 종합하여 다루는 통합 서비
  스 디지털 통신망이다.
③ Value Added Network의 약어로 정보의 축적
  및 제공, 통신속도와 형식의 변화, 통신 경로의
  선택 등 여러 종류의 정보서비스가 부가된 부가
  가치 통신망이다.
④ Wide Area Network의 약어로 광역 네트워크
  를 의미하며 여러 개의 LAN을 구성하고 있는
  원거리 데이터 전송 통신망이다.

42 ④

① 데이터의 논리적 단위를 교환하는 방식으로 회
  선 교환방식의 단점을 보완한 것이다. 데이터
  크기에 제한이 없고 디지털 교환에 적합하다.
② 패킷형태의 데이터를 송신측 패킷교환기에 저장
  하였다가 수신측의 요청으로 인하여 수신측 패
  킷교환기에 전송하는 방식이다.
③ 중앙 컴퓨터와 단말기가 1대 1, 독립 · 직접적으
  로 연결된 가장 단순한 형태의 전송방식이다.

43 ④

① 프로토콜이 전환되거나 공통점이 없는 네트워크와 연결하여 데이터 전달통로를 제공해 주는 호스트
② 인터넷에 연결되어 주요 역할을 하는 각각의 독립적 컴퓨터로 여러 사람이 동시에 사용할 수 있는 다중 사용자 시스템
③ 프로토콜의 전환이 없거나 프로토콜이 다른 3개 이상의 네트워크를 연결하여 데이터의 전달통로를 제공하는 호스트

44 ④

① 정보의 축적, 제공, 통신속도와 형식의 변화, 통신경로선택 등 여러 종류의 정보서비스가 부가된 통신망
② 광역네트워크로 구성된 여러 개의 LAN으로 구성된 원거리 데이터 전송 통신망
③ 일정한 지역 내의 근거리 통신망으로 사업장, 건물 등 한정된 범위의 종합정보 통신망

● 2. 통신 프로토콜

1 ④

OSI 7계층 구조
㉠ 1 level : 물리계층(Physical)
㉡ 2 level : 데이터링크 계층(Data Link)
㉢ 3 level : 네트워크계층(Network)
㉣ 4 level : 트랜스포트계층(Transport)
㉤ 5 level : 세션계층(Session)
㉥ 6 level : 표현계층(Presentation)
㉦ 7 level : 응용계층(Application)

2 ③

③ 유즈넷에 사용되는 프로토콜이다.

※ **전자우편 프로토콜** … POP3, MIME, SMTP, IMAP

3 ②

① 네트워크에 속한 모든 장치를 말하며 호스트, 단말기, 중계기 등을 포함하는 의미이다.
③ 통신규약, 전송규약, 네트워크에서 데이터를 전송하기 위한 약속을 의미한다.
④ 다른 종류의 컴퓨터 상호 간의 통신을 가능하게 하는 통신규약을 의미한다.

4 ③

① 클라이언트와 서버 사이의 복잡한 대화가 필요한 곳에 응용프로그램에 의해 사용되는 파일 전송 프로토콜
② 간단한 네트워크 관리 기능에 사용되는 프로토콜
④ 호스트들 사이의 텍스트 전송 프로토콜

5 ④

④ Client는 각기 다른 고유의 명령을 요청한다.

6 ②

① 네트워크에서 전송되는 데이터의 기본단위
③ Client가 요청한 정보를 제공하는 시스템
④ 정보 필요시 특정 서버에 원하는 정보를 요구하는 시스템

7 ④

④ TCP/IP에 대한 설명이다.

8 ④

① 시스템 간 조직적이고 동기화된 방식으로 데이터를 교환하는 수단을 제공한다.
② 이동계층, 전송계층, 상위계층에서 실어온 데이터를 전송 가능한 크기로 나누어 데이터가 상대방 컴퓨터에 도착하게 한다.
③ 물리적 계층으로 LAN과 같이 실제 데이터 비트가 흐르는 계층이다.

9 ③

① 물리적 매체를 통해 비트열로 데이터를 전송한다.
② 동기화, 오류제어, 흐름제어 등의 기능을 사용하여 데이터 블록을 인접 노드 사이에 오류없이 전송한다.
④ 상호대응하는 프로그램간 연결의 개시 및 관리·종결을 수행한다.

10 ①

OSI 계층 순서
㉠ 응용계층
㉡ 표현계층
㉢ 세션계층
㉣ 전송계층
㉤ 네트워크계층
㉥ 데이터링크계층
㉦ 물리계층

11 ③

① IP에 대한 설명이다.
②④ TCP에 대한 설명이다.

12 ④

④ OSI의 응용계층, 표현계층, 세션계층은 TCP/IP
의 응용계층과 대응한다.

13 ③

③ SNMP는 간단한 네트워크 관리기능에 사용되는
프로토콜이다.

14 ④

④ 네트워크계층에 해당한다.

15 ④

④ 네트워크계층에는 IP, ICMP, IGMP가 있다.

16 ②

① POP   ③ MIME   ④ POP3

17 ②

① 인터넷 통신의 기본규약으로 다른 기종의 컴퓨
터 상호 간 통신을 가능하게 한다.
③ WWW의 하이퍼텍스트 전송을 가능하게 해주는
통신규약이다.
④ 모뎀 또는 전용선을 사용하는 시스템에 인터넷을
사용할 수 있는 환경을 제공해 주며 이것을 이용
하는 PC는 하나의 호스트 역할을 하게 한다.

18 ③

③ TCP에 대한 설명이다.

19 ④

① 한 번의 전송으로 보낼 수 있는 데이터의 양을
최대 크기로 부과하는 프로토콜
② Client와 Server간의 복잡한 대화가 요구되는
곳에서 응용프로그램에 의해 사용되는 파일 전
송 프로토콜
③ 간단한 네트워크 관리에 사용되는 프로토콜

20 ④

① 전자우편의 수신을 담당한다.
② Binary 2진 파일을 전송한다.
③ 전자우편의 송신을 담당한다.

※ NNTP … Network News Transfer Protocol의
약어로 Usenet의 기사를 전달하는 기능을 한다.

21 ①

전자우편의 프로토콜
㉠ POP : 전자우편 수신담당 프로토콜
㉡ SMTP : 전자우편 송신담당 프로토콜
㉢ MIME : Binary 파일전송 프로토콜

22 ③

③ OSI 프로토콜의 7계층에 속한다.

※ **인터넷 프로토콜의 4계층**
㉠ 링크계층
㉡ 네트워크계층
㉢ 전달계층
㉣ 응용계층

23 ④

① 한번의 전송으로 보낼 수 있는 데이터의 양을
최대크기로 부과할 때 사용한다.
② 간단한 네트워크 관리 기능에 사용한다.
③ 데이터 흐름 관리, 데이터 정확성 검사에 사용
한다.

24 ④

TCP/IP … 다른 종류의 컴퓨터 상호 간의 통신을
가능하게 하는 통신규약으로 응용계층, 전송계층,
네트워크계층, 링크계층으로 되어 있다.

25 ④

④ TAG에 대한 설명이다.

1 ③

③ 디지털 객체관리에는 모델링, 유형관리, 포맷관리, 워크플로우 관리, 평가 및 보존이 포함된다. 검색엔진, 메타 변환기, 다국어 처리기는 요소기술 관리에 포함된다.

2 ④

④ ASCII, UNICODE – 문자코드, DOI, OpenURL – 식별 체계

3 ④

정보기술에 따른 도서관의 발전단계

구분	전통적 도서관	전자 도서관	디지털 도서관	유비쿼터스 도서관
장서	소장/오프라인	소장/오프라인/전자매체	소장/접근 하이브리드 디지털 정보자원	소장/접근 하이브리드 u – 정보자원
검색	카드목록	OPAC	도서관 포털	u – 매체
공간	물리적 공간	물리적/전자적 공간	웹 공간	u – 플랫폼
키워드	효율적 관리	자동화, 전자화	통합, 디지털화	개인화, 융합, 지능화

4 ④

라키비움(Larchiveum) … 미국 텍사스대학의 메건 윈젯(Megan Winget)이 제시한 복합문화기관으로 도서관, 기록관, 박물관 등의 기능을 복합적으로 수행하는 통합형수집기관을 지칭한다.

5 ④

④ 콘텐츠 배포의 표준은 RSS이다.

6 ④

Digital Fingerprinting(디지털 지문) … 사람의 지문을 디지털화한 것을 말하며 속기(stenography)라고도 한다. 이는 숨은 메시지를 디지털 시청각 자료에 깊숙이 파묻는 것으로 저작물의 질에는 아무런 영향을 미치지 않는다. 일단 디지털 지문 방식으로 암호화되면 어떤 자료로 복제되든 이 신호를 지니게 되어 저작물의 권리를 파악할 수 있다.

7 ②

② 분산검색의 대표적 표준과 요소기술에 해당한다.

8 ④

국가전자도서관은 국립중앙도서관, 국회도서관, 법원도서관, 한국과학기술원 과학도서관, 한국과학기술정보연구원, 한국교육학술정보원, 농촌진흥청 농업과학도서관, 국가지식포털 등 8개의 도서관이 공동으로 참여하여 정보자원의 공동이용체제를 구축한 것이다.

9 ④

상호대차서비스 … 자료를 가지고 있는 도서관에서 자료를 소장하지 못한 도서관에 전달하는 것으로 자료의 이용을 극대화할 수 있다.

10 ④

④ 전자도서관에 대한 설명이다.

11 ③

③ 전통도서관에 대한 설명이다.

12 ④

미래 도서관에 대한 예측
㉠ 책이 없는 도서관이 구현될 것이다.
㉡ 장소로서의 도서관의 개념이 사라질 것이다.
㉢ 사서가 필요없게 될 것이다.
㉣ 개별도서관이 해체되고 범세계적 도서관이 형성될 것이다.
㉤ 전자적 축적은 서가공간의 비용을 효과적으로 축소시킬 것이다.

13 ④

④ 전자매체에 대한 문제점을 설명한 것이다.

※ **인쇄매체의 문제점**
　㉠ 보존을 위한 서고공간의 증가
　㉡ 재생산의 어려움
　㉢ 배포비용의 문제
　㉣ 갱신의 어려움
　㉤ 동일 정보의 다수 공유 불편

ⓗ 손상이 쉽고 운반의 불편
ⓢ 정적인 자료 성격
ⓞ 이용자의 움직임 및 이해 정도의 평가 불가

14　④

전자매체로 독서를 하게 되면 빛, 해상도, 자료의 양 때문에 독서속도가 감소하고 정독의 어려움이 발생하게 된다.

15　④

① 색인어에 의한 자료
②③ 수록매체가 CD-ROM, 광디스크인 자료

16　④

도서관 환경에 대한 이분법적 패러다임 유형
㉠ 인쇄자료 대 전자자료
㉡ 소장 대 접근
㉢ 무료 대 유료

17　④

④ 소장에 대한 설명이다.

18　④

'소장' 패러다임으로 인한 사서의 모습
㉠ 적극성의 부족
㉡ 서비스 지향성의 부족
㉢ 전문성의 결여

19　⑤

⑤ 전자도서관의 단점에 대한 설명이다.

20　②

② OCLC는 Vendor들과 연계하여 전문을 제공하기도 하지만 주로 서지정보를 제공해 준다.

21　④

④ 주요 도서관별 대상분야의 조정으로 인하여 중복투자가 방지된다.

22　③

①②④ 전자도서관의 장점에 대한 설명이다.

※ 전자도서관의 단점
㉠ 인터넷을 비롯한 네트워크상 혼잡성
㉡ 높은 전자정보 이용의 유지비
㉢ 정보이용에 대한 사용료 부과
㉣ 저작권 문제의 어려움
㉤ 연구의 집중성 · 진지성 저하

23　④

저작권관리시스템의 종류
㉠ **저작물관리** : 서지정보에 의한 저작물조회, 저작물등록, 저작물수정 및 삭제
㉡ **저작권자관리** : 저작권자 등록, 조회, 수정, 삭제
㉢ **저작료관리** : 저작료 정산등록, 저작료 미지급내역조회, 저작료 지급등록, 지급내역조회, 저작료 지급내역 수정 · 삭제
㉣ **열람료관리** : 선수금 입금등록, 선수금 입금조회, 선수금 입금내역 수정 · 삭제, 사용자 잔액조회, 열람내역조회
㉤ **웹등록관리** : 웹등록 저작권자 승인 · 미승인, 웹등록 저작물 승인 · 삭제, 웹등록 저작물 보기

24　⑤

⑤ KRISTAL 데이터베이스에 대한 설명이다.

25　④

④ Z39.50 검색시스템에 대한 설명이다.

● 4. 인터넷

1　④

Digital Watermarking에서는 콘텐츠 내부에 소유권자나 판매권자의 정보가 삽입되는 반면에 Digital Fingerprinting 기술은 구매자의 정보가 삽입되는 것이다. 따라서 Digital Fingerprinting을 이용하면 불법적으로 콘텐츠를 재분배한 구매자가 누구인지 밝혀낼 수 있기 때문에 구매자들로 하여금 불법적인 재분배를 방지할 수 있다.

2　①

DOI(Digital Object Identifier) … 디지털 콘텐츠에 부여하는 식별자로 디지털 환경에서 콘텐츠 생산 및 유통, 이용을 활성화하기 위한 기술이다.

3　①

① RSS의 데이터 구현방식은 XML이다.

4　②

② 기술방식의 표준화를 준수하여야 하므로 별도의 교육이 필요하다.

5　②

② 질문을 받는 과정에서 면담이 심화되기 어렵고, 여러 기관을 거쳐 해답을 얻는 경우에는 질문에 대한 답변이 지연될 수 있다.

6　①

㉠ SGML은 문서구조나 스타일을 모두 정의, 교환, 검색 가능하나 너무 복잡하여 관련 소프트웨어 개발이 어렵고, 인터넷을 고려하지 않고 만들어져 웹을 통한 정보제공이 어려웠다.

㉡ HTML은 웹상에서 하이퍼미디어 문서를 만들 수 있고 이식성이 뛰어나지만 한정된 구조의 문서만을 만들 수 있고 문서의 구조정보와 임의의 레이아웃을 가지기 어려웠다.

㉢ XML은 SGML와 HTML의 단점을 해결한 표준화된 메타언어로 인터넷, 전자 출판, 의학, 전자상거래, 수학, 건설, 언론 등 각 분야의 넓은 범위에서 사용되고 있다.

7　③

RSS(Really Simple Syndication 또는 Rich Site Summary) … RSS는 이메일 목록처럼 헤드라인만 볼 수 있도록 하고, RSS 리더에 최신 정보가 취합되면 사용자는 목록에서 클릭을 함으로써 원하는 정보에 직접 접근할 수 있는 서비스로, XML 기반의 표준화된 데이터 포맷을 이용하는 방식이다.

8　③

① .co.kr – 영리목적의 기업
② .re.kr – 연구기관
④ .go.kr – 정부기관

9　③

③ RFID(Radio Frequency Identification)는 IC칩을 내장해 무선으로 관련 정보를 관리하는 차세대 인식 기술로 출입 통제 시스템, 전자 요금 지불 시스템에 이용된다.

10　③

Intranet … 기업체, 연구소 등 모든 업무를 인터넷 관련 기술로 처리하는 새로운 개념의 네트워크 환경으로 LAN 환경의 인터넷, 전자우편, 전자결제 등 경영정보시스템과 WWW 환경을 통합한 것이다.

※ Intranet의 특징
　㉠ 조직과 업무의 표준화를 초래한다.
　㉡ 기업 내부의 정보망을 인터넷과 통합 경영의 효율성으로 생산성을 증대시킨다.
　㉢ 지역에 관계없이 신속하게 업무처리를 할 수 있다.
　㉣ 표준 WWW 환경에서 정보를 관리하여 기존 데이터를 쉽게 변환하여 사용이 가능하기 때문에 관리비의 절감을 가져온다.
　㉤ 인터넷 환경을 응용하므로 사용이 매우 간편하다.

11　④

invisible web … 범용검색엔진으로는 검색되지 않는 웹으로 자료를 주제별로 정리하여 해당 검색창을 끌어와야 검색이 가능하다. 높은 수준의 전문분야를 찾을 수 있다는 장점이 있으나 자료를 찾기 힘들다는 단점이 있다.

12　①

AND는 교집합의 개념으로 해당 키워드가 모두 포함된 문서를 검색하므로 검색의 범위는 좁아진다.

13　③

AND는 검색어들을 모두 포함하는 자료만을 검색하는 것이고, OR은 검색어 중 어느 하나라도 포함되어 있는 자료를 모두 검색하는 것이므로, AND를 이용하여 범위를 줄여야 한다.

14　①

Intelligent Agent … 사람을 대신하여 일정한 작업을 할 수 있는 소프트웨어로 사용자와 컴퓨터 사이의 정보교환을 원활하게 해준다.

15　③

③ Wais에 대한 설명이다.

※ Wais … 네트워크상 분산된 데이터베이스를 대상으로 자료를 Index(색인)화한 정보검색서비스이다.

16 ②

① Eugene Roshal이 개발한 아카이브 도구이자 압축 도구인 RAR 또는 WinPAR에 의해 작성된 아카이브로 다양한 특징과 높은 압축률을 가지고 있다.
② Tagged Image File Format의 약자로 지금의 Adobe 시스템즈사에 합병된 Aldus사에서 개발한 그래픽 포맷이다.
③ JPEG(Joint Picture Expert Group)라는 표준화모임에서 제정한 이미지압축 표준방식이다.
④ Portable Document Format의 약자로 미국 Adobe 시스템즈사가 개발한 서체, 프린팅 기술을 지원하기 위해 국제표준 페이지 기술언어인 포스트스크립트를 기반으로 개발한 전자문서 파일형태이다.

17 ④

④ Hub에 대한 설명이다.

18 ③

③ 한국전산망협의회

※ 국외 인터넷 관리조직
　㉠ ISOC : 인터넷의 기술발전을 촉진하고 보조해주는 비영리 전문가조직
　㉡ IAB : 인터넷 구조발전에 관련된 기술적이고 정책적인 문제를 다루는 협력위원회
　㉢ IETF : 망 설계자, 운영자, 연구자 등에 의해 구성된 대규모 기구
　㉣ Internet NIC : 컴퓨터 통신망에서 제공되는 서비스들에 관한 정보를 사용자에게 제공하는 기관

19 ③

① 미국지역의 IP 주소, 도메인 담당 할당기관
② 아시아 태평양지역의 IP 주소, 도메인 담당 할당기관
④ 한국전산망협의회

20 ④

① 전자우편
② 전자우편을 이용하여 특정 주제 및 토론 또는 정보를 이용하는 그룹
③ 원격지의 컴퓨터 접속 및 제어

21 ③

① Talk　② Finger　④ Gopher

22 ④

④ IP Address에 대한 설명이다.

23 ④

① IP 주소체계는 32비트로 4octet으로 구성된다.
② IP 주소는 가상으로 Netid와 Hostid로 구분된다.
③ 인터넷은 TCP/IP 프로토콜을 기반으로 IP 주소체계를 따른다.

24 ④

① 해당 컴퓨터 1대에 배정된 이름
② 한 기관이나 단체가 가진 네트워크 총칭
③ 다중 사용자 시스템에서 사용자의 구별 또는 이용권한의 부여를 목적으로 붙이는 이름

25 ④

④ 도메인 이름의 형식은 컴퓨터 이름, 기관 이름, 기관 성격의 순이다.

26 ④

① 기업 및 영리단체
② 개인
③ 비영리단체
⑤ 대학 및 교육기관

27 ③

③ fr은 프랑스의 국가 코드이다.

28 ④

④ Domain Name Server는 알지 못하는 Domain Name이나 IP Address를 Client가 요청할 경우 자신의 상위 계층에 위치한 Domain Name Server에게 재요청을 한다.

29 ④

① 일반 텍스트 형식에서 문서 중간에 문자 혹은 문장의 형태에 대한 명령을 덧붙여 문서의 형식을 규정한 언어
② 구조화된 전자문서를 만들기 위해 채택된 국제표준규약
④ 단어 또는 문장에 다른 여러 문서들이 동적으로 연결되어 있는 문서

30 ②

① Sun에서 개발한 기계독립적이고 객체지향적 프로그래밍 언어
③ 모든 업무를 인터넷 관련 기술로 처리하는 새로운 개념의 네트워크 환경
④ 인터넷상에서 3차원 화면을 지원하기 위한 모델링 언어

31 ④

④ HTML에 대한 설명이다.

32 ④

④ VRML에 대한 설명이다.

33 ④

④ 기능은 우수하지만 HTML과 호환이 잘 되지 않는 단점을 가지고 있다.

34 ②

① Java로 개발한 프로그램으로 독립적으로 실행이 가능하다.
③ HTML에 삽입하여 이용할 수 있는 인터프리터 방식의 언어이다.
④ Java를 이용하여 웹을 통해서 관련 데이터베이스를 연계시킨다.

35 ④

④ VRML에 대한 설명이다.

36 ③

① 인터넷을 지원하기 위한 OLE 등의 MS사 표준을 확장하고 Java 등의 기술들을 접목시킨 WWW 응용개발 환경
② Sun에서 개발한 기계독립적·객체지향적 프로그래밍 언어
④ 기업체 및 연구소의 모든 업무를 인터넷 관련 기술로 처리하는 새로운 개념의 네트워크 환경

37 ③

인터넷 검색엔진의 종류
㉠ 주제별 디렉토리방식
㉡ 검색어 입력방식
㉢ 통합 검색엔진
㉣ 메타 엔진

38 ③

③ 검색어 입력방식에 대한 설명이다.

39 ②

① 사용자가 입력한 검색어를 여러 검색엔진에 검색을 의뢰하여 대신 검색을 수행한 후 결과를 자체적으로 정리하여 출력한다.
③ 정보를 주제별로 정리하여 제공함으로써 해당 분야의 세부항목을 선택하여 정보를 획득한다.
④ 사용자가 직접 검색어를 입력하여 정보를 검색한다.

40 ②

① 메타 엔진 ③ 검색어 입력방식 ④ 주제별 디렉토리방식

41 ①

② 유료로 정보를 제공하는 데이터베이스 서비스
③ 데이터베이스에서 검색 확장을 위해 약속된 명령
④ 데이터베이스가 가지고 있는 각각의 자료

42 ④

④ ra는 Real Player에서 지원하는 확장자명을 말한다.

43 ③

인터넷 정보서비스 응용분야
㉠ 웹기반 참고질의응답시스템
㉡ 웹기반 탐색서비스
㉢ 전자우편, 전자게시판
㉣ 웹기반 이용자교육
㉤ 가상참고데스크
㉥ 주문형 영화, 음악

44 ④

NS … 인터넷에 연결된 특정 컴퓨터의 Domain Name을 IP Address로 바꾸어주거나 그 반대의 작업을 처리하는 시스템을 말한다.

45 ③

① 현재 화면의 데이터를 해당 사이트로 다시 접속하여 재수신을 한다.
② 디스크에 있는 파일을 불러온다.
④ World Wide Web 이용 시 그림의 수신 여부를 지정한다.

46 ④

Netscape는 MPEG 동영상 파일은 지원하지 않는다.

47 ④

Hyperlink … 하이퍼텍스트 문서 중 반전되어 있는 단어로 URL에 의해 다른 문서로 연결되게 지정해 놓은 것이다.

※ Hypermedia … 웹페이지에서 문서뿐만 아니라 사운드, 그래픽, 동영상 등 다른 형태의 데이터를 모두 포함하고 있는 것이다.

48 ②

① 방화벽 내의 Client와 외부와의 연결 기능을 한다.
③ 네트워크 상에서 어떠한 형식으로 데이터를 주고받을 것인가에 대해 약속한 규약이다.
④ 웹서버에서 사용자에 관한 파일을 사용자 컴퓨터에 저장하도록 허용하는 장치이다.

49 ③

③ 비디오 파일의 종류에 해당한다.

※ 파일의 형식
　㉠ 비디오 파일 : avi, mpeg, mov, vdo 등
　㉡ 오디오 파일 : mav, ra, mp3, midi 등

50 ③

① TAG에 대한 설명이다.
② HTML의 구성요소 중 HEAD에 대한 설명이다.
④ 프레임에 대한 설명이다.

51 ④

④ KNC는 Korea Networking Council로 한국전산망협의회를 나타내며 전산망간의 상호 연동 및 조정 업무를 담당한다.

※ CERT-Korea(Computer Emergency Response Team) … 전산관련 보안위원회

52 ④

④ FLI, FLC, MMM은 애니메이션 파일의 형식에 해당한다.

※ 동영상 파일의 형식
　㉠ AVI : 오디오와 비디오의 내용을 번갈아 기록한다.
　㉡ MOV : 퀵타임에서 사용하는 파일포맷으로 매킨토시와 윈도우 모두 사용이 가능하다.

　㉢ MPEG : MPEG 표준으로 정해진 복원 알고리즘을 사용하여 비디오를 보여줄 수 있는 파일포맷이다.

53 ③

① 하이퍼텍스트 문서의 형태를 만들기 위해 태그 등을 이용하여 명령을 주는 언어이다.
② WWW에서 3차원 화면을 지원하기 위한 모델링 언어이다.
④ 기계독립적이고 객체지향적인 프로그래밍 언어의 일종으로 인터넷과 같은 분산형 컴퓨팅 및 통신 환경에 알맞은 응용프로그램을 개발하는데 사용한다.

54 ②

② 브라우저에서 Proxy Server를 지정하면 접속하려는 서버에서 직접 데이터를 가져오지 않고 Proxy Server에 저장된 데이터를 가져온다.

55 ④

① Proxy　② Reload　③ Save

56 ①

① 여러 개의 검색어를 입력할 경우 검색어 사이에 공간을 두면 AND 연산을 수행한다.

57 ③

① 독립성에 대한 설명이다.
② 활용성에 대한 설명이다.
④ 단순성에 대한 설명이다.

※ Java의 특징
　㉠ 단순성
　㉡ 객체지향언어
　㉢ 독립성
　㉣ 안정성
　㉤ 활용성

58 ④

MBONE … 인터넷상에서 화상회의와 같이 여러 참가자가 있고 이들 사이에 오디오나 비디오 등의 멀티미디어 데이터를 전송하는 애플리케이션을 가동하기 위해 만들어진 가상 네트워크를 의미한다.

59 ②

인터넷 주소 형식 … 호스트 컴퓨터, 소속기관, 소속기관의 종류, 소속국가

60 ②

Proxy Server
㉠ 보안기능 : 방화벽 내의 Client와 외부와의 연결기능을 한다.
㉡ 데이터캐시기능 : 브라우저에서 Proxy Server를 지정하면 접속하려는 서버에서 직접 데이터를 가져오지 않고 Proxy Server에 저장된 데이터를 가져오므로 속도가 빠르고 네트워크의 부하를 감소시킨다.

61 ③

③ 자체 웹브라우저가 없으므로 외부 응용프로그램을 사용하여야 인터넷 검색이 가능하다.

62 ④

④ Veronica에 대한 설명이다.

63 ③

① 여러 통신망들이 합쳐져 만들어진 망들의 합
② 특정 지역 사용자와 타지역 컴퓨터를 온라인으로 연결하는 서비스
④ 네트워크상 어떠한 형식으로 데이터를 주고받을 것인가에 대해 약속한 규약

64 ①

USENET … News Group, User's Network의 약자로 게시판 형식의 토론그룹, 특정그룹에 글을 제시하는 방법으로 토론 혹은 정보교환을 하는 서비스이다. 뉴스그룹은 계층적으로 구성된다.

65 ②

② TITLE에 대한 설명이다.

※ HEAD … HEADING의 준말로 웹브라우저의 머리말 부분을 의미하는 태그이다. 문서의 제목이나 특징, 제작자의 정보 등 문서에 관한 정보를 나타내는 곳이다.

66 ②

검색어 입력방식의 장·단점
㉠ 장점 : 사용자가 임의로 검색어를 지정할 수 있으며 정보에 신속한 접근이 가능하다.

㉡ 단점 : 데이터베이스 자료가 최신 정보가 아닌 경우 혹은 검색어가 올바르지 못할 경우 자료를 검색하기가 어렵다.

67 ①

② 인터넷 웹을 구성하는 HTML을 획기적으로 개선시킨 차세대 인터넷 언어로 HTML보다 홈페이지 구축, 검색기능이 향상되었고 인터넷 사용자가 웹에 추가할 내용을 작성 및 관리하기가 편하게 되어 있다.
③ 인터넷에 3차원 공간을 표현하는 그래픽스 데이터기술 언어로 전용 브라우저를 통해 구현되며 HTML과 같은 텍스트 파일이므로 에디터만 있으면 VRML 파일을 만들 수 있다.
④ 구조화된 전자문서를 만들기 위해 채택된 국제 표준규약으로 이식성이 좋고 다른 매체에 쉽게 다시 재작될 수 있는 장점이 있다.

68 ③

① WWW에서 하이퍼텍스트 문서를 만들기 위해 사용되는 기본 프로그래밍 언어이다.
② 구조화된 전자문서를 만들기 위해 채택된 국제 표준규약이다.
④ 인터넷 웹을 구성하는 HTML을 획기적으로 개선한 차세대 인터넷 프로그래밍 언어이다.

69 ②

① 자체 데이터베이스 없이 여러 분야의 검색엔진을 모은 것
③ 사용자가 입력한 검색어를 여러 검색엔진에 검색을 의뢰하여 대신 검색을 수행한 후 그 결과를 자체적으로 정리하여 출력하는 것
④ 사용자가 직접 검색어를 입력하여 정보를 검색하는 방식

70 ③

Java Applet … Java로 개발한 프로그램으로 독립적으로 실행되지 않고 Java 지원 브라우저에 의해 실행되는 프로그램이다.

71 ③

① 프로그램의 애플리케이션을 개발하기 위한 여러 가지 함수들의 집합
② 애플릿 생성 시 필요한 자바언어 번역 프로그램
④ 자바 컴파일러가 만들어 낸 명령어를 처리하는 자바가상머신

※ JDBC(Java Database Connectivity) … 표준 SQL 데이터베이스 엑세스 인터페이스로 자바를 이용하여 웹을 통한 관련 데이터베이스를 연계시키는 기능을 한다.

72 ③

③ org는 비영리기관 및 각종 조직에 사용한다.

73 ②

인트라넷의 특징
㉠ 조직과 업무의 표준화를 가져온다.
㉡ 인터넷 환경을 응용하므로 사용이 간편하다.
㉢ 표준으로 된 WWW 환경에서 정보를 관리하여 기존 데이터를 쉽게 변환시키고 관리비의 절감을 가져온다.
㉣ 인터넷을 이용한 넓은 범위의 네트워크를 구축하기 때문에 지역에 관계없이 신속한 업무처리가 가능하다.
㉤ 기업 내부의 정보망을 인터넷과 통합하기 때문에 경영의 효율성과 생산성을 증대시킨다.

74 ②

IP Address체계 … 인터넷에 연결된 컴퓨터 고유의 숫자로 표현된 주소로 인터넷은 TCP/IP 프로토콜을 기반으로 IP 주소체계를 따르고 있으며 32비트 체계, 4octet로 구성되어 있다.

75 ③

① Anonymous FIP 사이트에 있는 파일을 검색하는 서비스
② 특정한 호스트에 등록된 사용자에 대한 정보를 찾아주는 서비스
④ Wide Area Information Service로 색인, 목록을 이용하여 데이터베이스 정보를 검색하는 서비스

76 ①

우리나라 3대 비영리망
㉠ KOSINET : 한국전산원에서 운영하는 정부공공기관인터넷
㉡ KREN : 서울대학교 중앙교육연구전산원에서 운영하는 교육전산망
㉢ KREONET : 시스템 공학연구소에서 운영하는 연구망

77 ④

① WWW 애플리케이션을 실현시키는 기술로 웹서버상 스크립트 언어를 실행시켜 그 결과를 하이퍼텍스트 생성언어로 나타낸다.
② 기업들 간의 수주, 발주, 수송, 결제 등 상업거래를 위한 자료를 데이터 통신회선을 통해 표준화된 포맷과 규약에 따라 컴퓨터간 온라인으로 전달하는 것이다.
③ WWW 서비스 서버와 프로그램 간의 인터페이스로 사용자가 브라우저를 통해 서버로 보낸 데이터를 서버에서 작동 중인 데이터 처리 프로그램에 전달하고, 프로그램에서 처리된 데이터를 다시 서버로 돌려 보내는 기능을 한다.

78 ③

③ IP 주소는 한 대의 컴퓨터에 1개씩 할당되기 때문에 공유할 수 없다.

79 ②

① 인터넷을 지원하기 위한 OLE(Object Linking and Embedding) 등의 Micro Soft사 표준을 확장하고 Java 등의 기술을 접목시킨 WWW 응용개발 환경이다.
③ Sun사에서 개발한 기계독립적, 객체지향적 프로그래밍 언어의 일종으로 인터넷과 같은 분산형 컴퓨팅 및 통신 환경에 알맞은 응용프로그램을 개발하는 데 적합하다.
④ 넷스케이프 웹브라우저에서 처리할 수 없는 형태의 데이터를 외부 프로그램을 수행하지 않고 브라우저 내에서 취급할 수 있도록 만든 규약이다.

80 ①

② 초보자가 자주하는 질문에 대한 답변을 정리하여 뉴스그룹에 정기적으로 게시하는 파일
③ 컴퓨터 사이의 파일을 교환, 전송하는 시스템
④ 데이터의 흐름을 관리하거나, 데이터의 정확성 여부를 검사하는 프로토콜

81 ②

① 인터넷 구조 발전에 관련된 기술적이고 정책적인 문제를 다루는 협력위원회
③ 국내 인터넷관련기관협의회
④ 컴퓨터 통신망에서 제공되는 서비스들에 관한 정보를 제공하는 기관

82 ④

① 미국의 정보교환용으로 사용되는 128개의 문자 조합을 제공하는 7비트 부호
② 구조화된 전자문서를 만들기 위해 채택된 국제 표준규약
③ 인터넷에 3차원 공간을 표현하는 그래픽스 데이터 기술 언어

83 ②

② Unix Shell은 웹브라우저가 있으므로 텍스트환경에서 WWW를 이용할 수 있다.

이용자교육

● 1. 이용자교육의 유형과 방법

1 ②

② 서비스 현장교육은 개별 교육으로 이루어지기 때문에 교육의 효과가 높은 교육형태이다.

2 ①

도서관에서의 이용자 교육 중 서지교육은 연구, 교육 등 특정 목적을 가진 이용자를 대상으로 시행하며 문제 해결을 강조한다.

3 ④

① 교과목 통합형 교육에 대한 설명이다.
②③ 팀 교육형 교육에 대한 설명이다.

※ 도서관 교육의 교육모델
　㉠ 오리엔테이션
　㉡ 교과목 연계형 교육
　㉢ 교과목 통합형 교육
　㉣ 독립 교과목형 교육
　㉤ 팀 교육형 교육

4 ③

③ CAI 교육의 장점이다.

5 ④

오리엔테이션 … 도서관의 잠재적 이용자 집단에게 도서관에 대한 개괄적인 내용을 전반적으로 간단히 소개하는 초급 단계의 이용자 교육으로, 도서관에 대한 이해를 넓히고 이용을 촉진시키는 역할을 한다.

6 ④

④ 참고사서는 전문적으로 정보서비스만을 담당하며, 정보서비스 시스템의 중요한 구성 요소로서 참고시스템 전체를 설계하고 조정하며 참고시스템과 다른 시스템과의 유기적인 협력을 도모하게 하는 조정자이다.

7 ①

① 서지교육은 이용자가 정보를 효과적으로 탐색하고 활용할 수 있도록 그룹 단위로 교육시키기 위하여 시행되는 정보서비스이다.

8 ②

서지교육 … 이용자가 정보를 효과적으로 탐색 및 활용할 수 있도록 그룹 단위로 교육시키기 위해 시행되는 정보서비스이다. 이 과정의 목표는 도서관 조직체계의 이해, 참고정보의 효과적 선택과 이용에 있으며, 문헌의 구조, 학술활동에 필요한 일반적 또는 특수한 연구방법에 대한 교육을 포함할 뿐만 아니라 주제 분야의 깊이 있는 정보탐색에 필요한 모든 수단과 방법을 가르친다.

9 ②

비밀조사법은 이용자의 입장에서 도서관 서비스를 바라볼 수 있는 수단을 제공하며 자연스런 업무상황에서 직원을 관찰하여 정보서비스의 성과를 판단할 수 있어 봉사의 신뢰성 및 타당성을 평가할 수 있다.

10 ③

③ 이용자 교육의 목표는 그 목적을 생애교육의 지원에 두고, 이를 위해 이용자 스스로 문제를 해결하는 방법을 가르치는 데 있다.

11 ④

④ 서지교육은 이용자가 정보를 효과적으로 탐색 및 활용할 수 있도록 그룹 단위로 교육시키기 위해 시행되는 정보서비스이다.

12 ④

④ 오리엔테이션은 관종을 불문하고 가장 많이 실시되는 교육유형이다.

13 ④

이용자교육의 유형
㉠ 비공식적 교육 : 서비스현장교육
㉡ 공식적 교육 : 오리엔테이션, 도서관교육, 서지교육, 정보관리교육

14 ③

전통적 이용자교육 … 이용자협조 차원의 교육활동으로 개인적, 비정규적, 비조직적인 형태로 이루어졌으며 도서관이란 구조물 안에 있는 정보와 자원을 활용하는 방법에 대한 지도가 주류였다.

15 ④

도서관 이용자교육의 유형 … 서비스현장교육, 서지교육, 오리엔테이션, 도서관교육, 정보관리교육

16 ④

④ 정보안내서비스에 대한 설명이다.

17 ①

이용자교육에서 사서의 역할
㉠ 학생들의 일상적인 독서를 지도하는 교육자의 역할
㉡ 특정 주제를 조사하고자 할 때 이용자의 스승으로서의 역할
㉢ 특정 주제를 조사하고자 할 때 이용자의 친구로서의 역할

18 ①

이용자교육의 필요성 … 이용자들은 정보의 세계를 알지 못하고 도서관의 조직구조, 정보자원에 대해 잘 알지 못하기 때문에 실시한다.

19 ⑤

이용자교육에서 다루어질 수 있는 교육의 구체적 내용
㉠ 도서관건물, 내부시설과 조직의 소개
㉡ 이용자교육 담당자의 소개
㉢ 개관, 폐관시간의 소개
㉣ 문헌분류, 목록법의 기초적 지식 소개
㉤ 문헌검색법의 소개
㉥ 대출관련규정 및 도서관규정의 소개
㉦ 참고도서를 포함한 장서의 전반적 안내
㉧ 참고질문방법의 교육
㉨ 2차 자료 이용법
㉩ 상호대차 및 원문제공서비스의 이용
㉪ 온라인서비스를 통한 데이터베이스 검색
㉫ 인터넷을 포함한 정보통신을 이용한 도서관 자원의 이용
㉬ 온디스크서비스의 검색법
㉭ 리포트 및 논문작성법 및 기타 도서관 예절

20 ②

① 정보서비스 측면에서의 교육에 대한 설명이다.
③ 자기교육에 대한 설명이다.
④ 이용자교육에 대한 설명이다.

21 ④

④ 정보안내서비스의 성공을 위해 해결해야 할 내부적 요소에 해당한다.

22 ①

이용자교육의 유형
㉠ 공식적교육
• 오리엔테이션
• 도서관교육
• 서지교육
• 정보관리교육
㉡ 비공식적교육 : 서비스현장교육

23 ③

③ 오리엔테이션에 대한 설명이다.

24 ⑤

오리엔테이션을 통해 달성할 수 있는 목표
㉠ 건물의 시설을 이해시킨다.
㉡ 정보서비스 부서, 참고데스크, 직원의 역할을 이해시킨다.
㉢ 컴퓨터탐색, 책 소개시간, 상호대차 등의 특정 서비스에 대해서 이해시킨다.
㉣ 연체도서, 개관시간 등의 도서관 정책을 이해시킨다.
㉤ 자료탐색을 돕기 위한 장서조직의 구성을 이해시킨다.
㉥ 이용자가 다시 찾아와 자료를 잘 이용하도록 격려한다.
㉦ 도움이 되고 낯설지 않은 환경이 되도록 인식시킨다.
㉧ 도서관 예절에 관하여 교육시킨다.

25 ⑤

서비스현장교육에서 이용자에게 심어진 사서에 대한 인상은 이용자의 차후 질문여부, 도서관 이용여부에 영향을 미치게 되므로 매우 중요하다.

26 ③

①②④ 오리엔테이션에서 소개하는 내용 중 하나이다.

27 ④

이용자가 사서를 부정적 시각으로 보는 원인…잡담, 독서, 외면, 회피, 핀잔

28 ④

④ 이용자교육의 내용 중 이용지도의미에서의 교육에 대한 내용이다.

29 ⑤

오리엔테이션에 동원될 수 있는 프로그램
㉠ 강당에서의 구두 설명
㉡ 비디오 및 슬라이드의 상영
㉢ 도서관 견학
㉣ 전자키아스크
㉤ 전자게시판
㉥ 관보, 도서관안내 팸플릿, 포스터 등의 인쇄물
㉦ 오픈하우스
㉧ 게시판 이용
㉨ 인터넷 홈페이지
㉩ 하이퍼텍스트를 이용한 마이크로 컴퓨터의 소프트웨어
㉪ 인쇄 및 전자적 형태를 이용한 소식지 발간

30 ④

④ 서비스현장교육에 대한 설명이다.

31 ④

도서관에서 주최하는 강습회의 경우 이용집단의 특수성에 제한을 두지 않는 형식으로 진행되기 때문에 내용은 포괄적이어야 한다.

32 ④

서지교육의 방법
㉠ **강의실교육** : 대학원생 및 학부의 상급학생을 대상으로 한다.
㉡ **개별교육** : 특정 전공의 소수학생을 대상으로 한다.

33 ④

서지교육 프로그램의 유형
㉠ 도서관 견학
㉡ 도서관 자료 탐색전략에 관한 비디오 상영
㉢ 특정 도서관용으로 쓰여진 자료탐색기술 지침서의 활용
㉣ 특정 주제에 대한 일반적인 자료 검색을 위한 전문가시스템의 활용
㉤ 온라인 목록 실습
㉥ 탐색기술에 대한 수업
㉦ 논문작성 시 필요한 자료의 탐색에 관한 자문
㉧ 참고데스크서비스

34 ⑤

⑤ 오리엔테이션을 통해 달성할 수 있는 목표에 해당한다.

※ **도서관교육의 목적**
　㉠ 목록을 사용하게 한다.
　㉡ 도서관 장서의 특징을 알게 한다.
　㉢ 기본적인 참고도서를 사용할 수 있게 한다.
　㉣ 도서관에 없는 자료는 상호대차 의뢰를 할 수 있게 한다.
　㉤ 국회도서관의 정기간행물 기사색인이나 주제분야의 색인, 초록 서비스를 탐색하는 방법을 알게 한다.
　㉥ 자동화 도서관일 경우 컴퓨터 검색시스템의 기본을 이해하도록 교육한다.

35 ⑤

도서관교육을 보조하는 수단
㉠ 인쇄물 교재
㉡ 연습문제집
㉢ 빔 프로젝트
㉣ 컴퓨터

36 ②③

③ 오리엔테이션에 대한 설명이다.

※ **도서관교육의 특징**
　㉠ 교육의 범위와 수준이 제한되어 있다.
　㉡ 정보탐색의 범위가 도서관 내부에 제한되어 있다.

37 ④

이용자교육은 이용자들의 수준에 따라 교육내용, 교육수준, 교육시간, 교육강사, 교육매체 등이 달라지게 된다.

38 ③

① 참고데스크에서 참고사서가 이용자의 질문에 해답하는 과정에서 이용자의 요청에 의해 이루어지는 개별교육
② 특정 교과목의 효과적 이수, 학생의 과제이행 등 특정 주제나 테마에 관한 정보를 찾고자 하는 이용자 집단을 대상으로 하는 교육
④ 이용자들이 정보를 확인, 검색, 평가하여 이를 이용할 수 있도록 하는 교육

39 ①

서지교육과정의 목표
㉠ 도서관 조직체계의 이해
㉡ 참고자료의 효율적 선택과 이용
㉢ 문헌의 구조 및 학술활동에 필요한 연구방법에 대한 교육

40 ④

서지교육은 도서관교육과 달리 도서관이란 물리적 경계와 기관 단위의 서비스란 한계를 뛰어넘는 교육이 이루어진다.

41 ④

서지교육의 방법
㉠ 발표 및 토의
㉡ 현장실습
㉢ 비디오 및 OHP
㉣ 프리젠테이션
㉤ 컴퓨터 보조교육
㉥ 시뮬레이션
㉦ 데몬스트레이션
㉧ 실습문제집
㉨ 소집단 활동

42 ③

강의를 진행하는 방법
㉠ 직접 교수법
㉡ 간접 교수법
㉢ 절충식 교수법

43 ①

②③ 직접 교수법 ④ 절충식 교수법

44 ②

① 도서관 이용자가 정보를 효과적으로 찾을 수 있도록 그룹 단위로 교육시키기 위해 시행하는 정보서비스
③ 오리엔테이션 수준의 지식을 갖고 있는 이용자에게 실시하는 중급단계의 교육으로 특정 교과목의 이수, 학생의 과제이행 등 특정 주제나 테마에 관한 정보를 찾고자 하는 이용자 집단을 대상으로 실시하는 교육
④ 참고데스크에서 참고사서가 이용자의 질문에 해답하는 과정에서 이용자의 요청에 의해 이루어지는 개별적인 교육

45 ②③

정보관리교육에서 사서들은 과거의 단순한 정보제공자로서의 역할에서 벗어나 정보의 이용과 관리 방법까지 가르치는 진정한 교육자의 역할을 수행해야 한다.

46 ①

② 이용자들을 소그룹으로 나누어 시설, 설비, 목록이용, 도서관서비스, 자료의 배치, 대출 등을 관광 형식으로 순회하면서 지도하는 방법
③ 슬라이드, OHP, 비디오, 영화, CCTV 등의 매체를 활용하여 교육시키는 방법
④ 강의식 교육을 위한 보조도구로 컴퓨터를 이용하는 것과 컴퓨터 전용 프로그램으로 교육을 하는 컴퓨터 보조학습 두 가지 형태로 운영

47 ③

직접 교수법과 간접 교수법의 특징

직접 교수법	간접 교수법
• 교육자가 교육의 주체	• 학습자가 교육의 주체
• 학습자의 수동적 참여	• 학습자의 능동적 참여
• 짧은 시간에 많은 정보 전달 가능	• 학습결과의 예측불가능
• 클래스 규모가 클 경우 학습자와 교육자간 피드백 어려움	• 클래스 규모가 클 경우 학습자와 교육자간 피드백 어려움
• 오리엔테이션같은 큰 수업에 적합	• 이용자교육에서 거의 실시하지 않음

48　③

③ 강의식 교육의 단점에 대한 설명이다.

※ **강의식 교육의 장점**
　㉠ 대단위 수업이 가능하며 장소에 구애받지 않는다.
　㉡ 다른 교육방법과 수단을 병행하여 활용할 수 있다.
　㉢ 학습자와 교육자 간 피드백이 가능하다.
　㉣ 대면적 교육으로 친근감이 형성된다.
　㉤ 교육내용의 수정이 용이하다.
　㉥ 경제적이고 융통성이 있다.

49　⑤

⑤ 교육프로그램 제작 시 비용이 고가이지만 장기적으로 보면 경제적이다.

※ **컴퓨터보조학습의 장점**
　㉠ 컬러, 그래픽 화면을 통해 교육효과를 극대화시킬 수 있다.
　㉡ 학습의 시간적, 공간적 제약이 없다.
　㉢ 교육내용과 방법의 수정이 용이하므로 항상 프로그램의 최신성을 유지할 수 있다.
　㉣ 학습자의 필요에 따라 교육의 진도를 조절할 수 있다.
　㉤ 학습자는 이용교육뿐만 아니라 다른 도서관의 기능까지 알게 되는 부수적 효과가 있다.
　㉥ 학습자는 E-mail을 통해 사서와의 피드백을 이룰 수 있으므로 학습 상 의문점을 해소할 수 있다.
　㉦ 교육프로그램 제작 시 비용 지출이 높으나 장기적 전망으로 보면 경제적이다.
　㉧ 사서는 교육에 대한 부담이 줄어 보다 세련되고 전문적인 정보서비스에 전념할 수 있다.

50　④

④ 간접 교수법에 대한 설명이다.

※ **절충식 교수법의 특징**
　㉠ 교육자와 학습자의 피드백의 활성화
　㉡ 학습자의 적극적 참여
　㉢ 도서관 현장수업 및 교육보조자료 충분 시 교육효과의 극대화

51　④

④ 컴퓨터보조학습에 대한 설명이다.

※ **컴퓨터를 이용한 이용자교육**
　㉠ **교육보조도구**
　　• 컴퓨터가 강의를 보조하는 도구로 사용된다.
　　• 자동화된 도서관의 정보시스템구조나 온라인 및 온디스크와 같은 정보탐색방법과 절차 등 시각적 접근을 필요로 하는 영역에서 유용하다.

　　• 도서관자동화의 조류와 함께 확대되고 있다.
　㉡ **컴퓨터보조학습**
　　• 컴퓨터 전용교육을 위해 준비된 특정 학습프로그램이다.
　　• 학습자가 컴퓨터와 대화를 통해 정보탐색능력을 얻도록 교육하는 것이다.
　　• 강의, 인쇄본 교재를 통한 교육방법에 실습교육의 이점을 더한 효과를 얻는다.
　　• 장소의 제약없이 교육을 받을 수 있다.

52　④

직접 교수법의 단점
　㉠ 규모가 큰 강의일 경우 학습자와 교육자의 피드백이 어렵다.
　㉡ 배운 지식을 직접 적용할 실습 기회가 적다.

53　②③

③ 비디오, 영화, CCTV에 의한 교육에 대한 설명이다.

※ **비디오테이프, 영화, CCTV의 장·단점**
　㉠ **장점**
　　• 교육의 효과가 뛰어나다.
　　• 반복 사용이 가능하다.
　　• 많은 학생들을 동시에 교육할 수 있으므로 사서의 시간과 노력이 절감된다.
　㉡ **단점**
　　• 촬영, 편집이 복잡하고 전문성을 요한다.
　　• 비용이 비싸다.
　　• 교육자와 학습자 간 피드백이 어렵다.

54　④

④ 강의에 대한 설명에 해당한다.

※ **견학** … 이용자들을 소그룹으로 나누어 설비, 시설, 목록이용, 도서관서비스, 자료의 배치, 대출 등을 투어형식으로 순회하면서 지도하는 것으로 초보자를 위해 실시된다. 대학에서의 견학시기는 학년 초 또는 특정 기간에 실시하며 교수의 요청에 의한 주문식 교육으로서의 견학은 학습과제에 의해 유도되므로 효과적이다.

55　④

견학의 단점
　㉠ 이용자에게 지속적인 교육의 경험을 제공하지 못한다.
　㉡ 세부적이지 못하므로 정보에 대한 그릇된 판단을 심어줄 우려가 있다.
　㉢ 혼잡함을 수반하므로 다른 이용자들의 불편을 초래한다.

56　④

컴퓨터보조학습 도입 시 고려해야 할 요소
㉠ 프로그램 개발에 소요되는 시간과 비용
㉡ 기기의 구입 및 상업용 프로그램 구입 시 소요
　비용
㉢ 도서관 자체의 자동화 정도
㉣ 컴퓨터의 수

57　④

④ 견학의 목적에 대한 설명이다.

58　④

강의식 교육은 클래스의 규모가 클 경우 실습교육
이 어려워 강의가 이론중심으로 치우칠 가능성이
높고 교육자와 학습자 간의 피드백이 어려워진다.

● 2. 이용자교육의 운영

1　③

이용자교육의 평가방법 … 관찰법, 면접법, 설문조
사법

2　④

④ 관찰법에 해당하는 설명이며, 이용자교육의 평
가방법으로는 관찰법, 면접법, 설문조사법이 있다.

3　④

이용자교육 프로그램은 계획수립, 교육구조 및 조
직의 결정, 교육담당자, 교육의 평가로 운영되어야
하며, 위의 요소 모두가 고려되어야 한다.

4　①

① **즉답형 질문** : 단편적이고 사실적인 요구가 대
　부분인 질문으로 연감, 백과사전, 편람 등의
　참고도구를 사용하면 바로 답해줄 수 있다.
② **지시형 질문** : 도서관의 시설이나 위치 등을 묻
　는 것으로 사서는 이용자가 원하는 자료의 소
　장여부를 확인하여 위치를 알려주면 된다.
③ **연구형 질문** : 특정주제에 대한 심층적인 도움을
　요구하는 것으로 단행본뿐만 아니라 정기간행
　물, 시청각자료 등 모든 자료로 그 범위가 확대
　된다.

④ **조사형 질문** : 강연이나 논문준비와 같은 문제
　해결을 위해 정보를 필요로 하는 경우로 자료
　의 범위는 도서관 내의 장서가 모두 해당되며,
　사서의 판단력이 크게 작용한다.

5　④

사례조사의 내용
㉠ 타도서관의 제안서
㉡ 타도서관의 실행프로그램
㉢ 타도서관의 평가보고서
㉣ 타도서관 교육담당자의 경험

6　③

① 정보서비스나 관종별 이용자교육에 관련된 문
　헌을 조사 선택하여 기본적인 지식을 습득한다.
② 타도서관과 참고사서가 어떻게 이용자교육을 실
　시하고 있는가를 조사한다.
④ 좋은 프로그램은 훌륭한 인력과 풍족한 자금을
　필요로 하므로 모기관으로부터 어느 정도의 자
　원이 있는지의 유무를 파악한다.

7　⑤

교육프로그램 계획 수립 시 사전 고려사항
㉠ 자료수집과 독서
㉡ 사례조사
㉢ 이용자조사
㉣ 도서관의 준비 정도
㉤ 지원여부

8　①

① 이용자조사에 대한 설명이다.

9　①

교육프로그램의 계획수립단계 … 사전고려사항 − 세
부검토사항 − 평가계획

10　⑤

세부검토사항의 요소
㉠ 교육수준별 유형의 결정
㉡ 교육의 목적과 목표의 설정
㉢ 교육구조와 내용의 결정
㉣ 교육방법의 결정
㉤ 조직 및 교육담당자의 결정
㉥ 예산
㉦ 강의실, 통계, 홍보
㉧ 교재 등의 기타요소

11　④

④ 교육방법에 해당하는 유형이다.

12　③

이용자교육을 담당할 업무조직의 유형
㉠ 교육전담 독립부서
㉡ 정보서비스 부서
㉢ 주제전문가 부서

13　③

① 도서관교육에 대한 설명이다.
② 정보안내서비스의 평가에 대한 설명이다.
④ 상담에 대한 설명이다.

14　④

예산의 구분
㉠ 프로그램 개발 및 실행에 소요되는 비용
㉡ 기자재 구입에 소요되는 비용

15　④

컴퓨터를 이용한 교육방법으로는 보조도구로서 사용할 것인지 교육 전반을 컴퓨터에 의존하는 컴퓨터보조학습으로 할 것인지를 결정하여야 한다.

16　④

서지교육과 정보관리교육은 교수와 사서의 공동작업으로 이루어져야 한다.

17　③

교육구조와 내용의 결정 시 고려할 사항
㉠ 도서관 독자적 프로그램으로 할 것인가?
㉡ 정규교육과정과 연계할 것인가?
㉢ 교과목의 일부로 운영할 것인가?
㉣ 독립 교과목으로 운영할 것인가?

18　③

전통적 도서관의 조직구조
㉠ 수서
㉡ 정리업무
㉢ 서비스업무

19　④

사서의 단순한 경험에 의존하기 힘든 단계의 교육(도서관교육, 서지교육, 정보관리교육)이 이루어질 수 있으므로 교육의 체계성과 효율성을 위해 교재를 준비해야 한다.

20　⑤

교육구조의 종류 … 오리엔테이션, 교과목 연계형, 교과목 통합형, 팀 교육형, 독립 과목형

21　③

① 다른 부서와의 총체적인 협력이 요구된다.
②④ 중간 수준의 부서간 협력이 요구된다.

22　④

④ 주제전문가 부서에 대한 설명이다.

23　④

이용자교육의 평가방법 … 관찰법, 면접법, 설문조사법

24　③

① 교육전담 독립부서에 대한 설명이다.
② 전통적 도서관의 조직구조이다.
④ 정보서비스 부서에 대한 설명이다.

25　⑤

교육프로그램의 평가 항목
㉠ 프로그램이 실제 이용자에게 도움이 되는가?
㉡ 견학 및 수강한 학습자가 무엇을 얼마만큼 배웠는가?
㉢ 설정목표와 목적에 얼마만큼 부합되는가?
㉣ 학습자의 학습결과가 측정 혹은 평가될 수 있는가?
㉤ 교육실행 후 결과 아무 효과가 없었다면 프로그램을 향상하기 위해 어떻게 할 것인가?

26　⑤

Richard Bopp의 교육사서 기용 시 고려해야 할 사항
㉠ 특수활동을 위한 교육목표를 정할 수 있는 능력
㉡ 적합한 교수법을 결정할 수 있는 능력
㉢ 평가기술에 대한 지식
㉣ 수업능력
㉤ 교육매체를 다룰 수 있는 기술

ⓑ 교육요구에 대한 평가를 수행할 수 있는 사람
ⓐ 정책과 계획을 고안할 수 있는 사람
ⓞ 필요한 직원과 예산을 확보할 수 있는 사람
ⓩ 직원을 훈련하고 평가할 수 있는 사람
ⓒ 서지교육을 홍보할 수 있는 사람
ⓚ 프로그램을 평가할 수 있는 사람

27 ④

교육 담당자 … 참고사서, 주제전문가, 교수, 외부 강사

28 ③

현직 사서를 기용함으로써 이용기술을 실제적 관점에서 지도할 수 있는 장점도 있지만 교육목적과 교수방법에 대한 인식이 부족하므로 사서의 강사 기용은 어렵다.

29 ③

교수기술과 컴퓨터 응용능력은 기술적인 관점과 관련하여 가장 중요한 의미를 갖는다.

30 ③

교육의 목적을 달성하기 위해서는 목표와 방법을 기술하는 것만으로는 충분하지 않기 때문에 능숙한 교수기술이 필요하다.

31 ③

이용자교육의 평가의 궁극적인 목적은 교육프로그램의 개선을 통한 교육의 질을 향상시키기 위한 것이다.

32 ①

② 정보서비스 부서에서 책임을 맡아 교육을 시키는 방법이다.
③④ 주제전문가나 서지담당사서가 있는 부서에서 교육을 시키는 방법이다.

33 ⑤

교육 평가의 대상
㉠ 교육의 목적과 목표
㉡ 교육구조와 내용
㉢ 강의의 기간과 수준
㉣ 강의평가의 적절성
㉤ 시청각매체와 컴퓨터의 활용여부
㉥ 학습자와 교육자
㉦ 홍보활동

34 ④

④ 면접법에 대한 설명이다.

35 ③

이용자교육의 평가방법
㉠ **관찰법** : 학습자의 학습 후 행동을 관찰하는 방법
㉡ **면접법** : 직접 학습자와 대화를 하는 방법
㉢ **설문조사법** : 조사할 사항을 문항별로 작성하여 답을 선택 또는 의견을 기술하게 하는 방법

36 ③

①④ 관찰법에 대한 설명이다.
② 설문조사법에 대한 설명이다.

37 ④

④ 관찰법에 대한 설명이다.

38 ③

이용자교육의 효과적 실시를 위한 과정
㉠ 사전점검
㉡ 사후점검
㉢ 평가

최근기출문제
분석

2017. 6. 17 제1회 지방직 시행

1　정보서비스의 간접적인 기능으로만 묶은 것은?

① 정보안내서비스, 정보중재, 맞춤정보서비스

② 정보서비스 평가, 자원파일의 유지, 참고사서의 연수

③ 독자상담서비스, 논문작성 상담, 독서요법

④ 서지정보의 확인, 참고정보원의 개발, 연구협조와 자문

> **TIP** 정보서비스의 간접적인 기능은 직접적인 기능의 보조적 성격을 가진다. 주로 경영·관리와 관련된
> 활동으로 정보서비스 평가, 자원파일의 유지, 참고사서의 연수, 참고정보원의 개발 등이 해당한다.
> ① 정보안내서비스, 정보중재, 맞춤정보서비스→정보제공
> ③ 독자상담서비스, 논문작성 상담, 독서요법→상담 및 지도/안내
> ④ 서지정보의 확인→정보제공, 연구협조와 자문→상담 및 지도/안내

2　협력형 디지털정보서비스에 대한 설명으로 옳지 않은 것은?

① 시공간의 장애 없이 24/7 서비스가 가능하다.

② QuestionPoint는 OCLC와 ERIC이 공동 개발한 것이다.

③ 국립중앙도서관의 협력형 디지털정보서비스의 명칭은 '사서에게 물어보세요'이다.

④ 유용한 질의응답 내용은 데이터베이스나 FAQ 등으로 구축할 수 있다.

> **TIP** ② QuestionPoint는 OCLC와 LC가 공동 개발한 것이다.

Answer　1.②　2.②

3 도서관 이용자교육의 오리엔테이션에 대한 설명으로 옳지 않은 것은?

① 도서관 및 사서의 서비스 내용을 이해시키려는 목적이 있다.

② 도서관을 처음 접하는 사람들을 대상으로 하는 초급단계의 이용자교육이다.

③ 도서관에는 이용자가 모르는 것을 가르쳐 주는 사서가 있다는 이미지를 심어 주는 것이 중요하다.

④ 주제 분야의 깊이 있는 정보탐색에 필요한 수단과 방법을 가르친다.

> **TIP** ④ 주제 분야의 깊이 있는 정보탐색에 필요한 수단과 방법을 가르치는 것은 서지교육이다.

4 학위논문 정보를 수록한 정보원에 해당하지 않는 것은?

① KIPRIS ② DDOD

③ dCollection ④ PQDT

> **TIP** KIPRIS(Korea Intellectual Property Rights Information Service) … 특허청이 보유한 국내·외 지식재산권 관련 모든 정보를 DB구축하여 이를 이용자가 인터넷을 통하여 검색 및 열람할 수 있도록 한국특허정보원이 운영하는 대국민 특허정보검색 서비스

5 대학도서관을 중심으로 학술정보공동활용체제를 구축하여 종합목록서비스·상호대차서비스·학술지 원문제공서비스 등의 포털서비스를 제공하는 것은?

① KCI ② NDSL

③ RISS ④ NTIS

> **TIP** ③ RISS(Research Information Sharing Service, 학술연구정보서비스) : 대한민국 교육부 출연기관 한국교육학술정보원에서 제공하는 학술연구정보화시스템
> ① KCI(Korea Citation Index, 한국학술지인용색인) : 국내 학술지 정보, 논문 정보 및 참고문헌을 DB화하여 논문 간 인용관계를 분석하는 시스템
> ② NDSL(National Digital Science Library, 국가과학기술정보센터) : 논문·특허·보고서·동향·저널/프로시딩·연구자·연구기관 등 약 1억 건 이상의 콘텐츠에 대한 검색 및 콘텐츠 유형별 전문검색 서비스를 제공하는 과학기술정보 서비스 플랫폼
> ④ NTIS(National Science & Technology Information Service, 국가과학기술지식정보서비스) : 사업, 과제, 인력, 연구시설장비, 성과 등 국가연구개발사업에 대한 정보를 한곳에서 서비스하는 세계 최초의 국가R&D정보 지식포털

6 목록에서 인명이나 단체명·통일표제·주제명 등 각종 명칭을 서지자료의 표목으로 정할 때, 일관성 있게 채택하기 위해 사용하는 것은?

① 시소러스
② 상관색인
③ 전거리스트
④ 분류표목

> **TIP** 전거제어란 목록에서 표목이나 접근점으로 사용되는 인명이나 단체명·통일표제·주제명 등의 근거가 되는 모든 형식을 통일적이고 일관성 있게 유지할 수 있도록 하는 것이다.

7 다음 설명에 해당하는 것은?

> • 한 문헌에 포함된 내용의 질적, 양적 정보를 비교적 상세하게 축약하여 원문을 읽지 않아도 내용의 요점을 이해할 수 있다.
> • 원문헌에 있는 중요한 정보를 포함함으로써 원문헌의 대용물로 제공될 수 있다.

① 지시적 초록
② 비평적 초록
③ 통보적 초록
④ 주제지향적 초록

> **TIP** 제시된 내용은 통보적 초록(Informative Abstracts)에 대한 설명이다.
> ※ 통보식 초록과 지시적 초록
> ⊙ 통보식 초록(Informative Abstracts) : 연구의 목적과 배경, 실험 방법, 연구결과의 요약과 결론을 순서대로 서술하는 형태로 논문의 내용을 직접적으로 기술해 본문을 대신할 수 있는 독립적 형태이다.
> ⓒ 지시적 초록(Indicative Abstracts) : 연구의 목적과 방법, 논문에 취급된 포괄적인 범위만을 서술하는 형태로 내용의 실체를 모두 설명하지 않아 본문을 대처하는 역할은 하지 못한다.

8 다음 제시문의 ⊙~ⓒ에 들어갈 용어를 바르게 연결한 것은?

> (⊙)은 특정 개념을 나타내는 어구가 항상 동일한 용어로 색인되므로 검색효율의 (ⓒ)이
> 높아진다. 반면 모든 용어를 수록하지 않기 때문에 용어의 (ⓒ)이 떨어진다.

	⊙	ⓒ	ⓒ
①	자연언어 색인	재현율	특정성
②	통제언어 색인	정확률	망라성
③	자연언어 색인	정확률	망라성
④	통제언어 색인	재현율	특정성

TIP 통제언어 색인은 특정 개념을 나타내는 어구가 항상 동일한 용어로 색인되므로 검색효율의 <u>재현율</u>
이 높아진다. 반면 모든 용어를 수록하지 않기 때문에 용어의 <u>특정성</u>이 떨어진다.

9 디지털도서관 환경의 통합검색에 대한 설명으로 옳지 않은 것은?

① 웹 스케일 디스커버리 시스템은 수많은 메타데이터에 대한 단일 색인을 생성하기 위해 출판
사, 중개사업자, 통합도서관시스템, 기관레포지토리 등과 함께 업무를 수행한다.
② 통합DB를 구축하기 위한 방법 중의 하나로 OAI-PMH라는 메타데이터 수확 프로토콜 기법
을 사용한다.
③ 메타데이터를 통합하지 않는 분산검색(distributed search) 방식은 불가능하다.
④ 탐색질의의 결과는 시스템에 따라 다양한 적합성 요인으로 배열되고 제시된다.

TIP ③ 분산검색 방식은 메타데이터를 통합하지 않고 검색이 가능하다.

10 정보검색의 재현율 향상 방법으로 옳지 않은 것은?

① 어형통제 및 동등관계
② 가중치 부여 및 개념의 연결
③ 계층관계 및 연관관계
④ 탐색어 확장 및 용어의 절단

TIP ② 가중치 부여 및 개념의 연결은 정보검색의 정확률 향상 방법이다.

11 정보원에 대한 설명으로 옳지 않은 것은?

① 도서관의 정보원은 도서관 소장자료 외에 네트워크로 접근 가능한 자원도 포함한다.
② 디지털 환경에서는 2차 정보원을 이용하여 1차 정보원에 접근하는 것이 어렵다.
③ 명감자료 중 매년 출판되는 자료는 연감정보원으로 구분된다.
④ 규격은 1차 정보원에 해당한다.

>**TIP** ② 디지털 환경에서는 2차 정보원을 이용하여 1차 정보원에 접근하는 것이 용이하다.

12 색인을 주제색인과 비주제색인으로 구분할 경우, 다음 중 주제색인 작성에 사용하는 것으로만 묶은 것은?

㉠ 본문	㉡ 초록
㉢ 저자명	㉣ 출판년도
㉤ 출판사	

① ㉠, ㉡

② ㉠, ㉡, ㉢

③ ㉠, ㉡, ㉢, ㉣

④ ㉠, ㉡, ㉢, ㉣, ㉤

>**TIP** 주제색인요소와 비주제색인요소
>㉠ 주제색인요소(내적속성) : 분류기호, 주제명, 디스크립터, 키워드, 초록
>㉡ 비주제색인요소(외적속성) : 표제요소, 인명요소, 시간요소, 작성요소, 식별요소, 매체요소, 기타요소

13 참고면담에서 고려해야 하는 언어적 커뮤니케이션 기법으로 옳지 않은 것은?

① 의사언어

② 감정이입

③ 재진술

④ 경청

>**TIP** ① 의사언어는 억양, 음색, 속도, 웃음, 울음 등으로 비언어적 커뮤니케이션 기법이다.

14 메타데이터의 인코딩 방식으로 옳지 않은 것은?

① HTML

② XML

③ RDF

④ EPUB

>**TIP** EPUB(Electronic Publication) … 국제디지털출판포럼(IDPF)에서 제정한 전자책의 기술 표준

Answer 8.④ 9.③ 10.② 11.② 12.① 13.① 14.④

15 다음 질의문으로 대량의 동일한 문헌집단에서 문헌을 검색하려고 한다. 검색결과가 많은 것부터 순서대로 바르게 나열한 것은?

> ㉠ Information AND Technology
> ㉡ Information OR Technology
> ㉢ Information ADJ Technology
> ㉣ Information NEAR Technology

① ㉡→㉠→㉣→㉢
② ㉡→㉢→㉠→㉣
③ ㉣→㉡→㉢→㉠
④ ㉣→㉢→㉡→㉠

> **TIP** ㉠ AND : 인접연산자(NEAR, ADJ)보다 재현율이 높고 OR보다 정확률이 높다.
> ㉡ OR : 재현율이 가장 높다.
> ㉢ ADJ : 단어의 순서대로 특정거리 내에 존재하는 문헌을 검색한다.
> ㉣ NEAR : 단어의 순서에 상관없이 특정거리 내에 존재하는 문헌을 검색한다.
> 따라서 검색결과가 많은 것부터 순서대로 나열하면 OR→AND→NEAR→ADJ

16 정보검색에서 '가중치 탐색(weighted searching)'에 대한 설명으로 옳지 않은 것은?

① 가중치 탐색은 이용자가 질의에 포함된 각 용어의 중요도를 표시하는 데에 사용될 수 있다.
② 가중치는 각 정보검색시스템이 정의한 기호나 숫자로 표시될 수 있다.
③ 가중치 척도는 각 정보검색시스템에서 동일하게 규정된다.
④ 가중치 할당 기준으로는 용어위치, 용어근접성, 역문헌빈도 등이 사용된다.

> **TIP** ③ 가중치 척도는 각 정보검색시스템에서 다르게 규정된다.

17 전자자원의 공동구매 사업(컨소시엄)에 대한 설명으로 옳지 않은 것은?

① KESLI(Korean Electronic Site License Initiative)는 국립중앙도서관에서 추진하는 전자자원의 공동구매 사업이다.
② NESLI(National Electronic Site License Initiative)는 영국의 전자자원 공동구매 사업이다.
③ 전자자원의 공동구매 사업은 참여기관의 구입/구독 비용을 줄이는 역할을 한다.
④ 참여기관은 기존 장서나 자원을 공유하여 자원 이용을 극대화 할 수 있다.

> **TIP** ① KESLI(Korean Electronic Site License Initiative)는 한국과학기술정보연구원(KISTI)에서 운영하고 있는 전자저널 국가 컨소시엄으로, 국가 디지털 과학 도서관 구축 사업의 일환이다.

18 정보서비스를 위한 장서관리 활동을 계획 · 실행 · 평가단계로 구분할 경우, 계획단계에서 이루어지는 업무내용에 해당하지 않는 것은?

① 협력 장서개발

② 장서개발정책 수립과 유지

③ 자금 확보와 예산 관리

④ 지역사회분석

> **TIP** ① 협력 장서개발은 계획단계에서 이루어지는 업무이다.

19 디지털 지적문화유산을 국가적 차원에서 수집 · 보존하여 활용하도록 국립중앙도서관이 추진하고 있는 온라인 디지털자원의 수집 및 보존 프로젝트는?

① Greenstone

② OASIS

③ KOASAS

④ DSpace

> **TIP** OASIS(Online Archiving & Searching Internet Sources)는 디지털시대를 맞이하여 인류의 지적 활동의 결과물들이 종이에서 소멸성이 강한 디지털 형태로 급속히 이동함에 따라, 디지털 지적 문화유산을 국가적 차원에서 수집·보존하여 활용하도록 하는 동시에 후대에 교육 및 연구용 자료로 제공할 목적으로 2004년 1월 시범 수집을 통해 2005년부터 국립중앙도서관이 본격적으로 추진해오고 있는 온라인 디지털자원의 수집 · 보존 프로젝트이다.

20 정보활용과정 모형인 Big6 Skills 모형의 특징으로 옳지 않은 것은?

① 기본적인 프레임웍은 6단계로 나누어져 있으며, 각 단계에는 2개씩의 하위 단계가 있다.

② 다양한 계층의 정보문제 해결에 적용할 수 있는 처리과정 모형이다.

③ 통합정리 단계에서는 최적의 정보원을 선택하고 관련된 정보를 추출한다.

④ 교사와 미디어 전문 사서가 협동하여 학생들에게 정보와 정보기술 활용능력을 가르치는 방법론이기도 하다.

> **TIP** ③ 최적의 정보원을 선택하고 관련된 정보를 추출하는 것은 정보이용 단계에서이다. 통합정리 단계에서는 다양한 자료에서 얻은 정보를 과제의 목적에 맞게 재조직한다.

2017. 6. 24 제2회 서울특별시 시행

1 다음에서 설명하는 디지털 정보서비스 유형에 대한 사례로 가장 적합한 것은?

> 지리적으로 떨어져 있는 도서관끼리 참고질문의 해답에 대한 부담을 줄이고 각 도서관이 가지고 있는 전문지식과 인력을 최대한 활용하기 위해 도서관들은 지역, 국가, 세계적인 네트워크 형태로 협력하거나 주제 전문도서관 네트워크 등의 다양한 형태로 협력해서 디지털 정보서비스를 제공한다.

① IPL2
② SDI서비스
③ CISTI
④ QuestionPoint

> **TIP** QuestionPoint … 전 세계에서 협력체를 구성하고 있는 도서관들이 그들의 전문지식을 활용하여 참고질문을 하는 이용자를 돕기 위한 프로그램으로 가상참고서비스라고 할 수 있다. 협력망의 회원도서관에 의해 구축된 집중화된 지식자원을 소스로 하여 디지털 정보서비스를 제공한다.
> ※ QuestionPoint의 특징
> ⊙ 이용자들의 질문에 대한 파일링 · 추적 · 관리 가능
> ⓛ 웹기반 질의
> ⓒ 이메일과의 연동
> ⓔ 채팅서비스
> ⓜ request manager를 통해 자동 라우팅
> ⓗ 질의응답에 대한 세계적인 지식기반 구축 및 공유

2 1876년 미국도서관협회의 연차총회에서 다음과 같은 내용을 주장하면서 미국의 도서관계가 참고서비스 업무를 적극적으로 수용하도록 이끌었던 도서관 사서이자 도서관 학자는?

> 공공도서관을 찾는 지역 주민에게 사서가 개인적인 도움을 활발히 제공하게 되면 공공도서관의 사회적 유용성에 대한지역 주민의 신념은 더욱 강렬해질 것이며, 궁극적으로는 공공 도서관을 이용하는 지역 주민이 증가하면서 공공도서관에 대한 지역사회의 재정 지원이 증가할 것이다.

① Melvil Dewey
② Robert Harrison
③ Charles Cutter
④ Samuel Green

> **TIP** 제시된 내용은 1876년 미국도서관협회의 연차총회에서 Samuel Green이 주장한 내용이다. Green은 인본주의 정보봉사를 주장하면서 정보봉사의 기능으로 정보제공, 교육, 상담, 도서관 홍보의 4가지를 주장하였다.

3 모기관과 그 구성원이 생산한 자료를 수집하여 데이터베이스를 구축하고 무료로 활용할 수 있도록 하는 정보서비스 전략과 가장 관련이 깊은 것은?

① 가상참고서가(Virtual Reference Shelves)
② 온라인참고자원(Online Reference Resources)
③ 자원파일(Resource File)
④ 기관 리포지터리(Institutional Repository)

> **TIP** 기관 리포지터리(Institutional Repository)는 대학, 연구소 등에서 생산된 논문, 보고서 등 지적생산물을 디지털 자원으로 관리·배포할 수 있도록 구축된 오픈액세스(Open Access) 기반의 지식정보 공유 및 선진화된 유통체제를 말한다.

4 참고과정이론은 질문에서 해답에 이르는 전체의 참고과정을 단계별로 분석하여 이용자와 사서 사이의 관계, 질문과 해답의 관계를 파악하고, 이들의 공통적인 양상을 분석함으로써 정보 서비스의 효율성을 도모하는 방법을 강구하고자 하는 이론이다. 번지(C.A. Bunge)는 이러한 과정을 9단계로 구분하였는데, 다음 중 이 9단계를 순서대로 바르게 나열한 것은?

① 정보요구→질문의 접수→질문의 해석→질문의 변환→탐색전략→탐색실시→연관성 판단→정보의 전달→적합성 판단

② 정보요구→질문의 접수→질문의 해석→질문의 변환→탐색전략→탐색실시→연관성 판단→적합성 판단→정보의 전달

③ 정보요구→질문의 접수→질문의 변환→질문의 해석→탐색전략→탐색실시→연관성 판단→정보의 전달→적합성 판단

④ 정보요구→질문의 접수→질문의 해석→질문의 변환→연관성 판단→탐색전략→탐색실시→정보의 전달→적합성 판단

> **TIP** C.A. Bunge의 참고과정 9단계
> 정보요구→질문의 접수→질문의 해석→질문의 변환→탐색전략→탐색실시→연관성 판단→정보의 전달→적합성 판단

5 인터넷 환경에서의 디지털 콘텐츠 식별자는 URI(Uniform Resource Identifier)라는 영역에서 다양한 식별자 형태로 만들어지고 있다. URI는 URL과 URN으로 구분된다. 〈보기〉에서 올바르게 설명된 것들만으로 짝지어진 것은?

〈보기〉
㉠ URL이 자원이 저장되는 위치에 대한 식별자라면 URN은 자원 그 자체에 부여된 독립적인 이름이다.
㉡ URL은 〈프로토콜/디렉토리/서버주소/파일〉의 형식으로 구성된다.
㉢ URL의 프로토콜은 대부분 'http'이며 경우에 따라서 ftp, gopher, telnet 등을 사용하기도 한다.
㉣ URL은 URN보다 영구적인 주소체계이다.
㉤ URN은 주로 〈urn : NID(Namespace Identifier) : NSS(Namespace Specific String)〉 형식으로 구성된다.

① ㉠, ㉡, ㉢　　　　　　② ㉠, ㉢, ㉤
③ ㉡, ㉢, ㉣　　　　　　④ ㉡, ㉣, ㉤

> **TIP** ㉡ URL은 〈프로토콜://서버주소/디렉토리/파일〉의 형식으로 구성된다.
> ㉣ URL방식이 주소와 비슷한 개념이라면 URN은 영구불변의 주민등록번호와 유사하다. 따라서 URN이 URL보다 영구적인 주소체계이다.

6 정보서비스의 기능은 기본적으로 교육, 정보제공, 상담 및 지도의 세 가지 속성에서 비롯된다. 다음 중 그 속성이 가장 다른 하나는?

① 이용자 A는 학술정보원에서 실시하는 신입생 오리엔테이션을 신청하였다.

② 이용자 B는 최신 학술잡지의 목차를 e-mail로 제공받기 위하여 도서관 홈페이지에서 서비스를 신청하였다.

③ 이용자 C는 신규 도입 학술데이터베이스인 Westlaw 활용교육을 신청하였다.

④ 이용자 D는 사서교사에게 도서관 온라인목록 검색법에 대한 개별지도를 받았다.

> **TIP** ②는 정보제공, ①③④는 교육에 해당한다.

7 이용자의 정보요구에 실효적으로 대처하려면 이용자가 처해 있는 상황에 대한 고려가 중요하다고 주장하면서 이용자의 정보요구를 정확하게 분석하기 위해 중립적 질문기법(Neutral Questioning)을 제안한 학자는?

① Robert Taylor

② Marcia Bates

③ Brenda Dervin

④ James Rettig

> **TIP** Brenda Dervin는 그의 논문 「Neutral questioning : A new approach to the information interview」에서 이용자의 정보요구에 실효적으로 대처하려면 이용자가 처해있는 상황에 대한 고려가 중요하다고 주장하면서 이용자의 정보요구를 정확하게 분석하기 위해 중립적 질문기법(Neutral Questioning)을 제안하였다. 중립적 질문기법은 정보사서가 이용자의 질문에 대한 성급한 판단을 자제하도록 해주며 면담 초기 단계에서 개방형 질문에 대한 이용자의 답을 통제하는데 적합하다.

8 다음에서 설명하는 법칙은?

> • 비교적 소수의 핵심잡지들 속에 발표되는 논문기사들이 해당 주제와 관련된 전체 논문의 큰 비율을 차지한다.
> • 도서관은 이 법칙을 학술지의 구입결정이나 핵심잡지의 선택에 활용할 수 있다.

① Bradford 법칙　　　　　　　　② Lotka 법칙

③ Zipf 법칙　　　　　　　　　　④ 문헌이용률 감소법칙

> **TIP** 브래드포드의 법칙(Bradford's law) … 영국의 문헌정보학자인 Bradford는 여러 과학 잡지에 분산되어 있는 응용지리, 물리학, 윤활유 분야의 논문들이 공통적인 분포양상을 나타내고 있음을 최초로 관찰하고, 어떤 특정 주제 분야의 잡지를 전부 모아 유효한 논문수가 많은 잡지에서 적은 잡지 순으로 배열해 보면, 몇몇 잡지에 논문이 집중적으로 게재되어 있음을 발견할 수 있다고 주장하였다. 브래드포드 법칙에 의하면 전 세계적으로 100,000여 종의 학술지 중에서 2,000여 종의 학술지가 과학기술 분야의 핵심적인 근원(core journal)이 되는 것으로 알려져 있다. 즉 세계적으로 출판되는 전체 학술지 중에서 극히 적은 2,000여종의 학술지가 전 세계 지식정보 인용의 대부분을 차지하고 있다는 것이다. 이로써 보면 학술지를 선정하는 이유는 적은 숫자의 핵심 학술지가 확인되면 나머지 학술지들은 이에 부수되는 지식 종속관계의 학술지이므로 주종을 이루는 소수의 세계 주도적인 학술지만을 선정하는 것이다.
> ② Lotka 법칙 : 계량서지학의 중요한 법칙 중의 하나로 확실하게 정의된 주제 분야에서 일정 기간 동안에 다수의 논문을 출판하는 저자의 수는 극히 소수이지만, 이들이 생산하는 논문의 수는 그 분야의 출판물 중 상대적으로 높은 비율을 차지하는 현상을 말한다.
> ③ Zipf 법칙 : 긴 글에서 단어들이 나오는 빈도가 높은 순서대로 나열해 순위를 매기면, 그 빈도가 해당 단어의 순위에 반비례하는 법칙으로, 글에서 가장 많이 나오는 단어는 두 번째로 많이 나오는 단어보다 빈도가 약 2배 높으며, 세 번째로 많이 나오는 단어보다는 빈도가 3배 높다는 것이다.
> ④ Burton과 Kebler의 문헌이용률 감소법칙 : 과학문헌의 이용 빈도를 발행된 연도부터 추적하면 발행 후의 시간적인 경과가 길면 길수록 이용 빈도가 떨어지게 된다. 즉, 오래된 문헌보다는 새로운 문헌이 이용 빈도가 높게 나타난다는 것으로, Burton과 Kebler는 어떤 과학 분야 문헌이 출판되어 그 이용가치가 정확히 반으로 감소되기까지 소요되는 시간을 반감기(half life)라 하였다.

9 이용자의 질의에 적합한 정보자료를 탐색하기 위해 사서가 선택할 수 있는 전략은 크게 '특정한 것으로부터 일반적인 것으로 접근(specific-to-general approach)'과 '일반적인 것으로부터 특정한 것으로 접근(general-to-specific approach)'으로 나눌 수 있다. 다음 중에서 '특정한 것으로부터 일반적인 것으로 접근'에 대한 설명으로 적합하지 않은 것은?

① 최신 정보를 탐색하는 데 매우 적합한 접근법이다.

② Citation Pearl Growing 기법과 관련이 있다.

③ 디스크립터를 포함하고 있는 정보시스템에서 효과적이다.

④ 이용자가 알고 있는 특정 문헌이 탐색의 출발점이 된다.

> **TIP** 특정한 것으로부터 일반적인 것으로 접근하는 전략은 귀납법적 접근법으로 최신 정보를 탐색하는 데 적합하지 않다.

10 〈보기〉는 도서관자동화의 역사적 사실에 관한 시대별 주요 특징이다. 시기 순(과거 → 현재) 으로 올바르게 나열한 것은?

〈보기〉

㉠ 펀치카드와 펀치카드 처리기를 이용한 이용자정보와 대출정보 관리

㉡ 온라인열람목록(OPAC)의 도입과 확산

㉢ MEDLINE, OCLC, RLIN 등의 온라인 서비스 시작

㉣ 도서관자동화시스템의 데이터베이스가 서지정보뿐만 아니라 원문과 멀티미디어 정보를 포 함한 통합적 데이터베 이스로 전환

㉤ 미의회도서관의 기계가독형목록(MARC) 개발과 보급

① ㉠ – ㉢ – ㉡ – ㉤ – ㉣ 　　　② ㉠ – ㉤ – ㉢ – ㉡ – ㉣

③ ㉤ – ㉠ – ㉡ – ㉢ – ㉣ 　　　④ ㉤ – ㉠ – ㉢ – ㉡ – ㉣

TIP ㉠ 1936~1950년대 : 1936년 미국 텍사스 대학의 도서관에서 컴퓨터를 도입하여 대출업무 자동화를 시도했던 것이 도서관 전산화의 시초이다.)

㉤ 1960년대

㉢ 1970년대 초반

㉡ 1970년대 후반

㉣ 1980년대 이후

※ 도서관 전산화의 발전과정

　㉠ 제1기(1936~1950년대)
　　• punch card system
　　• 주로 대출업무 자동화
　㉡ 제2기(1960년대)
　　• off-line batch system
　　• 미의회도서관의 MARC(Machine Readable Cataloging)의 개발
　㉢ 제3기(1970년대)
　　• on-line realtime system
　　• 뱃치방식에 의해 전산화된 도서관들도 온라인 시스템으로 전환
　• 토털시스템의 개발, 데이터베이스 개념의 도입 및 범용 데이터베이스 관리시스템의 이용이 보편화
　㉣ 제4기(1980년대)
　　• 네트워크 시대
　　• 70년대의 중앙집중형 네트워크에서 분산형 네트워크로 변화
　　• 도서관에서 비디오텍스 시스템의 이용
　　• 미니컴퓨터나 마이크로컴퓨터를 이용한 독자적인 시스템 개발
　　• 온라인열람목록(OPAC)의 증가
　　• CD-ROM의 도서관 도입
　㉤ 제5기(1990년대)
　　• 네트워크의 확산
　　• 정보기술의 발전으로 인한 멀티미디어자료 생산, 이용
　　• 인터넷(Internet)을 통한 도서관 정보제공
　　• 전자도서관(Electronic Library, Digital Library)의 출현

Answer 8.① 9.① 10.②

11 다음에서 설명하고 있는 통합검색 요소기술은?

> • 1988년 국가정보표준기구(NISO)에서 승인되었다.
> • 인터넷의 성장에 따라 정보시스템마다 서로 다른 구문 규칙을 사용하고 이용자 인터페이스가 동일하지 못하다는 단점을 해결하기 위해서 개발되었다.
> • 두 대의 컴퓨터가 정보검색을 위해 서로 통신을 하는 표준화된 방법을 정의하고 있다.
> • 정보검색 절차와 방법이 표준화되어 있기 때문에 대규모 정보데이터베이스를 이용하는 데 훨씬 쉬워진다.

① SRU
② ZING
③ Z39.50
④ OAI 프로토콜

TIP 제시된 내용은 Z39.50에 대한 설명이다. 세계 각국의 디지털 도서관들이 서로 다른 기종의 컴퓨터를 사용하고 있는 환경에서 서로 호환이 가능하게 하는 표준화된 정보검색 프로토콜로, 정식 명칭은 ANSI/NISO Z39.50이다.

※ Z39.50의 특징
ㄱ 이질적 정보 자원들에 대한 단일하고 손쉬운 접근
ㄴ 세션 중심의 안정된 프로토콜
ㄷ 클라이언트 · 서버 모형에 기초한 프로토콜로 이기종 컴퓨터 사이의 원활한 커뮤니케이션
ㄹ 이용자의 요구에 맞는 다양한 프레젠테이션 구문의 명세화
ㅁ SR에 비해 다양한 국제적 합의와 지원

12 이용자 교육방법 가운데 다음에서 설명하고 있는 것은?

> • 대체로 이용자가 참고사서의 도움 없이 원하는 정보를 찾을 수 있는 방법에 교육의 목표를 둔다.
> • 사서와 이용자가 1 대 1로 대면하면서 이루어지는 교육이기 때문에 교육 효과가 높다.
> • 참고사서가 가장 일상적으로 수행하고 있는 교육 형태이며 가장 오래된 교육 방법이다.
> • 참고사서가 개별 이용자들에게 특정 문제의 해결에 필요한 지식과 기술을 구두로 교육시키는 형식으로 이루어지고 있다.
> • 정보서비스 형성 초기의 가장 초보적인 교육 형태이면서 지금까지도 교육적 신념이 강한 참고사서들이 즐겨 채용하고 있는 방법이다.

① 오리엔테이션
② 도서관교육
③ 서지교육
④ 서비스현장교육

TIP 제시된 내용은 서비스현장교육에 대한 설명이다.

13 다음에 제시된 벤다이어그램과 같은 검색결과를 도출하기 위한 불리언 연산자 식으로 옳은 것은?

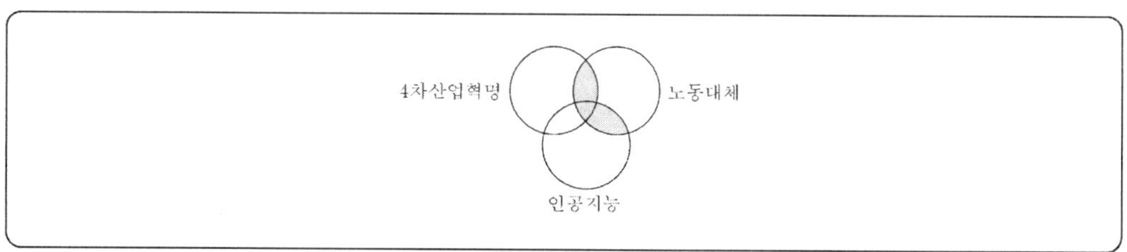

① (4차산업혁명 and 인공지능) or 노동대체

② 4차산업혁명 and (인공지능 or 노동대체)

③ 4차산업혁명 or (인공지능 and 노동대체)

④ (4차산업혁명 or 인공지능) and 노동대체

> **TIP** 4차산업혁명 또는 인공지능 관련 정보 중 반드시 노동대체에 포함되는 것이어야 하므로 '(4차산업혁명 or 인공지능) and 노동대체'로 식을 표현해야 한다.

14 정보서비스의 핵심적인 요소로 이용자의 질문에 대해 직접 정보를 제공해주는 서비스 가운데 지역정보자원파일의 구축을 필요로 하는 것은?

① 정보안내서비스

② 최신정보주지서비스

③ 정보중개서비스

④ 즉답형 참고질문

> **TIP** 정보안내서비스(I & R : Information & Referral Service)는 지역사회의 모든 주민들을 대상으로 그들의 일상생활과 관련이 있는 사회, 경제, 문화, 여가 등 실용 정보를 제공하거나 이러한 정보를 제공해 줄 수 있는 도서관, 외부의 기관, 전문가에게 안내 또는 연결해 주는 서비스이다. 따라서 지역정보자원파일의 구축을 필요로 한다.

Answer 11.③ 12.④ 13.④ 14.①

15 도서관자동화프로그램 개발방법 중 턴키 방식(Turn Key)에 대한 설명으로 가장 옳은 것은?

① 도서관 직원, 전산 담당자, 보조 직원 등이 개발팀을 구성하여 자체개발한다.

② 도서관이 도서관자동화프로그램의 개발을 시스템 개발업체에 용역으로 의뢰하여 추진한다.

③ 도서관이 자관의 업무를 분석한 후 자관에 적절한 도서관자동화 S/W를 선정하고, 선정된 S/W 개발업체가 적절한 H/W를 선정하여 구매한 후 S/W와 H/W를 일괄 납품한다.

④ 도서관이 시장에서 판매되고 있는 도서관자동화 S/W패키지 중에서 자관에 가장 적합한 패키지를 구입하여 자동화를 추진한다.

> **TIP** 턴키 방식(Turn Key)은 키(열쇠)만 돌리면 설비나 공장을 가동시킬 수 있는 상태로 인도한다는 데서 유래한 용어이다. 도서관자동화프로그램 개발에서는 도서관이 자관의 업무를 분석한 후 자관에 적절한 도서관자동화 S/W를 선정하면, 선정된 S/W 개발업체가 그에 적절한 H/W를 선정·구매한 후 S/W와 H/W를 일괄 납품하는 방식을 말한다.

16 〈보기〉는 정보서비스 이론에 관한 설명이다. 이 중 교육 이론에 관한 설명만으로 묶은 것은?

〈보기〉

㉠ 도서관은 이용자의 모든 요구를 만족시키는 방법과 수단을 제공할 의무를 지니고 있다.

㉡ 도서관 및 자료 이용의 주체와 책임을 이용자에게 두고, 사서는 그들이 잘 이용할 수 있도록 지도해주면 된다.

㉢ 이용자는 스스로 정보를 탐색함으로써 그가 본래 목적으로 했던 정보 이외에 관련된 많은 정보를 조사과정에서 부수적으로 얻을 수 있다.

㉣ 효율적인 정보서비스는 이용자, 사서, 정보원 등 세 요소의 상호작용이 이상적으로 이루어질 때 가능하다.

㉤ 이 이론의 정당성은 도서관교육이 생애교육으로 이어질 수 있다는 데서 찾을 수 있다.

---

① ㉠, ㉡, ㉢

② ㉡, ㉢, ㉣

③ ㉡, ㉢, ㉤

④ ㉢, ㉣, ㉤

> **TIP** ㉠ 자유이론 ㉣ 참고과정이론

17 참고면담의 특징과 가장 거리가 먼 것은?

① 이용자의 도서관(또는 사서)에 대한 이해의 증진과 계속적인 협조관계의 유지를 위해 행해진다.

② 면담의 전체 과정이 특수한 경우를 제외하고는 대부분 비공개되어 있다.

③ 많은 조사를 요하는 연구형 질문을 제외하면 대부분 즉각적인 해답이 요구된다.

④ 해답의 형태가 구두에 의해서가 아니라 자료에 의해 제시된다.

>**TIP** ② 면담의 전체 과정이 특수한 경우를 제외하고는 대부분 공개되어 있다.

18 정보검색 효율성의 측정 척도에 대한 설명으로 가장 옳지 않은 것은?

① 재현율이란 시스템이 소장하고 있는 적합문헌 가운데 검색된 적합문헌의 비율로서 시스템이 적합문헌을 검색하는 능력을 말한다.

② 정확률이란 검색된 문헌 가운데 검색된 적합문헌의 비율로서 시스템이 부적합문헌을 검색하지 않는 능력을 말한다.

③ 누락률이란 검색되지 않은 적합문헌의 비율로서 누락된 정보량을 나타내며 누락률과 정확률을 더하면 1이 된다.

④ 부적합률이란 전체 부적합문헌 가운데 검색된 부적합문 헌의 비율을 나타내며 부적합률과 배제율을 더하면 1이 된다.

>**TIP** ③ 누락률이란 모든 적합 정보 중에서 검색되지 않은 적합 정보의 비율로, 누락률과 재현율을 더하면 1이 된다.

19 현행 법규에 따르면 도서관이 소장하고 있는 저작물을 디지털화하려면 저작권자의 허락을 받아야 한다. 그러나 예외도 있는데 〈보기〉의 항목 중에서 저작권자의 허락이 필요하지 않은 경우를 모두 고른 것은?

> 〈보기〉
> ㉠ 저작권법에 정해진 비보호 저작물
> ㉡ 저작자 사후 70년이 지나 보호기간이 만료된 저작물
> ㉢ 창작성이 없는 단순 수치정보나 서지정보
> ㉣ 저작자가 도서관에 기증한 저작물

① ㉠, ㉣
② ㉠, ㉡, ㉢
③ ㉠, ㉢, ㉣
④ ㉠, ㉡, ㉢, ㉣

TIP ㉣ 저작자가 도서관에 기증한 저작물이라 하여도 저작권 자체를 기증한 것이 아니므로 디지털화하기 위해서는 저작권자의 허락이 필요하다.

20 다음에서 설명하고 있는 정보서비스 관리의 유형은?

> • 목적설정, 장기계획수립, 의사결정에 전문직 참고사서 모두가 참여하도록 한다.
> • 민주적 의사결정에 있어서 최상의 방법이다.
> • 관리자는 직원들에게 특별한 의사결정을 할 수 있는 권한을 부여하므로 의사결정의 권한과 책임이 그 부서 전체에 있게 된다.
> • 1985년 오벌린 대학도서관의 참고부서가 채택한 바 있다.

① 순환관리(rotating management)
② 참여관리(participatory management)
③ 집단관리(collective management)
④ 계층관리(hierarchical management)

TIP 제시된 내용은 집단관리에 대한 설명이다.

서·원·각
동영상강의

서원각

자격시험 대비서

임상심리사 2급

건강운동관리사

사회조사분석사 종합본

사회조사분석사 기출문제집

국어능력인증시험

청소년상담사 3급

관광통역안내사 종합본

사회복지사 1급 기출문제 정복하기